江苏高校档案工作
探索与研究

主编：吴 玟

东南大学出版社
SOUTHEAST UNIVERSITY PRESS
·南京·

图书在版编目(CIP)数据

江苏高校档案工作探索与研究 / 吴玫主编. — 南京：东南大学出版社，2019.10
　ISBN 978-7-5641-8592-3

Ⅰ.①江… Ⅱ.①吴… Ⅲ.①高等学校-档案工作-研究-江苏 Ⅳ.①G647.24

中国版本图书馆 CIP 数据核字(2019)第 235212 号

江苏高校档案工作探索与研究

主　　编	吴　玫
责任编辑	陈　淑
编辑邮箱	535407650@qq.com
出版发行	东南大学出版社
出 版 人	江建中
社　　址	南京市四牌楼2号(邮编：210096)
网　　址	http://www.seupress.com
电子邮箱	press@seupress.com
印　　刷	常州市武进第三印刷有限公司
开　　本	700mm×1 000mm　1/16
印　　张	19.25
字　　数	386千字
版 印 次	2019年10月第1版　2019年10月第1次印刷
书　　号	ISBN 978-7-5641-8592-3
定　　价	78.00元
经　　销	全国各地新华书店
发行热线	025-83790519　83791830

(本社图书若有印装质量问题，请直接与营销部联系，电话：025-83791830)

编 委 会

主　编　吴　玫

副主编　黄松莺　王　伟

编　委　（按姓氏笔画排序）

　　　　　万久富　卞咸杰　石明芳　叶鸿蔚

　　　　　史华梅　朱世桂　孙　赢　何振才

　　　　　沈　芳　张菱菱　周晓林　姜晓云

　　　　　殷宏楼　蒋　新

PREFACE 前 言

　　档案工作是党和国家事业发展不可或缺的一项基础性、支撑性工作,是现代国家治国理政的重要基础性力量。习近平总书记曾经指出:"档案工作是一项非常重要的工作……经验得以总结,规律得以认识,历史得以延续,各项事业得以发展,都离不开档案。"对于高校来说,档案工作也是一项基础性、支撑性的工作,因为立德树人的初心使命需要靠档案来解读,重大的历史事件需要靠档案来说话,时代的发展变迁需要靠档案来见证,先进的思想文化需要靠档案来转化,师生的成长经历需要靠档案来证明。

　　当前,我国高等教育已进入内涵式发展阶段,国家大力推进"双一流"建设,提升高等教育的质量和水平。各高校在积极推进人才培养、科学研究、社会服务的基础上,其文化传承与创新、国际化发展能力也得到很大的提高。档案作为对高校奋力改革、致力发展的见证和载体,也凝聚着高校的传统、文化和精神,值得广大档案工作者深入研究。与此同时,高校档案工作正从封闭转向开放,从重保管转向重服务,从纸质化转向深度拥抱数字化。在此背景下,如何做好高校档案的开放工作,为经济建设和社会发展服务;如何做好高校档案的服务工作,及时向领导、向师生、向社会提供有价值的信息;如何做好高校档案的数字化工作,迎接科技发展的新趋势、新浪潮;如何充分挖掘档案的价值,加强校园文化建设……这些问题都需要我们去思考、去研究。

　　高校档案界牢记"为党管档、为国守史、为民服务"的使命,积极发挥高校档案在"存史、资政、育人"方面的重要作用。江苏省是高等教育大省,正在迈向高等教育现代化,我们江苏高校的档案研究工作,更需要乘势而上,勇立潮头,探索新理念,促进新发展,更好地服务于高校的改革发展,服务于学校中心工作,服务于国家和地方建设。在江苏省高校档案研究会的组织领导下,江苏高校档案同仁积极行动起来,一方面富有创造性地开展工作,一方面加强探索研究。本书所收集的论文,内容涵盖档案资源建设、数字档案馆建设、档案利用研究和体制机制建设,是近些年来研究成果的代表。不忘来路,不忘归处,正是通过我们档案工作者和研究者的共同努力,广大高校在改革发展进程中才能更加自信地走好自己的发展道路,从而积极拥抱更加灿烂美好的未来!

江苏省高校档案研究会
2019 年 8 月

CONTENTS 目录

资源体系

大数据时代档案信息资源共享平台前端框架的构建 / 卞咸杰 ……………… 003
云计算环境下的档案信息资源建设研究 / 吕小瑞 …………………………… 012
数据挖掘技术应用于档案管理的实证研究
　　/ 贾　玲　巨　珺　周晓林　陆　江　陈　东 ……………………… 017
高校热点事件专题档案大数据潜能的挖掘与研发 / 张　倩 ………………… 025
浅谈国际和平博物馆的建设
　　——以拉贝与国际安全区纪念馆为例 / 郁　青 …………………………… 030
高校电子文件归档与电子档案管理中的问题研究 / 彭　桢 ………………… 037
从高校校史馆建设谈高校实物档案的收集、整理及利用 / 费鸿虹 ………… 042
数字档案馆背景下中医院校名人档案信息资源挖掘 / 种金成　张菱菱 …… 049
论口述档案在大学校园文化建设中的价值体现 / 王　玮 …………………… 057
新媒体在"高校记忆"再现中的影响与对策 / 王　婷 ……………………… 064
高校名人纪念馆发展状况的思考
　　——校园内的名人纪念馆在大学生中的知名度调查分析 / 郁　青 …… 069
也谈高校实施《归档文件整理规则》的适用范围
　　——兼与易涛同志商榷 / 卞咸杰 ………………………………………… 074

利用体系

试论高校校史馆的构建要素与艺术实现
　　——以南京理工大学校史馆建设为例 / 何振才　周　荣 ………… 083
高校档案利用现状分析及对策浅探
　　——以扬州大学档案馆为例 / 陈　妹 ………………………… 092
档案与大学文化建设互动研究
　　——以苏州大学为例 / 付双双 ………………………………… 099
基于云计算的高校档案服务模式构想 / 熊豆豆 ……………………… 107
西行漫记
　　——寻访中大、金大西迁旧址 / 杨小妹 ……………………… 113
国外高校档案信息个性化服务分析与借鉴 / 王兴娅　张菱菱 ……… 130
高校数字档案信息服务方式探究 / 王兴娅　张菱菱 ………………… 137
档案知识管理流程比较分析 / 贾　玲 ………………………………… 144
拉贝纪念馆：和平形象的传播者 / 杨善友 …………………………… 150
发挥档案独特优势　不断提升育人水平 / 李　莉　钱杰生 ………… 156
高校档案网站信息服务水平调查与分析
　　——基于江苏省普通本科院校档案网站的调研 / 王　玮 …… 162
浅论新时期大学育人教育载体建设的展示特点
　　——以南京大学展览馆建设为例 / 姜　艳 …………………… 168

安全体系

浅谈 EMS 转递方式对高校毕业生档案工作的影响与对策 / 杜　玥 ………… 175
论高校档案数字化外包几个阶段的关节点 / 卞咸杰 ………………………… 180

高校封闭全宗数据迁移时数据审核问题的解析
　　／章小四　柳群英　王玉秋　杜　玥 …………………… 189
数字档案安全保障研究／邱　立 …………………………………… 197
从美国"电邮门"谈我国电子邮件归档安全管理的启示／卞咸杰 … 203
云计算环境下电子文件管理可靠性研究／毕建新 ………………… 210
构筑数据平台　规范数据管理／凌玉华　缪红菊　袁月珍 ……… 219

体 制 机 制

独立学院档案管理发展分析、问题及应对策略
　　——以南京航空航天大学金城学院为例／万水根 …………… 227
试析高校档案机构职能延伸的困境及对策／鲍芳芳 ……………… 236
新媒体环境下档案馆宣传工作的现状与发展策略
　　——以江苏省档案馆微博微信公众平台为例／周　露 ……… 243
依法治国背景下照片档案利用中的权利关系研究／徐云鹏 ……… 251
基于集体记忆视角下的高校档案管理工作研究／曹兴华 ………… 258
高校档案馆与档案学专业实验室共建共享初探／郑　丽 ………… 263
数字人文的兴起及档案工作的参与机制研究／吴加琪 …………… 268
中国档案学会同美国档案工作者协会的比较研究／张婧文 ……… 277
智慧档案馆与数字档案馆的关系探索／李月娥　严　悦　牟　虹 … 283
大数据背景下高校档案编研生存策略研究／程　熙 ……………… 289
探索高校档案工作发展的新思路／刘一颖 ………………………… 294

资源体系

大数据时代档案信息资源共享平台前端框架的构建

卞咸杰 （盐城师范学院）

摘要：随着大数据时代的到来以及云存储技术的成熟，档案信息资源共享平台的功能也更加完善。本文通过系统地研究档案信息资源共享平台前端框架构建的总体原则、技术方案和实现路径，提出在最新的Web前端技术基础上，使用Bootstrap框架来构建档案信息资源共享平台。采用该前端框架后可以在不同的设备上显示平台的内容，并做到自动适应主流移动设备及主流的浏览器，从而克服采用传统的方式开发平台存在的各种弊端，最终实现构建跨平台的档案信息资源共享平台前端框架。

关键词：大数据；档案信息资源；前端技术；Bootstrap

一、引言

随着大数据时代的到来,档案信息资源共享平台的需求越来越多样化,目前我国各级各类档案馆已经逐步建立了各种形式的档案信息资源管理平台,大量的、具有珍贵价值的档案信息资源通过数据集成方式存储在云平台中[1-2]。在移动设备普及后,档案信息资源共享平台的用户对平台的需求更趋于个性化、便捷化。档案信息资源是具有体量大、产生和处理速度快、多样化的信息资产[3]。这种大数据正如麦肯锡全球研究所言,具有海量的数据规模、快速的数据流转、多样的数据类型和价值密度低等四大特征[4]。对于档案信息资源共享平台未来的大数据需求主要在于通过统一的面向用户的前端界面获取档案信息,通过统一的中央数据库进行档案信息的存储与管理,并在数据分析后向终端用户采用统一的前端界面反馈信息,同时根据用户的个性化需求,提供适应不同终端界面信息反馈,这就要求设计既满足传统的计算机的前端显示,还要满足当前流行的平板、手机等移动设备的前端显示。

二、档案信息资源共享平台前端框架构建的总体原则

1. 平台前端框架构建存在的障碍

20世纪90年代,计算机网络技术发展较快,带宽也不断提高,特别是当前移动4G宽带技术的成熟,带动了移动网络的体验提升。目前在档案信息资源共享建设和发展方向上,美国领先于世界各国,采用了主流的响应式网页设计前端框架[5],但随着我国档案信息化程度的提升,各级各类档案馆已经逐步建立起档案信息资源管理平台。由于各级各类档案馆在档案数字化建设发展过程中,缺乏统一的规划和建设标准,且前端使用的技术分辨率支持比较弱,导致各应用系统标准各异,自成体系,技术体系千差万别,主要存在以下几点问题:

一是平台的浏览器兼容性差。主流的浏览器有:Internet Explorer、Firefox、Safari、Opera、Google Chrome、QQ浏览器、百度浏览器、搜狗浏览器等。档案信息资源共享平台在各种浏览器上的显示效果可能也不一致[6-7],因为不同浏览器使用内核及所支持的HTML等网页语言标准不一样。档案信息资源共享平台显示不一致的问题的解决办法,就是不断地在各浏览器间调试屏幕显示效果,通过对CSS样式控制以及通过脚本判断并赋予不同浏览器的解析标准。如果要真正做到兼容所有浏览器,则需要做大量的手工调试,并随着浏览器版本的不断升级,还会出现新的浏览器兼容问题。

二是平台的设备兼容性差。档案信息资源共享平台除了在普通计算机上进行显示,还需要在移动设备上进行数据分析与研究,移动设备包括平板和智能手机。目前在移动设备上使用的档案信息资源共享平台,部分功能并不能正常使用,甚至在部分设备上也不能打开这个平台。拟解决方案是采用开发移动客户端APP或者为不同的设备提供不同的网页,比如专门提供一个iPhone/iPad版本,或者mobile版本来解决档案信息资源共享平台在移动设备上的使用问题,但随着系统版本的升级,移动设备的不断更新,开发APP的方式也很难满足设备兼容的问题。

三是平台的系统兼容性差。目前主流的操作系统是Windows,档案信息资源共享平台所做的前端设计也是针对该系统进行的,平台的用户绝大部分也是使用该操作系统。随着技术的进步,用户也会使用像Linux、Mac OS、Chrome OS这样的操作系统,这样非Windows操作系统在档案信息资源共享平台中就不能正常使用。

2. 平台前端框架构建总体原则的要求

档案信息资源共享平台前端框架技术的选择需要考虑以上问题，总体原则是采用 Bootstrap 方法来设计档案信息资源共享平台前端，解决跨浏览器兼容、跨平台设备兼容以及跨操作系统兼容的问题。

具体地讲，档案信息资源共享平台需要适应不同设备的显示，需要遵循一些原则来确保平台前端构建完成后做到自适应。采用响应式 Web 设计的方案是平台框架构建的最重要的原则，这样档案信息资源共享平台就可以随着屏幕大小的不同做自动切线，同时在台式机上使用平台也可以随着浏览器的大小及分辨率的不同做自动切换。采用内容流的方式，随着屏幕尺寸越来越小，内容所占的垂直空间也越来越多，也就是说，内容会向下方延伸，如果使用像素和点进行设计，随着屏幕尺寸的变小，上面的内容会覆盖下面的内容。设计对象使用百分比，这样可以灵活变化，并且能够适应各种情况的长度单位。设置断点，这样可以让页面布局在预设的点进行变形。设置最大和最小值，有时候内容占满整个屏幕宽度是好事，但如果相同的内容在宽屏显示器上也撑得满满的，会有不适应的情况。移动优先策略，项目从小屏幕入手过渡到大屏幕。档案信息资源共享平台前端框架在以上原则前提下进行构建，能够满足流畅的用户体验。

三、档案信息资源共享平台前端框架构建技术方案

1. 前端框架的比较研究

档案信息资源共享平台在 jQuery 以及 CSS3 不断发展的背景下，各种前端框架如雨后春笋般出现。不论是桌面浏览器端还是移动端都涌现出很多优秀的框架，极大丰富了开发素材，也方便了专业人员的开发。目前国外比较流行的前端框架有 Twitter 的 Bootstrap、ZURB 的 Foundation、Semantic UI、Yahoo 的 Pure 等，国内有腾讯的 JX、阿里的 KISSY、百度的 QWrap 和 Tangram 等。为了实现档案信息资源共享平台在不同的浏览器上方便地显示内容，同时满足在不同设备上进行档案信息资源的利用，拟采用 Bootstrap 来开发档案信息资源共享平台的前端，Bootstrap 是用动态语言 LESS 写的，它是基于 HTML5 和 CSS3 开发的，并在 jQuery 的基础上进行了更为个性化和人性化的完善，并兼容大部分 jQuery 插件。

2. 前端框架拟采用的总体技术方案

随着大数据及移动互联网技术的发展，档案信息资源共享可以通过统一的界

面进行入口操作[8],用户除了可以通过传统的电脑进行档案信息资源共享平台进行使用外,还能够随时随地通过移动设备接入档案信息共享平台进行研究[9-10],要达到这样的目的,目前比较好的方式是采用HTML5(简称H5)技术,其能够适应现代Web应用需求,对智能化应用支持较好,针对多媒体如视频、音频、图像、动画以及与设备的交互等方面改进很大。对于档案信息资源共享平台将采用结合了H5技术与CSS3技术的Bootstrap前端框架,这样能够做到采用最小的成本解决平台前端兼容性问题。

3. Bootstrap前端框架的关键技术探索

一是采用H5技术。HTML即超文本标记语言(HyperText Markup Language),在设计与开发中更加注重交互的流畅度、流程的合理性、操作的便利度、结构的清晰度、页面展现的兼容性、可维护性及同后端程序的良好连接[11],通过在文本文件中添加标记符,便于浏览器显示其中的内容(如文字处理、画面安排和图片显示等)。H5能够很好地支持Internet Explorer、Firefox、Safari、Opera、Google Chrome、QQ浏览器、百度浏览器、搜狗浏览器,采用H5可以支持多设备跨平台、网页的自适应,即一次设计,普遍适用[12]让同一张网页自动适应不同大小的屏幕,根据屏幕宽度,自动调整布局(layout)。

二是采用CSS3技术。CSS即层叠样式表(Cascading Style Sheets)。在网页制作时采用层叠样式表技术,可以有效地对页面的布局、字体、颜色、背景和其他效果实现更加精确的控制。

三是采用jQuery技术,也就是JavaScript和查询(Query),即是辅助JavaScript开发的库。它是轻量级的JS库,它兼容CSS3,还兼容各种浏览器。

四、档案信息资源共享平台前端框架构建的实现路径

1. 档案信息资源共享平台前端框架的内容与步骤

对于档案信息资源共享平台需要完成档案信息资源的采集、处理、检索及管理的框架前端的构建,平台的采集前端包括各种输入信息、上传信息,平台的处理前端包括数据库处理进度、数据处理状态信息,平台的检索前端包括各种检索要素、检索结果展示及检索结果明细信息,平台的管理前端包括登录、验证、菜单及图表相关前端,平台服务模式可采用基础设施即服务(Infrastructure as a service,IaaS)、平台即服务(Platform as a service,PaaS)或软件即服务(Software as a service,SaaS)[13]。平台的综合构建如图1所示:

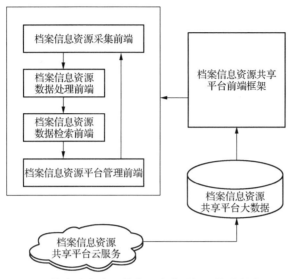

图1 档案信息资源共享平台前端框架构建综合图

档案信息资源共享平台的构建需要根据平台自身的特点,即平台建成后能同时满足包括 PC、手机及平板等设备以及不同分辨率的浏览器进行使用,这就涉及前端框架的选型,通过对档案信息资源共享平台的前端框架进行对比研究,系统最终采用 Bootstrap 框架作为平台的前端框架,选好平台的前端框架后,需要对前端框架进行压缩、校验、合并,使框架适合档案平台的使用,同时需要将平台特有的前端展示进行标准化处理,构建相关模板,需要将模板进行组件化开发和对平台特有的资源进行管理。具体的步骤如图 2 所示:

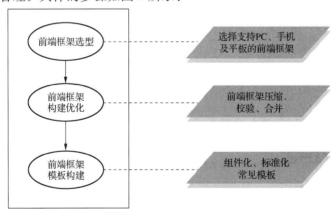

图2 档案信息资源共享平台前端框架构建步骤图

要在平台上实现采用 Bootstrap 框架,主要包括最新 Bootstrap 资源的下载与引用、平台的导航实现与平台的自适应内容的设计实现。

2. 档案信息资源共享平台前端框架的安装与设置

在档案信息资源共享平台的项目中,通过 NuGet 可进行查找。NuGet 是 Visual Studio 的扩展,在使用 Visual Studio 开发基于.NET Framework 的应用时,NuGet 能够令你在项目中添加、移除和更新引用的工作变得更加快捷方便[14]。在 NuGet 程序包管理器输入 Bootstrap 后就会出现相应的包,档案信息资源共享平台引用的 Bootstrap 包含了 CSS 样式文件、font 文件与 JS 脚本文件,这些文件是使用 Bootstrap 前端框架的核心[15],整体架构如图 3 所示:

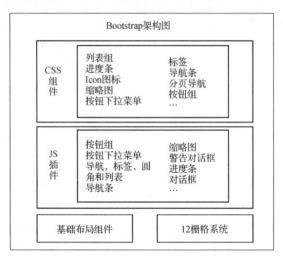

图 3　档案信息资源共享平台前端框架 Bootstrap 架构图

在 Bootstrap 前端框架核心文件安装完成之后,需要将相应的文件引入到平台的页面文件中,为了防止平台多次引用相同的文件,可以采用统一的共享文件进行 CSS 样式与 JS 文件的引入。

3. 档案信息资源共享平台前端导航的设计与实现

在完成档案信息资源共享平台前端框架的基础设置后,需要考虑平台的整体可用性,即平台的导航,因为采用 Bootstrap 前端框架后最大的优势是设备的自适应。在不同分辨率的设备上使用档案信息资源共享平台,它所呈现的整体导航效果应该是不同的,在普通计算机浏览器上可以横向显示所有的导航菜单信息,在移动手持设备上可以竖向显示导航菜单,为了达到最佳的显示效果,可以采用三明治菜单,在正常的分辨率下该按钮菜单不会显示,只有在移动设备上才可以显示该按钮,点击按钮才可以显示下一级菜单,这样可以最大限度地去适应不同分辨率的浏览器。

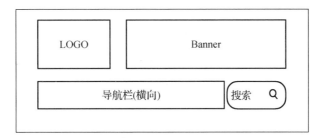

图 4　档案信息资源共享平台前端页面在普通计算机上导航示例图

图 5　移动客户端平台前端页面导航示例图

通过对比图 4 与图 5 平台前端页面导航示例图,在移动平台显示上缺少了 Banner,这主要是因为考虑移动客户端显示的用户体验,可以减少移动客户端平台需要加载的内容,加快前端页面的显示。

4. 档案信息资源共享平台前端内容的展示与实现

档案信息资源共享平台的内容展示采用 Bootstrap 的栅格系统,Bootstrap 内置了一套响应式、移动设备优先的流式栅格系统,随着屏幕设备或视口(viewport)尺寸的增加,系统会自动分为最多 12 列[16]。Bootstrap 针对不同尺寸的屏幕(包括手机、平板、PC 等等)设置了不同的样式类,这样在平台实现时可以有更多的选择。Bootstrap 框架的网格系统中有四种基本的用法。

列组合:列组合简单理解就是更改数字来组合并列,档案信息资源管理平台的首页就是采用该方式进行前端展示的,该实现列组合方式非常简单,只涉及 CSS 两个特性:浮动与宽度百分比。在普通电脑的浏览器上会显示三个列,到移动手机客户端只有一个列会被显示,所有的列会按照从左到右的顺序依次往下排列。

列偏移:如果不希望相邻的两个列紧靠在一起,但又不想使用 margin 或者其他的技术手段来,这个时候就可以使用列偏移(offset)功能来实现。档案信息资源管理平台的列表页就是采用该方式实现的,使用列偏移也非常简单,只需要在列元素上添加类名"col－md－offset－＊",那么具有这个类名的列就会向右偏移。

列排序:该用法实质上就是改变左右浮动,并且设置浮动的距离。在Bootstrap框架的网格系统中是通过添加类名"col－md－push－＊"和"col－md－pull－＊"来实现的。

列嵌套:Bootstrap框架可以在一个列中添加一个或者多个行(row)容器,然后在这个行容器中插入列。

五、总结

通过对目前已有的前端框架进行对比,传统的方式开发档案信息资源共享平台,需要开发Web平台、Android客户端以及IOS客户端,这样的开发需要多套平台前端的设计,实现时还需要多种后台技术支持并且很难统一不同平台的前端显示。因此,提出采用Bootstrap框架设计档案信息资源共享平台,并结合档案信息资源共享台实现过程研究,可以在不同的移动设备上显示平台的内容,并做到自动适应主流移动设备(包括手机、平板、PC等等)及主流的浏览器,从而克服采用传统的方式开发平台存在的各种弊端,最终实现构建跨平台的档案信息资源共享平台前端框架,真正做到一套适用跨平台设计,减轻平台实现所需的额外工作量,为档案信息资源的大数据研究提供保障。但是,由于目前Bootstrap框架前端技术对低版本的IE兼容存在一些问题,需要引入额外的文件,这样会导致平台加载变慢,影响用户体验,期待在未来升级版本的Bootstrap框架库中加入这方面的技术支持,使档案信息资源共享平台更符合大数据时代的要求,满足用户快速、便捷、全面、准确利用档案信息的需求。

参考文献:

[1]胡树煜,孙士宏,金丹.大数据时代档案信息资源共享平台建设研究[J].兰台世界,2015(12):134－135.

[2]梁景芝.云技术下数字档案信息资源共享体系的架构设计[J].档案管理,2015(5):82－83.

[3]何宝宏,魏凯.大数据技术发展趋势及应用的初步经验[J].金融电子化,2013(6):31－34.

[4]朱建华.面向大数据的档案信息资源服务与利用[J].信息与电脑,2014(8):46－47.

[5] 毕剑,刘晓艳,张禹.使用响应式网页设计构建图书馆移动门户网站——以云南大学图书馆为例[J].现代图书情报技术.2015,31(2):97-102.

[6] 曾李青.面向Web2.0的web应用前端开发框架设计研究[J].科技与创新,2015(22):16-17.

[7] 李淼,杜明晶,苗放.网页设计中Bootstrap CSS框架的应用与拓展[J].电子技术与软件工程,2013(17):222-223.

[8] Stephen Voida, W Keith Edwards, Mark W Newman, etc. Share and share alike: exploring the user interface affordances of file sharing[J]. Sigchi Conference on Human Factors in Computing Systems,2006:221-230.

[9] 卞咸杰.大数据时代档案信息资源共享平台性能优化的研究[J].档案管理,2016(6):17-20.

[10] 卞咸杰.基于WCF技术的档案信息共享平台数据传输模型设计与实现[J].档案管理,2016(2):25-28.

[11] 连政.基于HTML5技术的移动Web前端设计与开发[D].浙江工业大学,2014.

[12] Yi Xue, Ralph Deters. Resource Sharing in Mobile Cloud-computing with Coap[J]. Procedia Computer Science,2015(63):96-103.

[13] 牛力,韩小汀.云计算环境下的档案信息资源整合与服务模式研究[J].档案学研究,2013(5):26-29.

[14] 兰萍.基于.NET技术动态导航菜单的设计与实现[J].计算机时代,2015(2):42-44.

[15] Ammar Hassan, Ahmed Abbasi, Daniel Zeng. Twitter Sentiment Analysis: A Bootstrap Ensemble Framework[J]. International Conference on Social Computing,2013,10(1):357-364.

[16] 周颖,陈敏莲,胡外光,等.基于微信企业号的医院舆情监测响应系统设计及应用[J].中国数字医学,2017(2):56-58,11.

云计算环境下的档案信息资源建设研究

吕小瑞 （南京航空航天大学）

摘要： 云计算的产生，为档案信息资源建设提供了无限的空间和强大的计算能力，如何利用云计算的技术和模式开展数字化档案信息资源建设，如何利用云计算的技术提高数字档案馆的信息资源建设水平等一系列问题已成为档案工作前进中所要思考的问题。

关键词： 云计算；档案信息资源；建设

随着电子文件、数字音像、视频档案等数字档案信息资源的不断增加，数字化建设不可避免地成为档案工作的首要任务。数字化档案信息资源建设一方面要尽量避免与学校其他信息化部门的资源建设相重复造成不必要的冗余数据和成本，另一方面亦需要提供足够的存储空间及扩容度来保障信息化的全面完整。云计算技术在各个领域的应用和实践为档案信息资源建设中的诸多问题提供了解决的方向。

一、云计算概述

2006年，Google在如何将应用程序分布到多个服务器上执行的研发过程中第一次提出了"云计算"的概念。2007年10月，Google联合IBM在美国大学校园内进行一项了"云计算计划"，试图通过该计划降低分布式计算技术在学术等领域的成本，后来该研究成果开始在世界范围内推广并最终成功市场化。一时间，IT界群雄逐"云"，风起"云"涌，"云计算"成为人们关注的热点和焦点。在云计算的应用环境中，使用者所用的应用程序并不需要在其个人的手机、电脑等个人设备上运行，而只需运行在互联网所提供的大规模服务器集群中。同时，使用者所处理的数据也并不存储在本地，而是集中存储在互联网的数据中心里。使用者如需要这些服务，可以在任何时间、任何地点，以任何与互联网连接的终端设备访问即可。这个提供资源的网络就是所谓的"云"，其优势体现在资源集成上，服务功能是其精髓所在。由此可见，云计算并不是一项全新的技术，而是基于软件即服务（SaaS）和网格计算等技术综合发展而来的一种互联网资源的交付和使用模式。

二、档案信息资源建设现状分析

1. 档案信息资源利用率、检索率不高

档案信息资源建设的最终目的是为用户提供多元化、个性化的信息服务。档案管理机构虽然对档案信息资源进行了初步的整理、分类,但是对信息资源的有效开发和利用明显不能满足用户的需求。单一的档案机构所开发的利用和检索工具功能较为单一,缺乏兼容性,这就使档案信息资源的所有者对丰富的信息资源无法进行有效的组织管理,从而导致使用者无法通过有效途径获取所需资源。如何为使用者提供更高效率、更加便捷的检索方式获取档案信息资源,最大限度地发挥档案信息的价值是必须解决的问题。

2. 软件开发和兼容性不足,过于侧重硬件建设

网络环境下数字档案资源以前所未有的速度增长,就目前而言,海量的档案信息存储设备主要依靠硬盘、光盘库、磁盘阵列、磁带库等,这些存储设备的存储层次较低,其有限的存储容量已经无法满足当前呈几何级增长的数字档案资源的需求。硬件建设作为档案信息化的基础在最初的信息化建设过程中得到了充分的重视,而忽略了对档案信息系统、开发利用系统等软件开发。一方面,这些硬件载体对保管要求较高且技术更新的周期很短,无法满足数字档案资源需要长期保存的需求;另一方面,片面追求硬件设施的高性能,不仅造成资源浪费和闲置,也无法为公众提供即时的信息服务和有效的决策支持。我国各档案机构一般独立开展数字档案资源的保存研究和系统平台建设,由于业务的地域性、部门性存在局限,信息化建设过程中难免会出现系统间互操作性差、操作平台异构、存储标准缺失、系统无法兼容等问题,这也严重影响了数字档案资源的长期存储,无法适应时代发展的需要。

3. 档案信息资源共享受限,缺乏统一标准

首先,档案信息较为分散,无法建立统一的信息采集机制,信息统一管理存在难度;其次,数据格式不一致,不同的档案信息采集源头不同,采集格式不统一,想要实现不同部门间的档案资源共享需要人力财力的支持;最后,不同区域、不同部门的信息系统由于种种原因难以实现互联互通,导致跨部门业务的协同工作无法有效实现。目前,我国档案信息资源开发仍处于馆藏纸质档案数字化、电子文件归档、信息系统开发等阶段,档案信息资源共享水平需要进一步提高。

三、云计算给档案信息资源建设带来的变革

以网络为中心的云计算,其资源共享、信息服务具有高扩展性高可靠性特点;与具有数字档案信息资源的海量存储与异构性、档案信息传递的网络化的互联性等特点的档案管理机构之间存在着天然的契合。这种契合为云计算在数字档案管理中的应用打下了坚实的基础,也必将从多个方面对档案信息资源建设带来重大变革。

1. 档案信息资源存储海量化

传统上依靠档案库房面积扩张来满足档案对存储空间的需求已经逐渐成为历史。随着档案信息化建设的不断深入,一方面要求对以前形成的纸质档案进行数字化,另一方面电子文件数量的不断累积,对当前档案馆的数字化能力提出了挑战。基于云计算的数字资源存储(简称云存储)是云平台、云服务的基础,其通过分布式文件系统、集群应用、网格技术等,消除了服务器之间的障碍,并对网络中存在的不同类型的存储设备进行有效的整合,从而提供给用户一个安全的、统一的、无限的网络存储空间。与传统的集中存储方式相比,云存储系统具有存储容量大、易于扩展、便于管理和利用、更加可靠和安全以及成本更加低廉等优势。从云存储的这些优势中我们可以看出,云存储可以对所有入库的档案和资料进行统一的搜索查询和管理,能够高效率地完成系统容量、性能以及服务质量的不断优化。同时,云存储架构更利于档案馆和数据库之间的应用系统整合,可以更加有效地管理数字档案信息资源。

2. 档案信息资源共享最大化

数字档案馆与云计算在信息共享上存有很大的契合,利用云共享可以提高数字档案馆的信息资源共享能力,充分发挥档案信息的内在价值。数字档案馆主要利用网络存储空间进行资源共享的架构,而云计算则是利用网络来实现整个社会的资源共享,提供面向社会大众的开放式服务方式。对于数字档案馆而言,可以根据服务方式与自身资源类型等,选择硬件共享、软件共享或平台共享,也可根据自己的服务对象与共享范围等,选择私有云、公有云或混合云来进行信息资源共享。而对于用户而言,由于数据是存放在云服务器上,用户可以通过云计算平台实现不同设备间的数据共享,不需要安装多余的第三方应用软件。由此可见,云共享为数字档案馆的信息资源共享提供了新选择。即使不同类型、不同规模的数字档案馆,也能根据自己的资源特色、管理体制与服务需求在云计算中找到适合自己的那一片"云"。

3. 档案信息资源开发利用最优化

云计算具有比超级计算机更强大的计算处理能力，能够对信息资源进行高效整合，这是用户使用单台计算机根本无法完成的任务。同时，云计算环境下所创建的信息资源平台，既不限制利用者在固定的时间和空间获取资源，也不需要下载安装各种软件在个人终端上。4G时代，通过手机进行云计算访问和获取服务已成为可能。用户不管在何时何地，只要能登录互联网，就能获得到所需要的电子信息资源。一方面，基于云计算强大的计算能力和信息处理能力，可以为档案信息资源共享创造一个良好的交互环境，既便于用户获取有效信息，亦有助于档案管理部门提供个性化服务，满足用户需求；另一方面，云计算模式作为一种开放式的应用环境，可以有效地整合博客、百度百科、维基百科等服务技术和模式，强化档案信息资源个性化服务，改变被动服务的模式，主动提供满足用户需求的信息。利用云计算搭建的系统平台，可以有效地优化数字档案资源并进行更加智能的分配，实现数据信息的快捷处理和跨库检索，从而便于对庞大档案信息资源进行多层次挖掘与开发。最终以云计算技术为依托，实现档案信息资源开发和利用最优化。

四、云计算环境下档案信息资源建设需解决的问题

1. 数据标准的规范化问题

规范化的数据标准是数字化档案信息资源的基础。当前市场中的云计算技术提供商与运营商们都有一套自己独特的"云"标准，云平台之间兼容性较差，没有制定统一的标准，而且用户进行二次开发的可能性很低，很大程度上限制了档案信息资源的有效利用和共享。2009年的《云计算宣言》(The Open Cloud Manifesto)中不仅对云计算的开放和互用性提出了要求，也对云计算的标准提出了使用开放标准、使用透明的数据格式、使用现有标准和不得使用专用标准等具体要求。同时，随着近年来档案信息化的不断深入和发展，用户也越来越多地意识到规范化的信息化建设标准的重要性，对数据标准的规范化要求也愈发具体，以元数据为核心的标准体系成为初步的建设思路。

2. 云计算的安全保障问题

网络环境下，如何保障档案信息资源的安全一直是大家所关注的问题。云计算所使用的技术和服务同样要面对诸多的网络隐患，如被恶意篡改信息、系统程序攻击、盗窃数据信息、发送垃圾邮件等一系列的恶意攻击。这些攻击不仅使一些重要的档案信息被窃取，也会造成云平台的不稳定性，进而造成不可挽回的危害和损失。对

此,一方面要求我们注重安全防范,把好数据"入口关",采用相应的文件内容过滤系统、数据加密技术等防止敏感数据存放在安全级别相对低的云里;同时要求云计算服务提供商在运营过程中采用安全级别高的防火墙技术避免信息被非法访问,有相应的技术进行入侵检测和防止黑客入侵,并保证其提供服务的机器不被病毒或木马感染。

3. 数据隐私的保护问题

作为历史的真实记载,档案信息资源中包含了诸多的隐私信息,如学习阶段形成的学籍档案、记载个人主要经历的人事档案以及党政系统档案等,如果将这些重要的档案资源放在云存储中,数据隐私能否得到有效保护必然成为众人所担忧的问题。因为在云存储模式下这些资源不仅档案工作人员可以访问,对于云服务的提供商来说也有权限查询利用这些资源,无形中对这些档案隐私产生潜在的威胁。要保护这些信息的安全性,首先要健全相关的法律法规,制定和完善网络隐私权、云存储安全管理方面的相关内容,从法律上约束非法获取数据的行为;其次强化技术手段上的防护,通过对数据采用加密、解密技术,设定文件访问级别以及用户权限限制等方法打造安全可靠的云平台,使数据隐私得以切实保护。

综上所述,虽然云计算技术在档案领域的应用尚处于探索阶段,但是我们相信,云计算技术的强大功能在档案资源信息化的过程中具有广阔的发展前景,随着云计算技术的逐步应用,档案信息资源的建设将迈入一个新的阶段。

参考文献:

[1] 周枫.云计算环境下数字档案馆资源建设的理性思考[J].档案,2013(1):17-19.

[2] 杨文刚,潘丽娜.云计算在数字化档案馆建设中的研究[J].兰台世界,2012(11):19-20.

[3] 冯秀珍,郝鹏.云计算环境下的信息资源云服务模式研究[J].计算机科学,2012(10):110-114.

[4] 吕元智.国家档案信息资源"云"共享服务模式研究[J].档案学研究,2011(4):61-64.

[5] 黄正鸿.云计算在档案信息化领域的应用启示[J].中国档案,2011(5):61-63.

[6] 彭小芹,程结晶.云计算环境中数字档案馆服务与管理初探[J].档案学研究,2010(6):71-75.

[7] 吴建华,方燕平.档案网站信息资源及其整合概念的界定——"档案网站信息资源普查与整合研究"系列论文之一[J].档案学通讯,2009(5):52-55.

数据挖掘技术应用于档案管理的实证研究

贾 玲 巨 珺 周晓林 （中国矿业大学）
陆 江 陈 东 （徐州市档案局）

摘要：数据挖掘技术在各社会领域得到了广泛而深入的应用，表现出了巨大的优越性。本文利用概念描述和数据立方体两种方法，对档案利用登记数据库进行挖掘，采用实证方法研究数据库挖掘技术在档案管理中的应用，提出数据挖掘技术具备应用于档案管理领域的可行性，并能推进档案工作决策科学化。

关键词：概念描述；数据立方体；数据库挖掘；档案利用；实证研究

数据挖掘技术是知识管理的一项重要技术，它可以从大量的结构化数据中揭示隐含的模式，这些模式是人们事先不知道的但又潜在有用的模式，对决策行为具有指导价值。[1]目前，在很多领域，数据挖掘都是一个很时髦的词，尤其是在如银行、电信、保险、交通、零售（如超级市场）等商业领域。[2]数据挖掘技术迅速发展并广泛应用于各领域，使其也成为档案工作无法回避的一个问题。数据挖掘技术能否应用于档案管理工作？很多学者对这个问题进行了思考和研究，研究主要集中于宏观理论探讨，提出数据库挖掘技术在档案工作中也可以得到运用，它能推进档案知识管理的进程，提升档案管理整体技术水平和管理效率。但也有部分学者认为数据库挖掘技术在档案管理领域的应用价值不大，对其应用的可行性和必要性存在疑虑。

本文利用概念描述和数据立方体两种方法，对 Y 大学档案利用登记数据库进行挖掘，采用实证方法对数据库挖掘技术在档案管理中的应用进行了研究，以期抛砖引玉，期望更多档案专家学者投入到这项研究中，将数据挖掘技术在档案工作中的应用推向深入。

一、利用概念描述方法进行数据挖掘

利用登记是档案管理中一个十分重要的环节，它不仅是馆藏管理必不可少的工具，同时对于分析档案利用特点和利用发展趋势具有十分重要的意义。但是，档案利用登记数据库中存放的数据是大量的细节数据,这些数据只是对利用事件的具体登记(如用户姓名、单位、利用档案的时间、内容、档号、目的等),无法直接揭示档案利用的现实特点,也无法直接反映档案利用将来发展的趋势。为此,必须对档案利用登记原始数据库进行有针对性、有意义的抽象、汇总和概括,才能达到研究和发现档案利用特点和发展趋势的目的。

概念描述是数据库挖掘的一种专门方法,它就是对原始细节数据的有意义的抽象,以完成对某类对象的特征性描述或者几个类之间的区别性描述。概念描述一般要经过概念分层、数据泛化、泛化结果表示等步骤。

利用概念描述方法对 Y 大学档案利用登记数据库进行挖掘,具体步骤如下:

第一步:数据清洗与准备

本文所采用数据来自 Y 大学档案馆档案利用登记数据库,截取其中 2004—2010 年的数据。根据数据预处理的方法,结合本文所需解决的问题,要进行挖掘的相关的主要属性值均不可以为空值。在进行系统数据库分析时,若这些相关属性出现空值,根据表的属性以及挖掘的内容将空值进行填充。另外,由于 Y 大学档案馆档案利用登记采用人工录入方式,在进行系统数据库分析的过程中发现部分数据由于工作人员在进行数据录入时,录入有误,因此,在进行数据清洗时,对这些噪声数据进行了相应的处理。

第二步:概念分层

数据库中原始的细节数据通常属于较低层的概念,如果直接对这些细节数据进行挖掘,可能得到许多难以理解的规则。利用较高层概念替换低层次概念可以减少数据集的数据量,而且,在较高层次上的挖掘,将产生更为广泛的、具有指导意义的规则和知识。

笔者在对 Y 大学档案馆档案利用登记数据库进行挖掘时,通过仔细考察档案利用登记数据库的原始数据,将与档案利用相关的概念分为了三个层次:第一层为档案类别,可分为文书档案、荣誉档案、学籍档案、学位档案、照片档案、会计档案等;第二层为年度;第三层为利用方式,可分为查阅、抄写、出具证明、打印、复印、扫描或数码拍摄、外借、委托等。

第三步:概念泛化与结果表示

在运用概念描述的方法进行数据挖掘时,经过概念分层后,将相关数据集从较低的概念层抽象到较高的概念层,这个处理过程称为数据泛化。

笔者采用了 SQL 数据挖掘查询语言对 Y 大学档案馆档案登记利用数据库进行数据挖掘查询,得到了 2004—2010 年各类档案利用频率的数据,及不同档案利用形式被用户选用的数据(见表1、表2)。

表1　Y大学2004—2010年各类档案利用频率情况(单位:人次)

年份 档案类别	2004	2005	2006	2007	2008	2009	2010	小计
文书档案	455	571	416	409	672	882	449	3 854
荣誉档案	20	33	26	13	5	6	7	110
学籍档案	297	381	455	542	557	671	709	3 612
学位档案	271	268	264	201	127	108	128	1 367
照片档案	1	4	3	3	3	18	5	37
会计档案	5	11	2	11	73	125	132	359
小计	1 049	1 268	1 166	1 179	1 437	1 810	1 430	9 339

表2　Y大学2004—2010年不同档案利用形式被选用情况(单位:人次)

年份 利用形式	2004	2005	2006	2007	2008	2009	2010	小计
查　阅	220	201	144	89	278	459	117	1 508
抄　写	159	85	70	28	5	4	0	351
出具证明	30	178	394	525	710	903	1 068	3 808
打　印	99	54	39	77	14	2	5	290
复　印	541	682	497	463	499	564	328	3 574
扫描或数码拍摄	11	20	31	19	30	53	25	189
外　借	239	273	209	138	94	86	40	1 079
委　托	39	60	23	22	8	6	8	166
小　计	1 338	1 553	1 407	1 361	1 638	2 077	1 591	10 965

分析表1,可以得出不同类型档案利用频率的变化情况:(1)学籍档案、会计档案(从2007年开始)利用人次逐年上升,特别是学籍档案利用人次增加较快。(2)荣誉档案(从2005年开始)、学位档案利用人次逐年下降。(3)文书档案利用人次在2008、2009年显著增加,这与Y大学这两年开展的大型编史修志工作有关,除去这两年的数据,其他各年度文书档案利用人次基本持平,如果与文书档案归档量逐年上升相比,实际上,文书档案的利用频率有缓慢下降趋势。

分析表2,可以得出不同的档案利用形式被用户所选用的变化趋势:(1)通过抄写、外借、委托等方式来利用档案的用户数量逐年下降,反映出传统档案利用方式逐渐被新的利用方式所取代。(2)通过出具证明的方式来利用档案的用户数量逐年上升。(3)通过查阅和复印方式利用档案的用户数量在2008、2009年有较大增长,其原因也在于 Y 大学于这两年中所做的编史修志工作,除去这两年的数据,历年查阅和复印档案的用户数量有小幅下降趋势。

二、利用数据立方体方法进行数据挖掘

利用概念描述方法进行数据挖掘的结果,只能大致看出不同类型档案的利用频率,或不同利用形式的总体变化情况,不能对每一类档案的每一种利用形式的变化情况作出具体分析,即无法得出针对某一类型档案,哪种利用形式逐年减少,哪种利用形式日益增多,也就无法据此做出有针对性的应对策略。

为了更深入地分析高校档案利用的发展趋势,发现用户对不同类档案的使用规律,笔者对 Y 大学档案利用登记数据库进行了更深入地挖掘,构造了高校档案利用数据立方体,该立方体为 3 维数据立方体,3 个维度分别为:时间维、档案类别维、利用形式维(见图1)。

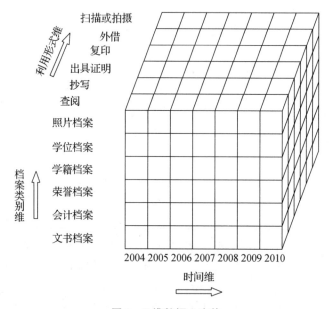

图1　3维数据立方体

进一步采用 SQL 数据挖掘查询语言对 Y 大学档案馆档案登记利用数据库进行数据挖掘查询,得出数据立方体的各项度量值,即 2004－2010 年不同类别档案、不同利用形式的利用人次数据。Y 大学档案利用数据立方体可转化为 2 维表(见表3)。

表3 Y大学2004—2010年各类档案不同利用形式的利用人次情况(单位:人次)

档案类别	利用形式 年份	2004	2005	2006	2007	2008	2009	2010	小计
文书档案	查阅	113	113	78	61	218	315	56	954
	抄写	20	9	9	2	0	1	0	41
	出具证明	20	75	112	140	144	193	260	944
	复印	198	242	156	162	245	308	101	1 412
	外借	61	80	42	27	52	50	20	332
	扫描或数码拍摄	1	1	3	4	6	12	5	32
会计档案	查阅	1	5	1	2	18	41	18	86
	抄写	0	0	0	5	0	0	0	5
	出具证明	0	1	0	0	0	5	7	13
	复印	1	4	0	3	48	73	104	233
	外借	3	1	0	1	6	6	2	19
	扫描或数码拍摄	0	0	0	0	1	0	0	1
荣誉档案	查阅	1	3	0	0	0	0	1	5
	抄写	0	0	0	0	0	0	0	0
	出具证明	0	0	0	0	0	0	0	0
	复印	13	11	8	5	2	0	1	40
	外借	0	7	1	2	0	0	0	10
	扫描或数码拍摄	5	12	17	6	3	6	5	54
学籍档案	查阅	17	17	8	7	10	21	9	89
	抄写	128	69	51	19	4	2	0	273
	出具证明	8	95	244	329	748	616	681	2 452
	复印	60	142	110	105	43	23	11	498
	外借	1	6	1	1	2	0	0	11
	扫描或数码拍摄	0	0	0	0	4	1	1	6

续表

档案类别	年份 利用形式	2004	2005	2006	2007	2008	2009	2010	小计
学位档案	查阅	42	41	36	7	8	14	11	159
	抄写	10	7	8	1	1	0	0	27
	出具证明	1	5	34	51	65	69	95	320
	复印	47	53	46	48	25	5	7	231
	外借	165	155	136	90	24	19	13	602
	扫描或数码拍摄	0	1	0	0	0	0	0	1
照片档案	查阅	1	0	0	0	0	1	0	2
	抄写	0	0	0	0	0	0	0	0
	出具证明	0	0	0	0	0	0	0	0
	复印	0	0	0	0	0	0	0	0
	外借	0	4	1	1	0	0	0	6
	扫描或数码拍摄	0	0	2	2	3	17	5	29

仔细分析表3,结合Y大学及其档案馆的具体情况,可分析得出各类档案不同利用形式的变化走向及其深刻原因:(1)表3中所列6种档案,文书档案、学籍档案、学位档案的利用量较大,它们在利用形式的变化上几乎呈现了相同的趋势:查阅、抄写、复印、外借的用户日益减少,出具证明大幅增加,尤其是利用学籍档案出具证明的,增幅较大。(2)文书档案利用形式的变化主要反映在两点:一是后两年通过查阅、复印、外借等形式利用文书档案的利用量有下降趋势,其原因主要在于国家、国家整个教育系统及Y大学自身办公自动化的普及和功能的日益完善,相当部分文件在发行或公布时就是电子文件,另有部分以纸质文件下发的都已进行了数字化,并以电子版在高校内部进行传递。由于文件电子资源的日益丰富,部分需要利用文书档案信息的用户,直接通过网上电子文件资源满足了利用需求,这就相对造成了文书档案利用量的下降。二是出具证明的利用量日益增加,这显示出文书档案的作用日益多元化,通过出具证明的方式,可为单位、个人解决工作、生活中多方面的问题提供有力支持。(3)学籍档案利用形式的变化,最显著的一点就是出具证明的大幅增加,其原因主要在于,Y大学出国留学的学生越来越多,他们均需从档案馆出具中英文成绩证明及学历学位证明,这一变化趋势反映了目前中国越来越多的学生选择海外教育,也从一定程度上反映出Y大学外语教学、国际化教学工作日益达到较好的水平,学生的国际视野开阔了、综合能力提高了,他们

可以选择海外教育继续深造。(4) 会计档案的利用形式以查阅和复印为主,利用量整体较小,但呈逐年上升趋势。(5) 荣誉档案的利用多集中在科研项目申报、个人报奖或评定职称等方面,以前多利用复印形式,现在主要利用扫描或数码相机拍摄手段,获得荣誉档案原件的电子版。(6) 照片档案的利用量也较小,其利用形式主要是扫描或数码拍摄,有少量外借的。

根据这些不同类型档案利用趋势的分析和预测,Y大学档案管理部门可以针对性地制定应对策略,包括调整基础工作方向,明确工作重点,采用新的工作技术和手段等。

三、结论

1. 数据挖掘技术可应用于档案管理工作

本文应用概念描述和数据立方体两种方法,对档案利用数据库进行了数据挖掘,并根据数据挖掘结果进行了档案利用趋势的分析和预测,可见,数据挖掘技术具备应用于档案管理工作的可行性。同时,数据挖掘的方法很多,概念描述和数据立方体是两种较为基础的数据库挖掘方法,此外还有分类、回归分析、聚类、关联规则、变化和偏差分析等多种方法。笔者在研究初期准备对档案用户信息和被利用档案信息以聚类和分类方法进行挖掘,但在选择具体挖掘方法时却受到了数据库资源的限制——笔者所掌握的Y大学档案利用登记数据库是由人工录入登记的,其中有许多不尽如人意的地方,如用户信息和被利用档案信息十分有限且缺项较多等,无法支持聚类和分类挖掘。

对于馆藏档案实行条形码管理,且通过自动扫描档案条形码、自动识读用户身份证或工作卡的方式完成档案利用登记的档案管理部门,则可获取档案用户和被利用档案的全面信息,基于信息全面的档案利用登记数据库,完全可以顺利进行聚类和分类的数据挖掘研究,其研究成果也将对实际工作具有更好的指导意义。如,通过聚类分析可以得出不同档案的利用频率,对于利用频率高的档案可以进行全文数字化,既可提高利用效率,也可起到保护档案原件的作用,同时还可指导归档工作加强对这种类型档案的收集;通过对不同时期档案利用关键词的分类,甚至可以分析出某些部门重点工作的走向和变化;通过用户信息挖掘,可发现哪些用户经常来档案部门利用档案,对于这些用户可根据其以往利用档案的记录,实行推送服务、定题服务等主动服务方式,拓展档案服务空间。

2. 数据挖掘技术能推进档案工作决策科学化

数据挖掘是一种决策支持过程,它能高度自动化地分析数据,做出归纳性的推理,从中挖掘出潜在的模式,帮助决策者调整策略,减少风险,做出正确的决策。随着信息社会档案信息量呈"几何级"的急剧增长及档案事务的不断拓展,档案决策也日益复杂起来。在这种情况下,档案工作应探索借助数据挖掘技术推进决策科学化。如依据本文利用概念描述和数据立方体方法对 Y 大学档案利用数据库进行挖掘而得出的结果,即可帮助 Y 大学在制定档案工作发展策略时,采取更加有针对性的措施,如:①实施档案数字化工程。挖掘发现用户对电子文件的利用需求日益增加,根据这种情况,在进行各类档案归档时应强化电子版的收集,同时根据档案馆人力、物力及财力状况适时对馆藏档案逐步开展数字化工作,即"新增档案电子化,存量档案数字化"。②加快档案资源共建共享,推进档案管理软件升级。挖掘发现档案利用形式呈现多元变化趋势,据此应对档案管理软件进行功能升级,或重新开发功能更为强大的软件以满足突出利用需求。如,利用学籍档案出具证明的需求量大幅增加,应重新开发功能强大的成绩翻译软件,这将是高效快捷地提供成绩证明服务的有效保证。③加强与其他单位的协作。挖掘发现在当前的社会人文环境和信息技术条件下,档案部门与社会各界联系日益紧密,档案事务日益复杂,因此高校档案部门不能再故步自封,仅局限于馆内的具体业务工作,必须加强与校内外有关单位的协作,以使高校档案工作获得更好更快的发展。如加强与学校综合办公部门的合作,使档案工作成为学校办公自动化的一部分,实现档案管理系统与学校办公系统的无缝连接;加强与有关职能部门协作,使档案管理系统与有关教学管理、科研管理等业务管理系统的连接,实现档案利用能合理调用有关业务系统中的数据。

3. 未雨绸缪,努力创造条件应用数据挖掘技术

数据挖掘技术以其在各社会领域广泛而深入的应用,突出表现了该项技术的巨大优越性及其提升工作水平和工作效率的显著作用。虽然目前多数档案管理单位业务相对简单,暂时看来,采用数据挖掘技术的必要性不突出,但是我们应该主动把握时代发展的脉搏,主动创造条件应用先进技术,只要越来越多的专家学者投入这方面的研究,数据挖掘等信息技术必将为提高档案管理水平发挥重要作用,而大量应用信息技术的档案管理工作也将在现代社会发展中充当更重要的角色。

参考文献:

[1] 苏新宁.数据仓库和数据挖掘[M].北京:清华大学出版社,2006:140.

[2] http://www.hudong.com/wiki/%E6%95%B0%E6%8D%AE%E6%8C%96%E6%8E%98.htm,2012-10-20.

高校热点事件专题档案大数据潜能的挖掘与研发

张 倩 （南京艺术学院）

摘要：本文深入考察了高校热点事件专题档案大数据的研发与利用现状，细致分析了高校热点事件专题档案大数据处理的难点，重点强调了高校热点事件专题档案大数据处理的新特征，揭示了高校热点事件专题档案大数据潜能挖掘的线索依据，并对高校热点事件专题档案大数据处理的应用场景进行了初步探索。

关键词：热点事件专题档案；大数据；挖掘与研发

近两年，各地高校档案馆室紧扣国际国内热点事件，利用档案这一文化"母资源"服务重点工作，在纪念中国共产党成立95周年、中国人民抗日战争暨世界反法西斯战争胜利70周年、南京大屠杀死难者国家公祭日、红军长征胜利80周年、辛亥革命100周年、孙中山先生诞辰150周年等重大活动举行之际，不断推出精彩纷呈的档案热点事件专题，在国内外引起了强烈反响。高校档案界这种集中公布档案的形式，要比单独公布影响更广泛、更深远，彰显了档案在重大纪念活动中的独特作用。当前，为社会热点事件服务业已成为高校档案管理机构的文化自觉与自信，也是高校档案宣传工作的新常态。

一、高校热点事件专题档案的研发与利用现状

实践经验表明，通过挖掘卷宗，一些时间上间隔很久、地理上分散的事件之间的联系可以被发掘出来，找到零散事件发生的类似之处。[1]近年来，高校档案管理机构通过找准历史档案与现实需求的结合点，大力挖掘档案信息数据利用潜能的案例可谓不胜枚举。

案例一：在纪念中国人民抗日战争暨世界反法西斯战争胜利之际，南京大学档案馆深入挖掘抗战纪念设施、遗址的历史内涵和现实意义，为拉贝故居成功入选国家级抗战纪念遗址名录做出了积极的贡献。该校档案馆还通过文献整理、资料挖掘，成功举办了"抗战中的南大记忆"档案图片展，挖掘选取的400件图片和史料，向世人展示了高校战线可歌可泣的抗战记忆。

案例二：在首个国家公祭日之际，东南大学档案馆举办的国家公祭日图片展，通过大量史料图片向公众揭示了1937年东南大学的前身——国立中央大学遭到日军轰炸时的历史场景，用档案回击和戳穿了日本右翼势力否认甚至美化侵略的谎言。

案例三：同济大学档案馆挖掘了馆藏近700幅档案图片，举办了"抗日战争中的同济大学"档案图片展，全面展示了同济大学自吴淞校园被日军炸毁到抗战胜利后返沪的办学过程。

案例四：华东师范大学档案馆大力挖掘馆藏反映沪西地区人民抗战事迹的抗战原始图片、实物及影像，成功协办了大型巡回展览"勿忘前行——纪念中国人民抗日战争胜利70周年暨沪西抗战史料展"。这次抗战史料巡回展，是上海高校档案馆与区（县）档案局在纪念抗战胜利70周年题材方面首次跨界合作的成果。

案例五：扬州大学档案馆举办的《家国情怀——烽火岁月中的扬大先贤》专题展览，以馆藏档案为基础，从众多的校史人物中遴选六个家庭，讲述了抗战中父子、父女、夫妇和兄弟姐妹同仇敌忾、共赴国难的感人故事。

案例六：在第三个南京大屠杀死难者国家公祭日来临之际，由南京师范大学等档案管理机构承办的"1937——德国汉堡友人与南京"图片史料展如期举行，展览展出了档案史料近200件，缅怀了约翰·拉贝等国际友人对南京人民的正义之举，彰显了铭记历史、热爱和平的主题。

大数据开启智能时代，今后高校档案管理机构可以更准确地把握时代脉搏，运用更多更丰富的表现形式来赋予档案信息大数据以新的生命，在全社会的大合唱中唱响、唱好"档案声部"，做好服务大局这篇大文章。

二、高校热点事件专题档案大数据处理的难点分析

目前，高校热点事件专题档案大数据处理遇到的主要难点有两点：

一是如何利用档案信息大数据来发掘故事。与小说中的人物成长一样，每一条档案信息的背后都有它自己的故事，每一个角色都有自己的过去、现在和未来。海量档案信息大数据彼此之间充满着互动联系，如何表现这些关系，充分发掘其背后的真实历史，这将取决于档案工作者的挖掘能力。因此，我们可以借鉴Blog营销的写作技巧，努力将档案信息的问题热点化、功能故事化、形象情节化、发展演义化、专题系列化、字数精短化。[2]这如同在动笔写小说之前必须先学会遣词造句一样，档案工作者要学会用大数据技术来挖掘档案信息中一个个生动感人的故事，让读者耳目一新、记忆深刻，并产生广泛的影响力。

二是档案自然语言的多样性、复杂性是挖掘热点事件的又一个障碍。文本挖

掘与处理技术,是大数据挖掘领域中的一个重要研究分支,其主要研究从非结构化、半结构化的海量文本信息中挖掘有价值的信息,处理其中可能隐藏的概念及其联系,并完成可能的知识发现。我们知道,文本挖掘与处理的主要对象是自然语言,但自然语言的复杂性、多样性决定了计算机很难实现对其含义的完全理解。因此,探索大数据浅层语言分析,可能是目前可行的一条研究路线。例如,可先着力对诸如新的特征词、有意义串、关键词等内容进行浅层语言分析,然后再对档案文本信息作热点事件的抽取、分类、聚类、检索、话题跟踪等大数据处理。

三、高校热点事件专题档案大数据处理的新特征分析与线索依据

在现实生活中,用户需要的热点事件信息,通常都是粒度较小、内容相关、题材新颖的信息。因此,在高校热点事件专题档案大数据库的构建中,必须紧扣追踪热点事件的"新特征语言"和"有意义串"等相关线索依据来建立大数据源模块。

所谓"新特征语言"和"有意义串",是指具备统计意义的数据串。含有所谓"新特征语言"的句子,一般具有"内容相关性"和"时序新颖性"的鲜明特点。[3]"内容相关性"指句子的内容必须与主题密切相关,"时序新颖性"指它传达了以前句子所没有涵盖的新信息。

所谓"有意义串",是指在真实语言环境中灵活使用且包含具体语义的"字符串"。这种"字符串"的共性特点是:在语义上、统计上、结构上和语用上可分别满足一定的性质。由此可见,一个"有意义串"就是一个线索(一个有价值的社会现象)。这种线索,往往包含着网民对当前社会各种现象的立场和观点,所以对"有意义串"的挖掘,不仅有利于进一步深化关键频繁模式的分析,而且对建立更高层次的文本内容自动抽取、话题动态监测、机器实时翻译等智能集成应用机制,都有重要的促进作用。

综上所述,"新特征语言"和"有意义串"的发现,对高校热点事件专题档案大数据分析与追踪具有重要意义。其作为线索依据的主要作用有三:一是可以有效地促进系统处理平台对中文自然语言的理解分析与特征提取;二是可以有效地改善和提升文本分类、聚类的集成机制;三是可以在大规模档案数据中自动分析出热点事件并提供事件话题的关键特征描述。

四、高校热点事件专题档案大数据处理的应用场景探索

第一,POI(Point of Interest,兴趣点)能在很大程度上增强对热点事件的描述

能力和查询能力，直接影响到用户的服务体验，对用户和档案管理平台都具有非常重要的挖掘价值。Web2.0模式聚集的海量POI，直观地反映了用户的兴趣点，这些由消费者贡献的行为数据与评价，无论是对于消费者、商家还是大众点评等平台商都更具价值。[4]高校档案馆藏信息服务的受众是以年轻大学生为主，大学生普遍乐享时尚，接受新生事物的能力极强，因此，高校档案工作者可在知悉该群体利用需求的基础上，抓住其兴趣点，在重要纪念日期间开展多种形式的档案热点事件专题活动。

第二，高校档案管理机构借助舆情分析工具，可着力提升高校热点事件评价分析的效率和科学性。考察百度的舆情分析工具的工作原理可以发现，利用舆情分析工具在高校档案大数据智能处理平台上建立分析模块，并通过开发可视化图形形式，将热点事件做成放射图，可让用户在放射图中查看自己所关心的某个项目的具体评价结果，如果用户关心的话题（事件）不在此图之列，还可通过关键词进行检索，即用户点击某个具体热点事件，可视化工具会在顷刻间将该热点事件的各项指标从各类大数据库中抽取出来，并形成形象的放射图。目前，这种分析评价的能力，不是任何一个网站单一的数据可以相比的。

第三，高校档案管理机构借助当下最火爆的明星科技——AR（Augmented Reality）技术，可将热点事件档案大数据源的挖掘与利用变得更加生动和富有趣味性。AR即增强现实技术，是一种实时地计算摄影机影像的位置及角度并加上相应图像、视频、3D模型的技术，其更像是大数据的一种视觉化和呈现模式。在调研考察中发现，AR技术为用户带来了一个既有虚拟又有现实的"魔法世界"。在这种新型科技革命的支持下，数字信息和纸面上的档案两种信息相互补充与叠加，用户用手机"AR"一下纸质档案上对应的图片，瞬间"死档案"活了起来，呈现出动态立体的有趣画面，让用户追看热点事件档案专题的体验感全方位升级。为了让高校师生获得最新热点事件发展的动态信息，高校档案管理结构应当尽快引入AR技术，将其作为吸引师生与档案馆室互动的核心业务。用户只需要打开手机APP扫描海报、明信片或身边的宣传栏上特定的图片或二维码，即可在手机上看到神奇的AR特效。档案馆室可以结合开发的产品本身，在手机上展现各种充满动感元素的视频场景。例如，高校档案馆室策划某个热点事件相关的展览时准备呈现某个"镇馆之宝"，首先就需要扫描该物品的3D模型，并对其特定位置进行关键帧标定，然后根据馆藏物品的背景信息分别准备对应的动态视频数据。这样当用户使用手机APP扫描藏品，系统就会去寻找AR场景中与之最接近的关键帧，根据关键帧上的特征点，利用特定的算法找到AR场景中对应的视频，并将其展现在用户的手机上。在这个AR应用中技术核心就是识别跟踪技术，AR应用首先要通过FAST"特征点"检测等方法来识别标示物，完成一幅图片的对比后进行特征跟踪，接着就可在用户手机上展示对应热点事件的视频场景画面。

  第四,高校档案管理机构借助 VR(Virtual Reality)技术,可开发休闲娱乐形式的档案热点事件发布平台。VR,即虚拟现实,是指借助计算机及最新传感器技术创造的一种崭新的人机交互手段。例如,美国《纽约时报》的馆藏照片在今日成为奥运虚拟现实产品中的"明星",其推出的全实景 360 度立体虚拟现实电影《现代奥运会》,通过 VR 设备可以让观众身临第一届奥运会的赛场,见证历史上奥运冠军夺冠的场景,使观众获得独一无二的视觉体验。影片中用到的绝大多数照片都是出自《纽约时报》的档案室,这些照片档案由 Google Jump(完整的虚拟现实录制生态系统)借助 16 阵列摄像机经某种算法拼接在一起而实现了三维影像的华丽蜕变。高校档案管理机构可以借助日新月异的 VR 技术推出热点事件相关影片,吸引新生代们的眼球。

  值得指出的是,高校档案管理机构在做好热点事件线上宣传的同时,也要用心做好线下产品,并着力将线上的用户和线下的档案馆室实体进行有机对接,以利有效地扩大用户规模,更好地增强用户黏度。我们相信,只要抓住了受众的心理需求,高校档案服务工作也同样能够产生出彩的轰动效应。

参考文献:

  [1] 郭晓科.大数据[M].北京:清华大学出版社,2013:70.

  [2] 真溱.撬动地球的力量——大数据时代的网络新媒体资源[M].北京:海洋出版社,2014:132.

  [3] 张华平,等.大数据搜索与挖掘[M].北京:科学出版社,2014:1.

  [4] 郎为民.漫话大数据[M].北京:人民邮电出版社,2014:119.

浅谈国际和平博物馆的建设
——以拉贝与国际安全区纪念馆为例

郁 青 （南京大学）

> **摘要：** "以史为鉴，面向未来"，只有这样，才能构筑充满希望的和平之路。第二次世界大战结束后，和平博物馆如雨后春笋般迅速建立。截至目前，世界各国建立了大大小小多座和平博物馆，而我国也重视并开始成立和平博物馆，拉贝纪念馆就是以和平为主旨建立起来的。本文主要以拉贝馆为例，从和平档案、和平之窗及和平教育三个方面阐述国际和平博物馆的建设。
>
> **关键词：** 和平博物馆；和平档案；和平之窗；和平教育

1974年在哥本哈根举行的第十一届国际博物馆协会通过的《国际博物馆协会会章》明确规定："博物馆是一个不追求营利，为社会发展服务的公开的永久性机构，对人类和人类环境见证物进行研究、采集、保存、传播，特别是为研究、教育和游览的目的提供展览。"世界上所有的博物馆都有共同之处，而和平博物馆的共同点在于：它们有共同的愿景，即创造世界和平。国际和平博物馆的价值主要在于体现和平的概念，以自己的方式影响世人，以促进世界和平发展事业。目前世界上的和平博物馆约有一百余座，主要分布在欧、美、日、韩等国。据统计，日本拥有全世界最多的和平博物馆，约占总体的一半；反观中国，和平博物馆的数量稀少，大多数博物馆并不称为和平博物馆，只是建立时以和平及其研究为目的之一。拉贝与国际安全区纪念馆（简称"拉贝馆"）就是其中之一，它于2010年加入国际和平博物馆协会，创建之初成立了"拉贝和平与冲突化解研究交流中心"，旨在铭记历史，倡导和平。

一、和平档案建设

和平博物馆主要以历史文献、照片、艺术建筑、绘画等为内容开展藏品的征集，这些藏品在和平方面将被赋予历史的观点，并以和平教育为目的展示给参观者。因此，和平博物馆是为了建立和平的世界而开办。故此，和平博物馆中的馆藏档案是该馆的精髓，是一馆文化内涵的具体体现。拉贝馆主要关注点不在于其拥有的文物,实际上,它拥有的文物数量稀少,大多数历史文物保存在德国,故此我们十分重视历史资料,并以各种各样的方式来呈现这些信息。

1. 历史文献档案

拉贝馆目前馆藏历史文献档案分为两类,一类是文字记载,一类是图片资料。《拉贝日记》《魏特琳日记》《东史郎日记》《程瑞芳日记》以及南京国际安全区委员会成员书信等,这类资料是中外群体为侵华日军南京大屠杀暴行所撰写的最为详尽的实录,记录的时间覆盖了日军南京大屠杀暴行集中发生的整个时期。作为南京大屠杀的见证者,所留下的史料的真实性、完整性、客观性、严谨性毋庸置疑。这批资料不仅在东京、南京两次审判日本战犯时发挥了重大作用,而且也成为我们现今研究日军南京大屠杀问题不可或缺的历史文献。同时,南京大学历史系张宪文教授主编的《南京大屠杀史料集》全72卷,4 200万字是迄今最为完整记录南京大屠杀的史料集,以无可辩驳的史料铁证这个历史事件,驳斥日本右翼的荒谬言论。这套史料收集了中国军队为保卫首都南京与来犯日军进行顽强作战的历史档案材料、日军南京大屠杀遇难者尸体掩埋情况的大批资料,以及西方人士关于南京大屠杀的文字史料等。拉贝馆的图片资料主要来自德国,建馆之初,由档案馆的诸位老师远赴德国征集史料,从德国国家档案馆、西门子公司档案馆及拉贝孙子等处收集了很多老照片用于布展,丰富了馆藏档案。

2. 口述档案

口述史在国际上是一门专门学科,即以搜集和使用口头史料来研究历史的一种方法,或由此形成的一种历史研究方法学科划分。口述史的方法是近现代历史研究的优势之一,因时间尚不久远,对曾亲临历史建筑和经历相关历史事件的人物的访谈和资料整理,为历史事件考证提供了很多很有价值的资料。

南京大屠杀在历史上是一场惨绝人寰的大灾难,在这次屠杀中侥幸生存下来的人并不是很多,根据在1987年第一次进行的南京大屠杀幸存者统计记载,当时有记录的南京大屠杀幸存者大约1756名。随着时间的推移,幸存者的数量逐渐减少,抢救幸存者口述史档案迫在眉睫。近年来,拉贝馆创建了南京大屠杀幸存者口述档案,为"大屠杀时间中方救援人士业绩"课题积累历史档案。目前已采访南京大屠杀幸存者80人,其中三分之二的幸存者是首次被采访的。大量实物及口述档案的建立为中心的学术研究提供了帮助。

3. 影像档案

南京大屠杀期间留下的影像档案十分罕有,约翰·马吉牧师,时任国际红十字会南京委员会主席以及南京安全区国际委员会委员,他冒着生命危险,用16毫米摄像机极其秘密地将日军在南京的暴行拍摄下来,是当年记录下南京大屠杀唯一的动态历史资料。拉贝馆收集了马吉拍摄的部分视频。此外,本馆还收集了有关南京大屠杀的电影,如《拉贝日记》《沉默的耻辱》等,纪录片《南京大屠杀档案》《1937南京记忆》《外国人眼中的南京大屠杀》等。这些关于南京大屠杀的作品会不定期展现给参观者和志愿者群体,从不同的视角讲述不同人眼中的南京大屠杀,同时组织观者研讨,我们要防止这样的事情发生,就必须从历史中汲取教训。

档案是历史的载体,拉贝馆馆藏档案不仅在于向人们展示某个历史阶段或展现某个历史事件,更重要的是传达在那个无比黑暗的战争年代,有一些人,无论是中国的还是外国的,他们不顾个人安危,拯救难民于水火之中;也有一些人,顽强地面对敌人,无论在多么困难的情况下都坚持不懈地努力生存下去。他们用自己的实际行动和顽强的信念深刻诠释了和平精神及为和平事业的不懈努力,从未放弃。所以,这是和平人士留给世人的珍贵无比的和平档案。

二、和平之窗

如果一个博物馆仅仅展示人类史上的黑暗,那么它只是一个历史资料仓库。但是,如果一个博物馆不仅仅是展示过去,相反,它的目的是为了教育人们不忘曾经发生的事情以便让悲剧不再重演,那么博物馆就成为了和平博物馆。拉贝馆作为对外交流的窗口,是南京大屠杀历史的见证者,也是承载希冀的和平之窗。

1. 南京大屠杀的历史见证

2014年2月,外交部外国记者新闻中心和江苏省外办联合组织外国驻华记者赴南京采访,来自美国有线电视新闻网、美国《华尔街日报》、英国路透社、法新社、日本《朝日新闻》、日本时事社、日本每日电视台、韩国联合通讯社的数十名记者访问了拉贝馆。在近三小时的访问活动中,拉贝馆向中外记者展示了《轰炸南京》书稿,《南京大屠杀史料集》全72卷、《南京大屠杀全史》及拉贝故居保护的难民名单。同时邀请了历史系张宪文和曹大臣教授就南京大屠杀一些问题进行研讨,全方位地让中外媒体了解南京大屠杀历史真相。在研讨会上,张宪文教授表示:"我们是学者,我们是根据所掌握和了解的历史材料谈我们的观点,作为历史问题当然要去研究,《南京大屠杀史料集》72卷都是原始材料,提供给世人去研究,这个历史事件迟早会得到大家公正的认识。"大屠杀原始档案的展示引起了中外媒体的强烈反响,美国有线电视新闻(CNN)记者Miller Charles和Mckenzie David表示:"南京大屠杀遇难者人数是一件令人痛苦的事实,不应该在政治上再引起更多的争论。"

《大公报》记者李理写信给拉贝馆:"作为长期报道中国外交政策的记者,我十分感谢你们对历史严谨和负责的态度,愿真理永远战胜谎言。"

2. 承载希冀的和平之窗

加拿大史维会每年都组织协会成员来南京访问学习,拉贝馆是其重要的一站。2015年7月13日,史维会来馆访问,我们邀请了南京大屠杀幸存者夏淑琴老人讲述她所经历的南京大屠杀:"当时我躲在床上的被子里,由于恐惧,吓得大哭,被日本兵用刺刀在背后刺了三刀,当时就昏了过去,不省人事。也不知过了多久,我被妹妹的哭声惊醒,看到周围全是亲人的尸体,我们俩哭喊着要妈妈……""我们到处找吃的东西,幸好家里有些炒米、锅巴,渴了就在水缸里舀冷水喝,就这样,我们与亲人的尸体一同生活了14天。"史维会对夏淑琴老人所经历的表示震惊与难过,他们详细询问了老人一些细节方面的问题,其中一个是他们想了解夏淑琴老人是否读过或者了解过《拉贝日记》中记叙的关于她家发生的事情。夏淑琴老人提起拉贝先生,感慨万千,她说:"如果没有拉贝先生的帮助,我不知自己能否活到今天。"同时《拉贝日记》也勾起了她所经历的磨难:1998年,日本亚细亚大学教授东中野修道和日本自由史观会成员松村俊夫,分别出版了两本书,将夏淑琴描述为"假证人"。夏淑琴老人非常生气,将日本人告上了法庭,夏淑琴老人是南京大屠杀的见证者,也是唯一活着看到对日诉讼终审胜利并获得赔偿金的南京大屠杀幸存者。有关夏淑琴的受害情况,马吉牧师拍摄的胶卷以及解说词、马吉牧师的日记、《拉贝日记》都有所记载,这些旁证与夏淑琴本人的证言也是一致的。所以夏淑琴老人获得了诉讼的最终胜利。在活动的最后夏淑琴老人说:"希望后辈们都能记住历史,坚决不能让历史重演。同时努力学习,将国家建设得更加强大。"

夏淑琴老人在1937年南京大屠杀期间受到拉贝先生的救助,在全家遇难之后,和妹妹一起进入西门子难民收容所,即拉贝故居避难。她非常感谢拉贝先生,经常说拉贝是好人,是活菩萨。正因为经历过战争的灾难,才更知和平的可贵。在拉贝的雕塑前,夏淑琴带着女儿、外孙,庄重地拜祭那个烽火年代救他们于水火中的南京好人。夏淑琴老人说,只要她身体还行,她一定要来祭拜拉贝先生,一定会给大家讲故事,因为她希望大家知道南京大屠杀期间普通人身上发生的故事,希望大家记住历史,更希望大家能够珍惜今天的和平。

3. 南京国际交往中的新名片

国际和平城市协会(International Cities of Peace)于2017年8月31日正式通过批准,南京成为世界第169个"国际和平城市"。南京也成为中国首个加入该协会的城市。据了解,加入"国际和平城市协会"需要具备一定的条件,比如"在战争中直接受过创伤,发生过重大的有关和平的事件,等等"。

南京是一座历史悠久、积淀深厚的历史文化名城,同时也是二次世界大战中蒙难最为深重的城市之一。作为国家公祭日的举办地与南京大屠杀事件的发生地,南京人民更懂得和平的意义,对和平带来的福祉与战争造成的伤害有更加深刻的体会。和平作为一种时代精神、一种特殊的文化,我们应该大力弘扬与彰显,以和平文化的理念积极打造国际和平城市品牌。拉贝馆作为以和平为主旨的历史教育场馆,对使公众形成正确的历史认知、向外界传达积极的和平理念等都起到了重要作用。同时,拉贝馆也是南京这座和平城市在国际交往中的新名片。建成纪念馆的拉贝故居在中国仅有一所,同时它也是南京大屠杀期间很多难民的"诺亚方舟",是拯救了无数生命的"保护伞",更是凝聚了众人和平理念与心愿的"爱的天堂"。拉贝故居不仅是沟通中德人民之间友谊的桥梁,更是联结全世界人民和平夙愿的纽带。

三、和平教育

和平教育是指通过教育的方式来传播和平的理念,也就是说,不只是要教会学生"什么是和平",更要知道"如何达成和平"。和平教育者相信,唯有让和平的价值观在学习的过程中内化,特别是从孩童、青年人着手,让他们体会到和平的益处,相信采取和平的手段更是一种积极而勇敢的选择,进而有态度上的变化,最后才能产生行动上的改变。纪念战争是为了远离战争,追忆灾难是为了远离灾难。拉贝馆作为国际和平博物馆,肩负和平教育的重大使命,一方面通过历史教育让观者充分了解过去所发生的一切,更多的是要教育国民,特别是年轻一代牢记战争的灾难,让战争不再重演。

1. 和平对话

为了让更多的孩子了解拉贝的事迹、铭记历史、珍惜和平、培养社会责任感,纪念馆杨善友老师经常在各个中小学开设讲座。在2014年12月13日国家首个公祭日当天,杨善友老师在南师附中给600多名学生作报告。杨老师通过PPT给学生展示大屠杀期间的照片和资料,以图文并茂的方式告诉学生,拉贝何时来到南京、拉贝是怎样的人、1937年南京大屠杀期间如何保护南京难民,又如何把南京大屠杀的一幕幕记录在《拉贝日记》中。一位高二学生表示:"我曾祖母经历过南京大屠杀,每年学校也都组织我们去侵华日军南京大屠杀遇难同胞纪念馆,所以对那场劫难还是比较了解的。在那样恶劣的环境下,拉贝可以选择离开南京,但是他留了下来,救助了那么多难民,让我非常佩服。这样一场讲座,让我对那段历史、对拉贝有了更深刻的认识。拉贝在我们国家危难的时刻,无私地帮助了我们的同胞。现在的我们更应该懂得去帮助别人,承担更多的社会责任。"

各个纪念馆各具特色,在同样以南京大屠杀为主题的纪念馆中,拉贝馆有别于其他馆的重要特点就是将和平与希望作为主旨。拉贝馆不是控诉南京大屠杀血泪史的场馆,而是向人们展示战争年代世人为和平所作出的不懈努力。拉贝故居收容了600多位难民,是救赎的场所,是生命希望的承载地,拉贝故事告诉人们更多的是爱与勇气,引导人们更多的是和平与希望。每每有学生来参观或者去各大学校演讲时,我们向学生传递的也是大爱的精神、和平的力量,而不是血腥与屠杀。"对暴行可以宽恕,但不可以忘却。"这是拉贝先生的和平观,也是拉贝馆的主旨所在。

2. 志愿者和平服务

奥地利海外服务机构自2008年开始由本国青少年自愿申请到拉贝故居从事和平服务,至今已接收9位志愿者。这些志愿者主要从事英文讲解、翻译、对外交流等工作。第一任奥地利志愿者吴家齐曾说过,拉贝先生是他所崇拜的对象,有很多方面值得自己学习,他的善举诠释了责任、勇气、仁爱,希望自己能将他的善举传递出去,能够让更多的人继承他的精神。曾就读于南京外国语学校的志愿者周建融表示:"从一开始的扫描留言簿、扫描文献,到后来的翻译各种文献和网页,甚至有时候帮助接待访问团,拉贝的一点一滴给我带来了非常深的影响,我觉得在拉贝故居这段经历不仅仅是志愿者这么简单,它带给我一种财富,它让我认识到了、接触到了很多本来我接触不到的人。"

这些来自世界各国的志愿者来馆时有些已经十分了解拉贝的事迹,有些在工作中慢慢接触到了拉贝的故事逐渐产生了兴趣。他们在拉贝故居做志愿者的经历不仅是志愿者或长期的或短暂的历练,也是一场和平教育之旅,了解战争的黑暗,愿意为和平工作,以和平的方式解决冲突,这是拉贝故居接受志愿者的真正目的,也体现了其作为国际文化交流平台的教育意义和社会价值。

四、结语

一座好的历史博物馆,不仅仅让观者了解过去发生的事件,更重要的是能够让观者思考历史原因及解决方式,让悲剧不再重演,这才是博物馆真正应该做的事情。和平是人类发展史上永恒的主题。作为国际和平博物馆,拉贝纪念馆在国内外和平道路上稳步前行,以史为鉴,构筑充满希望的和平之路。正如甘地所言:"There is no way to peace; peace is the way."

参考文献:

[1] 村上登司文.和平博物馆与军事博物馆之比较(上)[J].宁波,译.博物馆研究,2008(3):39-42.

[2] 山根和代.日本的和平博物馆与和平研究[J].阮岳湘,译.南京大学学报,2005(2):50-57.

[3] 刘成.和平学[M].南京:南京出版社,2006.

[4] 约翰·家尔通.和平论[M].陈祖洲,等译.南京:南京出版社,2006.

高校电子文件归档与电子档案管理中的问题研究

彭 桢 （南京大学）

摘要：随着国家各项政策和标准的推出，电子文件和电子档案的重要性日渐凸显。而电子文件和电子档案庞大的数量、复杂多变的技术手段决定了传统档案管理方法在新的领域需要变革和改进。本文提出了当下高校电子文件归档与电子档案管理中存在的诸方面问题，并针对各项问题建议了相应的解决方案。

关键词：电子文件归档；电子档案；元数据；生命周期

在2016年8月29日发布、2017年3月1日实施的中华人民共和国国家标准GB/T 18894－2016《电子文件归档与电子档案管理规范》中，明确规定了电子文件和电子档案的范畴，前者为"国家机构、社会组织或个人在履行其法定职责或处理事务过程中，通过计算机等电子设备形成、办理、传输和存储的数字格式的各种信息记录"，后者为"具有凭证、查考和保存价值并归档保存的电子文件"。随着2017年1月6日浙江省政府办公厅出台《浙江政务服务网电子文件管理暂行办法》，电子档案"单套制"（即电子设备生成的档案仅以电子方式保存）、"单轨制"（即不再生成纸质档案）的试点逐渐铺开，电子文件归档和电子档案管理的重要性日渐凸显。具体到高校范畴，电子文件归档和电子档案管理不仅要在校内教学、科研等活动中发挥基础作用，也承担着校园文化建设和传播的任务。而电子文件和电子档案庞大的数量、复杂的技术手段，对传统的档案管理方法提出了新的挑战。

一、高校电子文件归档及电子档案管理的现存问题

1. 系统外部电子文件归档不全

根据《电子文件归档与电子档案管理规范》，电子文件归档范围主要有文书类电子文件、声像类电子文件、科技类电子文件、专业类电子文件、邮件类电子文件和网页社交媒体类电子文件。在国家档案局2016年4月1日下达的《全国档案事业发展"十三五"规划纲要》中，明确提出要"加快提升电子档案管理水平……明确各

类办公系统、业务系统产生的电子文件归档范围和电子档案的构成要求,加强对业务系统电子文件归档管理……研究制定重要网页资源的采集和社交媒体文件的归档管理办法。"综上所述,电子档案的来源可以分为系统内文件归档和系统外资源收集。相比之办公系统、业务系统内产生的文件,系统外部产生的网站、声像等资源具有分散、非结构化和多样化的特点。由于人员意识、相关规范的缺乏,大量此类电子文件脱离了电子文件管控范围,导致归档不全。

2. 电子文件元数据缺失

传统档案的《高等学校档案实体分类法》,将档案分为党群、行政等十个一级类目(声像档案按载体类型分别单独编号排架),结合 DA/T 22－2015《归档文件整理规则》编写档号,同时能实现分类、排架和检索的三重功能。而电子档案的分类、存储和检索功能主要依靠元数据的著录和组织实现。但目前各机构的办公系统、业务系统主要面向业务流程设计,在形成、办理、归档、移交、保管、利用的各环节中,对于电子文件著录的诸多要求响应不够。例如,在《照片类电子档案元数据方案中》,全面地收录了电子照片的 EXIF 信息,同时用 M34(权限)、M74(职能业务)、M80(管理活动)等字段实现了对该类电子文件控制信息的描述。而由于这些属性在传统的纸质照片上体现较弱,在系统对于电子照片的处理过程中很容易被忽略。

3. 电子档案的双重鉴定门槛高

电子档案的鉴定包括价值和技术两个方面。价值鉴定,是档案工作者按照一定的原则、标准和方法,剔除无需保存的部分,判定档案的价值,确定档案的保管期限的工作。技术鉴定,指对电子档案的各方面技术状况进行全面的检查,包括对信息真实可靠性、完整性和可读性的认定以及对文件载体性能的检测。鉴定是现代档案工作的核心,在单套制、单轨制开展的大环境下,电子文件种类繁多,数量巨大,它的鉴定工作对档案工作者的业务素养提出了更高的要求。

4. 电子档案的存储和备份管理薄弱

电子档案除在线存储外,为保障安全性还应有近线备份、离线备份和灾难备份,数据规模达到一定程度的档案馆(室)还应建立热备份。这些备份的功能和属性各异,近线备份是在线存储的辅助,将访问量较少、利用率较低的文件存放于性能较低的存储设备上以减少主存储器的压力;离线备份是对在线存储数据的备份,以防范可能发生的数据灾难,调用频率更低,远离系统应用;灾难备份仅在灾难性故障后调用,是数据备份的最后一道防线,需确保其安全性。不同的备份体系存在着文件数量和版本差异,更新频率和保管要求也不尽相同。而在实践工作中,对各个存储和备份的管理往往一刀切,弱化了各个体系原有的功能。

二、高校电子文件归档及电子档案管理的改进措施

根据现有的理论、标准文件和工作实践总结,对于以上提出的种种问题,笔者提出了以下的改进措施。

1. 推广电子文件面向流程归档

面向流程归档指从最初的文件产生时启动,将后续对该文件的讨论、研究和反馈的各个步骤中,所涉及的报告、邮件、社交媒体数据、会议记录、音视频材料、纸质文件的数字化稿本等材料进行整理归档,归档的进程由新产生的电子文件推动。面向流程归档可以明确归档电子文件产生的背景信息、上下文关系和文件之间的内在联系。而在面向流程归档的过程中,需要档案员熟悉现有的系统的功能和设计思路,熟悉机构内部文件流转、处理的流程,而为了尽量少产生系统外部文件,档案员应与系统构建者、工作流设计者沟通,逐步将分散的系统外部电子文件与系统本身整合,以实现资源的集中、结构化管理的最终目标。

2. 数据系统开发嵌入元数据模块

为保证电子文件和电子档案元数据的完整性,在业务、办公系统开发时,档案部门需积极介入电子文件系统的顶级设计中,使得在数据系统的各个环节中,能合理嵌入相应的元数据模块。档案工作者应注意到,不同领域和类型的电子文件之间,存在着内部结构、生成环境和文件存储格式等方面的显著不同。针对不同的电子文件,需了解相应的通行元数据标准,例如国际上常见的 DC(都柏林核心元数据集)、EAD(编码档案著录)、FGDC/CSDGM(数字空间元数据内容标准)、TEI(电子文本编码体系)等等,国内的 GB/T33480－2016《党政机关电子公文元数据规范》、DA/T54－2014《照片类电子档案元数据方案》、GB/T 3792.1－2009《文献著录总则》等元数据标准规范,档案工作者应及时了解新出台的元数据标准和规范。

3. 明确电子文件归档具体要求,发展电子档案管理系统辅助鉴定

《全国档案事业发展"十三五"规划纲要》提出:"依法开展档案移交进馆工作……明确各级档案馆接收专业档案的范围……鼓励开展口述历史档案、国家记忆和城市(乡村)记忆工程、非物质文化遗产建档等工作。"在高校,电子文件及电子档案管理的目的不仅仅是支持师生的教学、科研等活动,更要提供可靠的、有价值的信息和数据,以辅助各项决策和规章制度的制定。此外,还要通过与地方档案馆

或校内其他部门联动,促成校园文化建设甚至更广层面的社会记忆的构建。因此,电子档案的价值鉴定涉及多领域、多层次。现有的价值鉴定理论方法,如苏联档案价值鉴定四原则、文件双重价值鉴定法、档案年龄鉴定法、宏观职能鉴定法等,需要与日常工作中档案鉴定和利用的经验相结合,对不同种类、形成机关、档案主题、利用频率、保管成本的档案分别考察和总结,从而确立明确细致的收录标准和保管期限。在技术鉴定方面,在鉴定者熟悉现有的各项文件存储和读取技术的前提下,要求档案按照现有的《电子文件归档与电子档案管理规范》所规定的文件格式和载体进行归档。由于电子文件和电子档案繁多的数量和不断增长的趋势,有条件的档案馆(室)应开发或购买辅助的自动化技术鉴定系统以对大数量电子文件批量技术鉴定,以保障文件的真实、有效、可靠和完整。

4. 按生命周期分类制定存储和备份策略

选择备份工具和制定备份策略可依据文件的生命周期理论。文件的生命周期指从现行文件到历史文件的完整生命过程,分为文件的办理形成阶段、文件的行政利用阶段和文件的历史阶段。在各个阶段中,电子文件体现了不同的作用或价值,因此针对不同阶段文件的特点,应采用不同的存储备份策略。在现存的电子档案中,部分档案处于行政利用阶段,如某机构归档的截止于某个特定时间点的数据库文件,该数据库在此次归档行为后仍然不断更新,处于第一价值(档案原始价值)极大期;部分档案处于文件的历史阶段,如旧版网站网页文件,此时档案主要具有第二价值(从属价值)。这两类处于不同的生命周期的文件读取和修改的频率差距甚远,因此在电子文件鉴定时,同步确认文件的生命周期阶段,并以此为根据分别采用备份存储策略和设备,可减少设备的损耗,同时提高响应速度,以实现存储和备份策略的最优化。

三、结语

高校电子文件及电子档案管理仍然有着诸多需要解决的问题,如:如何划分档案馆、归档部门和数据系统开发者三者间的权责范围?面对电子文件和电子档案繁多的门类和数量,如何保证各项标准和规范有效落地?对于新生的电子文件类型,如何才能快速反应以确保电子文件生命周期的完整性?等等。面对这些问题,做好这项工作的目标要求档案工作者们在工作发展中,要不断加强对电子文件和电子档案的统一规划及流程管理,以保障电子档案的全面性、一致性、安全性、可控性。综上,高校档案工作者们应在现有的基础上,把握国家大力建设电子政务的契机,进一步强化规章制度保障、更新知识储备、提升技术水平、创新管理服务,从而实现档案价值的最大化。

参考文献:

[1] GB/T 18894-2016.电子文件归档与电子档案管理规范[S].

[2] 浙江省人民政府办公厅.浙江政务服务网电子文件管理暂行办法[EB/OL]. http://www.zj.gov.cn/art/2017/1/18/art_12461_290241.html,2017-01-12.

[3] 国家档案局.全国档案事业发展"十三五"规划纲要[EB/OL]. http://www.saac.go-v.cn/news/2016-04/07/content_136280.htm,2016-04-01.

[4] 全国档案工作标准化技术委员会.高校档案实体分类法[EB/OL]. http://www.saac.gov.cn/xxgk/site2/20150604/00e04ce0897016da32730a.pdf.

[5] 王英玮.档案价值鉴定基础理论若干关键性问题研究[J].图书情报工作,2013,57(09):13-18.

[6] 陈薇.基于工作流的教师档案管理研究[J].兰台世界:2014(5):42-43.

从高校校史馆建设谈高校实物档案的收集、整理及利用

费鸿虹 （南通大学）

摘要：随着目前校史馆的纷纷建立，实物档案的利用也变得越来越重要，实物陈列是校史馆展陈的重要方面，这也对我们在实物档案的收集、整理、保管上提出新的要求。本文从目前校史馆实物陈列情况出发，对实物档案的收集、整理、保管等方面的工作进行探讨，以更好地实现实物档案的利用。

关键词：校史馆；实物档案；收集；整理

高校档案馆负责接收（征集）、整理、鉴定、统计、保管学校各类档案及有关资料，开展档案的开放和利用，并且利用档案开展多种形式的宣传教育活动，充分发挥档案的文化教育功能。馆藏档案及资料承载着丰富的信息资源，这些资源只有通过形式多样的活动和承载的载体才能发挥其功能。高校校史馆就是高校档案发挥其文化教育功能的重要形式之一。高校校史馆是学校的编年史，展示学校各个阶段的办学情况，是学校精神与文化集中表现的舞台，是展示学校荣誉及各种成果的展览馆。因此，它可以成为高校开展学生德育教育和人文教育的基地，成为宣传学校的窗口。

高校校史馆的重要职能体现必须依靠馆内陈列的信息资源，其表现形式主要有文字、图表、图片、音视频、实物。实物表现最为直观，从陈列的角度来看是最有表现力的形式，但从档案馆收集档案的范围来看，实物最初是存在争议的，不被认为是档案的，因此它的归档范围、归档要求等不如文书档案规范。我们从校史馆建设过程中实物档案的陈列来探讨高校实物档案的收集、整理及利用。

一、高校校史馆的职能及实物陈列现状

1. 高校校史馆的职能

博物馆学传统观点认为，博物馆的基本功能是收藏、研究和教育。高校校史馆应具备这三大功能。针对高校这个特殊的背景，具体来说，校史馆应具备以下职能：

1）收藏职能

校史馆的收藏不同于档案馆，属于展示性的、公开的收藏，所以在展馆良好的保管条件下，既是收藏也是陈列，包括文字材料、照片、音像资料、实物等。这些信息资源都可以直接反映学校的办学历史、传承的精神以及学校的特色和成果。

2）研究职能

可以对校史馆丰富的馆藏资源进行历史及教育方面的研究，也可以为相关研究提供资料。

3）教育职能

对不同的参观对象而言，校史馆的教育功能有不同的偏重点。如很多高校的新生入学教育及新教职工的岗前培训都包含参观校史馆环节。以此唤起师生对高校的认同感、荣誉感和责任感，激发师生对学校的起源、发展、办学目标、校训校标的认知，加强其对目前学校发展的了解。校史中很多积极的方面是进行思想政治素质教育的良好素材，校史馆成为很多老师进行第二课堂教育的理想场所，其中也包括对本地中小学生的教育。校史馆也是一个集中展示学校的场所。那些毕业十几年，甚至几十年的校友，返回母校的时候，可能当年的校园不再，老师不再，校史馆就是一个可以让他们从旧照片、影片、实物中找到过去的记忆的平台。

2. 高校校史馆实物陈列情况

具备一定馆藏展品的展馆，在展示的运作和效果上确实更具有优势，有更广阔的伸展空间。校史馆如果依托档案馆的馆藏实物档案进行设计，能更好地展示这些实物。但大部分高校校史馆不能做到这一点，越是历史悠久的高校，越是经历分合较多，体现学校早期办学情况的档案越匮乏，实物档案更是越少。校史馆陈列内容主要如下：

（1）教学办公用品，包括作业、文件、老式教具、教材、上下课铜钟等。

（2）奖励品，包括奖状、奖章、奖杯等。

（3）师生各类在校证件，包括学生证、工作证、借书证、上课证、毕业证、学位证等。

（4）纪念品，包括徽章、旗帜、纪念册、通讯录等。

（5）科研成果实物，包括新型材料、著作等。

（6）其他展品。

馆藏展品的陈列价值不局限于展品本身，它是陈列主题及其所传达的"校风"等精神因素的物化载体。馆藏展品真正的陈列意义在于通过展示而讲述的故事和表达出的精神价值。

目前高校校史馆实物陈列情况不佳,主要有以下情况:

(1) 实物种类少,不能全面反映办学情况。

实物陈列只有一些毕业证书、学生证、教材、校徽、校刊等比较常见,而大家容易想到的一些物品,不能全面反映办学情况和学生在校学习、生活的情况。

(2) 实物数量少,不能系统展现发展变化,缺少层次感。

在已有的实物种类上,由于数量少,削弱了表现力。如毕业证书,若能系统地陈列各个校名时期,或是分立各校的毕业证书,让大家看到毕业证书上的历史发展;再如毕业证、讲义、教材、教具,若能将各个历史节点上有代表性的进行陈列,学校的历史底蕴的厚重氛围就形成了。

(3) 实物整理、保管不善。

实物档案在收集后,没有做好整理,随意放置,导致很多实物在展陈时已经磨损、发霉,使其实物陈列的功能体现大打折扣,也加重了后期保存的难度。

究其原因,主要由于:(1) 学校历史悠久,早期大多经历较多挫折,在国家历史的大背景下,很多档案流失,实物档案更是难以保存。(2) 实物作为档案一直饱受争议,所以在实物档案的收集、整理、保管上力度不够,规范没有很好地建立。

二、实物档案的收集

目前高校校史馆普遍存在实物资源不足的问题,大多数实物都是校友捐赠,校友捐赠是随机的,不成体系,在展现学校历史方面,不能体现连续性、完整性,只能展现一些零散的点。这反映了学校保存相关实物档案意识薄弱、实物归档范围不明确、管理力度不够等问题。我们通过对历史实物档案的征集和日常实物档案的收集两方面相结合,将学校纵向时间发展上的实物档案勾连起来,形成连贯性。

1. 校史实物的征集

校史实物档案的空白只能靠长期的征集慢慢填补,以不断丰富校史,为校史编研提供帮助;另外,在校史馆进行展陈,直接以展览的方式提供利用,实现宣传、教育的职能。

1) 扩大实物征集范围

不断扩大实物征集范围,将一些笼统的方面进一步细化,使征集对象能进一步协助挖掘校史实物档案,具体包括:

(1) 学校保存或宣传用的内部资料,如学则、概况、宣传册、校报、校刊等。

(2) 学校不同时期的印信、校标、徽标、校旗、校牌、校匾、校训、校歌、校服、信笺、信封等。

（3）学校在交流过程中收到的礼品，如贺信、贺礼，纪念品，各级领导、著名人士视察学校工作为学校所写的题名、签名和赠送的书画。

（4）历任领导的签名章、任命书等。

（5）学校历史上各个时期楼宇牌、道路标识牌等，带有以前校名印记的物品等。

（6）教职工使用过的物品，如教材、教案、讲义、教具、实验器材、仪器设备、工作证、校徽（教师用）、活动纪念章、聘书、获奖、论著、手稿、记分册等。

（7）学生使用过的物品，如学生证、借书证、毕业证、学位证、上课证、实验用具暂借证、试卷、作业、成绩单、校徽（学生用）、文具、毕业纪念刊、获奖证书、录取通知书、毕业派遣证、水票、澡票、饭菜票等。

2）丰富征集方式

丰富征集方式，扩大宣传是校史实物征集的重要前提。首先，可以充分利用档案馆的网页平台，长期设置征集栏目，将征集范围及已经征集到的实物照片进行整理并放到网页上，不断更新，让大家关注到这块工作的延续性。其次，每次接收实物捐赠，都可以拍摄照片，撰写报道，发到校园新闻及各个档案宣传口子，使更多的人关注征集工作的进展。再者，目前学校宣传大都开始借助微信平台，可以有更多的人参与互动，档案工作也可以加入进去，提供互动的机会，得到更多征集的线索、信息。

丰富征集方式，积极更进是校史实物征集的关键。首先，在接收到有关校史实物的任何信息时，要第一时间联系对方，进一步了解实物情况、捐赠者情况，以此来确定收取方式，若实物易损，则不宜采用邮寄，可以上门取，或直接送，若捐赠者出行不便则只能选择上门取。

2. 日常实物档案的收集

将实物档案列入日常归档的范围，明确其归档范围，加强管理，弥补早期实物档案匮乏的问题，将实物档案规范起来。

1）归档方式

基于目前部分立卷的归档方式，实物档案的归档可以一并融入其中，由每个立卷单位进行归档。这样一方面可以保证反映学校方方面面办学情况的实物更全面，不会遗漏；另一方面，立卷单位归档可以做到归档实物的直接归档，对归档实物的详细情况比较了解，以完善背景信息的填写。实物档案实行立卷单位归档方式，可以与其他档案统一管理，这样更为规范化。

2) 归档范围

针对各立卷单位情况，归档范围有共同的内容，也有不同的内容，可分别制定。面向全体立卷单位的归档内容有：(1) 各单位的获奖证明，包括单位及个人在各个领域获奖证明，形式可以是证书、奖状、奖杯、奖牌、锦旗等；(2) 各单位失效的印章，由于单位合并、更名等变化导致的失效印章、牌匾等；(3) 单位在对外交流过程中，获赠的有纪念意义的礼品，如字画、印刷品、工艺品等。

针对不同立卷单位的归档内容，我们以几个部门为例：(1) 校办：校徽、校标等学校标识，制作的教职工通讯录等；(2) 教务处：学生的毕业证书、学位证书、学生证等模板；(3) 学工处、研究生处：招生宣传册、学生录取通知书模板、学生社团的标识物等；(4) 人事处：教职工的工作证模板等；(5) 宣传部：学校各种宣传册、师德活动宣传册、学校的文化丛书等；(6) 杂志社：各类期刊的创刊号、改版期刊等；(7) 图书馆：借书证模板等；(8) 后勤管理处：学生使用饭卡或一卡通模板。其他各立卷单位应将本单位工作过程中形成的，反映学校在教学、科研、管理等方面的发展，涉及师生在校生活的方方面面的有纪念意义的实物进行归档。

三、实物档案的整理

1. 归档前的准备工作

针对不同形式、材质的实物，从保存质量和提供利用角度出发，在入库保存前需做好数字化扫描、拍摄，特殊物理维护措施，装具等的设计、定制工作。实物档案的特殊物理维护措施主要是针对那些容易褪色、发黄、污染、划痕、破碎、字迹脱落的纸质、铜质、玻璃、瓷器等载体的实物（如书画、铜牌、铜匾、花瓶、玻雕、水晶制品），以延长实物档案的寿命。具体的措施包括：针对大件物品的防护固定，印章、徽章等的封膜、加塑处理，牌匾等室外物品的修复处理，针对所有物品的清洁处理。

（1）字画类。首先扫描成电子图片。对没有装裱的要装裱成卷轴，定制不同规格的符合档案标准的筒状盒作为装具。

（2）获奖类、工艺品类。对纸质证书进行扫描，对立体的奖牌、奖杯等物品进行拍摄。有封皮的证书、奖杯、奖牌、工艺品要进行除尘、除油脂，将外露面进行擦拭，以免生潮长霉。锦旗除灰后卷起来，可利用字画卷轴装具。

（3）印章类。对印章外形及印面进行拍摄。因印章一般都使用得比较陈旧，需要进行清洁，之后贴一层透明膜加以保护。在清洗前盖一个印章图例，方便查阅利用，定制不同尺寸的印章盒作为装具。

(4) 证件类。进行正反面扫描。保存的各类证件、证书模板,都可以设计制作册子,每个类别一本,按时间插放。

(5) 徽章类。对徽章外形及徽章文字面进行拍摄。针对徽章类金属制品,尽量配合塑料外包装保存,以免接触过多生锈。可以特别定制不同尺寸的盒子作为装具。

(6) 校牌、单位牌匾类。对这类实物要进行拍摄。这类长期暴露在外使用的物品,有较多灰尘、污垢,要特别清理,有损坏的要加以修复。技术处理的办法是:用脱漆剂把原来的文字脱落,然后清除斑点、磨去划痕、喷填新字、重新抛光、涂盖清漆、恒温烘干。

(7) 书籍。进行全文扫描,制作成电子书。

(8) 学生或教师的设计作品。进行不同角度拍摄,可要求作者对自己的作品做好保存前的处理。

所有归档实物都应根据不同的要求进行扫描或拍摄,形成数字化图片。另外还应填写纸质小卡片,每类实物设置不同项目,填写说明,有些要特别注明来源,或者其中的小故事、作者的简介等。

2. 具体编号、入库工作

实物档案以 SW 为代码,不同类别可以用不同的数字进一步区分。不同学校可根据实际情况进行不同的分类,如获奖类、印章类、证件类、徽章类、牌匾类、字画类、工艺品类、其他类等,分别设为 SW12、SW13、SW14、SW15、SW16、SW17、SW18、SW19。针对不同的实物,安排适合的保存空间。如有具体装具的字画、印章、徽章、册子等,可以存入档案橱;获奖类证明主题性强,材质丰富,日常形成的量比较多,可以单独成立荣誉室,设计不同尺寸的柜子储存奖牌、奖杯、证书、锦旗等。工艺品规格、材质、大小不一,形成量大,可以单独成立捐赠室,设计展台、柜子进行保管。设计作品跟工艺品一样情况,可以单独成室保存。

四、实物档案的利用

实物档案在利用目的和形式上,跟文书类档案有很大的不同,文书类档案主要作为证明用,实物类档案主要作校史编研和展览用,实现档案的研究、教育功能。

首先,实物档案最主要的利用方式是陈列展,尤其是校史馆陈列。实物档案是校史馆功能实现的最有力的信息资源,在营造历史厚重感、文化底蕴氛围等方面都起到了重要作用。但实物档案在校史馆陈列的过程中,其保管环境的控制,展柜、展台的设计等,都是我们需要进一步考虑的问题。(1) 可以复制的实物,应进行高仿复制,进行陈列。(2)尽量将实物陈列在展柜中,减少与空气的接触,避免人为的接触。(3)展览馆内要控制好温湿度,在灯光的使用上,尽量使用柔和一点的展灯。(4)每天检查实物展品的情况,一旦发现实物有长霉等情况,及时进行处理,加强温湿控制。

其次,将实物档案数字化后,作为照片形式进行利用。一方面档案馆可以利用网站建设数字化档案的系统,将可公布的实物档案信息进行公布,开放给社会各界查阅、利用。另一方面,校史馆为了丰富展出形式,也可以制作多媒体系统,将各类数字化成果导入,设置触摸屏,供参观者浏览。这样,那些受空间或者环境限制,不能展出的实物档案,就可以通过数字化的图片进行展示。另外,编写的宣传册、纪念册等可以制作成电子书,点击阅读。实物档案数字化的利用,很大程度上拓宽了利用途径,更好地实现了其教育、研究的职能。

参考文献:

[1] 秦嘉煜.大学校史馆研究——以清华大学校史馆为例[D].北京:清华大学,2009.

[2] 金雁.以高校校史文化推进校园文化建设的路径研究[D].成都:西南交通大学,2006.

[3] 张雅茹,姜树滨.档案与博物——兼论"实物档案"称谓[J].黑龙江档案,1994(5):24-25.

[3] 沈蕾,金秋钰,奚明远.实物档案登记新探[J].北京档案,2013(9):23-24.

[4] 杨明初.实物档案技术保护的实践与探索[J].兰台世界,2007(21):41-42.

数字档案馆背景下中医院校名人档案信息资源挖掘

种金成　张菱菱　（南京中医药大学）

摘要： 高校名人档案是推动学校发展的文化基础之一，它用人类的记忆传承和助推校园文化发展，体现了名人档案管理工作对名人负责、对学校负责、对历史负责的使命，从而为学校的发展服务。本文对数字档案馆建设背景下中医院校名人档案信息资源挖掘的意义及现状进行概述，分析了中医院校名人档案信息资源挖掘的对象、内容及方法，最后讨论了数字档案馆建设背景下通过名人档案专题编研，定期、定题展出，以及建立中医药古籍数据库、名老中医医案数据库、名人声像档案数据库、名人字画珍品数据库、名人口述历史数据库等一系列专题数据库实现名人档案信息资源的有效挖掘利用。

关键词： 数字档案馆；名人档案；档案信息资源

传统意义上的高校档案侧重于党群、行政、教学、科研等大类档案的收集与管理工作，而忽略了名人档案信息的收集整理。随着档案工作的信息化发展和进程加快，尤其是在高校数字档案馆建设的大背景下，要求档案信息资源收集更要顾及方方面面，名人档案信息资源的收集、整理更加丰富了数字档案馆建设的档案信息资源。通过名人档案信息资源的挖掘，不仅能够使得高校名人的科研态度和治学风格得到继承和发扬，也从某种意义上推动了高校的校园文化建设。

中医院校名人档案全宗是指名人（指本校的知名人士，在中医类学科或者中医类某一领域作出过重大贡献、学术水平较高的专家、教授、学者等）在其一生活动中形成的具有保存价值的图表、文字、图像视频等载体文件材料的综合体。

一、中医院校名人档案信息资源挖掘的意义

1. 名人档案是高校档案的重要组成部分

高校名人档案是丰富档案馆藏的重要内容。中医院校一般建校历史悠久，名

人、大家众多,有些知名教授、专家、国医大师在教学、科研活动中形成了许多内容丰富的成果和材料,具有非常重要的保存价值,而这些信息资源对于了解本校的历史变迁、学术沿革以及教学思想的发展有着重要的参考价值。高校档案馆(室)建立名人档案全宗,通过对这些名人档案的收集整理,建立丰富、完整的名人档案数据库,不仅充实了馆藏,也传承了学校的校园文化。

2. 名人档案展现了中医院校的办学特色

中医院校是我国中医学科领域专家、教授、名老中医、国医大师汇聚的地方,他们在临床、教学、科研和社会活动中形成的有价值的材料,对于了解中医院校的人才培养和学科建设有着重要的参考作用。中医院校作为培养中医方面人才的摇篮,通过建立系统、完整的中医类名人档案,不仅展示了本校学术、教育水平的特色,也是对传统档案工作的创新,有利于优化馆藏结构、丰富馆藏内容、传承中医历史文化。

3. 名人档案征集充实了数字档案信息资源

对中医院校名人档案信息资源的挖掘不仅保护了高校的历史文化财富,同时也赋予了高校名人一种荣誉感。此外,通过对名人档案的广泛征集,不仅使得名人档案信息资源日趋丰富,还为学校编写校史、校志等方面的工作提供了重要的参考资料。数字档案馆建设背景下,档案信息资源的完整性、丰富性是评价一个单位档案信息化发展水平的重要指标,通过对名人档案信息资源多渠道、多途径的收集挖掘,不仅充实了数字档案信息资源,还可以通过建立各类名人档案信息数据库实现此类信息资源的有效利用,也对本单位档案信息化建设起到了一定的促进作用。

4. 名人档案发挥了"存史育人"的文化功能

名人档案真实地记录下了中医名人们学习、工作和生活历程,向中医学子们展现了名人各方面的学习历程和科研成果,这些都是一代代师生学习的榜样,是启发和激励年轻一代的生动教材,也是培养学生科研能力、创新精神最真实的素材。数字档案馆建设背景下,档案馆网站是外界了解档案馆藏内容的重要媒介,因此,征集到的中医院校名人档案中保存的教学科研成果,可以通过档案馆网站以专题汇编的形式进行对外展示,这对在校教师及大学生有很重要的启示和指导意义,可以激发他们进行中医科学研究的兴趣、培养创新精神。

二、名人档案信息资源收集、管理现状

1. 名人档案收集整理缺乏系统性和完整性

一方面,由于名人档案归私人所有,大部分中医名人思想保守,没有归档意识,或是担心自己的学术成果归档后被别人剽窃借鉴,存于自己手中,不重视个人建档,导致档案材料不能移交给档案馆(室)。随着时间的推移,一些名人存有的许多反映校史、早年从事科研教育的珍贵文件材料,正在逐渐流失。另一方面,有的学校档案管理部门没有安排专人进行名人档案的征集、整理,从而导致名人档案信息资源的收集缺乏系统性和完整性。针对这些状况,档案管理部门应该制定具体有效的措施,制定相应的名人档案规章制度以保证名人档案资料收集的完整性。

2. 名人档案材料管理缺乏制度化和规范化

名人档案管理在高校档案管理实施方面是一个弱点、难点。国家教委办公厅编著发行的档案文件《高等学校档案实体分类法》《高等学校档案工作规范》,并没有把名人档案列入高校档案工作的范畴。因此,名人档案的管理也就缺少了标准化、规范化的依据。各高校自行制定名人档案方面的规则制度,或者根据对本校名人档案资源组成的理解来开展这项档案工作,没有标准化和规范化,也导致了很多高校没有开展名人档案的征集工作。

3. 数字档案信息资源收集范围狭隘

数字档案馆建设背景下,一方面由于名人档案的征集往往会耗费一定的资金,有些高校管理部门往往不愿在名人档案征集上投入太多资金,造成了名人档案征集仅仅停留在"登门拜访、走家串户"的传统实体档案征集方式上,而没有以通过网络信息渠道(如档案馆网站)进行数字名人档案信息资源的收集工作,或者收集到的数字化形式档案没有经过系统整理、分类对外提供利用。另一方面,有归档意识的名人归档程度及深度不够,应该归档的档案材料没有保存或保存不全,造成遗失或缺失现象严重。

另外,由于名人档案涉及方面广、类型多、数量大,大部分院校对于收集与管理缺乏统一的领导和集中管理,有的学院或部门收集到名人的档案材料后自行管理,没有及时移交到档案部门,有的甚至无人管理,管理水平参差不齐,也缺乏必要的沟通约束机制。这些情况都使得高校档案管理部门无法获得名人的全部有价值的档案材料,因而,造成了名人归档材料的不完整,直接影响到了名人档案的归档效

率和质量。

4. 综合专业水平不高，缺乏规范管理

数字档案馆建设背景下，名人档案管理需要既懂信息化专业知识，又要熟悉档案业务的复合型人才。而目前一些高校的档案人员没有经过专门系统的信息化专业知识培训，缺乏名人档案基础知识和技能，造成了名人档案的归档没有按照一定的程序进行，随意性大，给日后的名人档案管理工作带来了困难。

三、数字档案馆背景下中医院校名人档案信息资源挖掘及利用

1. 中医院校名人档案信息资源挖掘的对象

（1）学校在编、在岗人员中，在中医教学科研方面有突出贡献并在该学科领域内有一定影响力的知名专家教授，以及对学校建设和发展有突出贡献的校级领导；

（2）曾在本学校学习、工作过，在国内外有一定影响力的著名专家学者、担任国家重要职务的党政领导，以及在中医相关领域为社会发展产生了积极影响的知名人士。

2. 实体类名人档案信息资源挖掘的内容

（1）反映名人一生经历及其主要活动的生平材料，如自传、传记、回忆录、日记等；

（2）反映名人职务活动、社会活动、国际交往的各种记录材料，如文章、报告、演讲稿、题词、被邀请出席各种重要会议的通知、在各种会议上所作报告底稿或提纲、担任某些职务的聘书等；

（3）反映名人成就的材料，如论文、著作、研究成果、书画、文学艺术作品等；

（4）社会及舆论对名人研究、评价的材料，如纪念性、回忆性、评述性及研究介绍性材料等；

（5）与名人有直接关系的材料，如证明材料（履历表、职务任命书等）、各类证书（学生证、工作证、毕业证、学位证、获奖证书、荣誉证书、任命书、委任状等）、奖章、信函等；

（6）反映名人活动的声像（录音带、录像带、照片、光盘等）、实物等载体形式的材料；

（7）个人书信（包括名人发给别人的信稿和收到别人寄来的信件）；

(8) 名人的口述历史材料等；

(9) 与名人有关,并且有收藏价值的其他材料；

(10) 名人使用过的有重要保存价值的实物以及受赠礼品等。

3. 数字档案馆背景下名人档案信息资源挖掘的内容

(1) 名人其本人保存的数字档案信息资源,如中医药古籍、字画珍品、教案、医案、科研成果扫描件、各类教学成果扫描件。随着信息化的发展,很多名人手中不仅存有实物类档案,有些还存有只能以光盘、移动硬盘、U 盘等载体形式保存的医案、PPT 讲稿、教案、科研成果的电子版本,收集此类档案信息资源,通过分类、整理,为建立医案、讲稿、教案、科研成果类数据库打下基础。

(2) 档案部门通过数字化收集平台收集到的名人数字档案信息资源。档案部门可以通过档案馆网站开发名人档案在线征集系统、口述历史在线征集系统,以电话、邮件等方式告知距离较远或者不方便的名人,通过档案在线征集系统注册、登录之后,根据系统提示将个人保存的电子类档案(如各类奖项证书扫描件、图片、视频等)上传到系统中。

(3) 档案部门通过网络途径(邮箱、BBS、微博等)收集到的名人档案信息资源。档案部门为丰富名人档案信息资源,还应主动收集网络资源上的有关名人的各类报道、档案资料等形成专题档案。

4. 名人档案信息资源的整理归档

对征集到的名人档案信息资源进行科学合理的分类、整理,不仅有利于保管,而且提高了档案的查准率和查全率。结合中医院校名人档案征集及整理办法,主要可以从以下几个方面进行：

(1) 对本校馆藏名人档案,按人名实行集中管理的原则,按照一人一号,按人名首字母及归档档案类别编制档案实体分类号：一级类目以名人首字母(MR)表示,二级类目以该人名首字母表示(如张三：ZS),三级类目以归档的该名人档案类别 M 表示(以 M1、M2、M3、M4 分别表示不同类目),如名人张三本人形成的档案则赋予该名人档案实体分类号：MR－ZS－M1(M2\M3\M4)－。

(2) 名人档案应以每个名人为单位设立档案全宗,包括：对名人的介绍、该名人档案归档内容及整理说明、档案交接单据和目录清单、档案统计记录,等等。

(3) 根据归档档案载体和类别的不同,以卷或件为单位,按照相关的名人档案整理规范和文件进行分类、整理、编目和入库保管。高校名人档案类目多,有文书类档案、声像类档案、实物类档案、电子类档案等等,因此在分类整理时应采用不同的归档方法,如文字类档案材料应按照文书档案的整理规则进行分类整理；声像类则应该按照声像类档案整理方法整理,每一类档案都要按照时间的先后顺序立卷。例如:某名人归档的所有手稿、传记、论文等文字型材料档案可以划分为 M1 类(例如:张三,则赋予名人档案实体分类号 MR－ZS－M1－);归档的录音、照片、视频类档案可以划分为 M2 类(例如:张三,则赋予名人档案实体分类号 MR－ZS－M2－);归档的相关的以光盘、U 盘、移动硬盘等为载体的电子类档案可以归为 M3(例如:张三,则赋予名人档案实体分类号 MR－ZS－M3－);归档的实物类的如奖杯、奖牌等可以划分为 M4(例如:张三,则赋予名人档案实体分类号 MR－ZS－M4－)。

5. 数字档案馆建设背景下的名人档案信息资源挖掘利用

高校所有类别档案的收集保管其最终目的都是为了提供利用,名人档案也不例外,尤其是在数字档案馆建设的大背景下,如何将收集整理的名人档案以现代化的技术及手段对外提供利用服务显得尤为重要。

(1) 组织名人档案编研,深度挖掘名人档案的人文资源。可以由学校档案部门负责,组织相关的专家,对一部分名人档案进行系统研究,形成系统性的成果,如出版关于该校的教授名录、校史、校志等等以名人档案材料为支撑的校史资料。对一些在国内外影响力较高的名人,还可以通过组织专家进行专门研究、一对一访谈等形式,出版关于该名人的系列书籍。

(2) 定期进行非涉密名人档案展出,重视名人档案的育人教育功能。由于名人档案中包括科研机密和关于个人隐私的内容,在进行展出之前档案部门要根据档案法规和保密法的相关规定,确定可以公开的内容,同时要取得该名人的同意之后才能够进行展出。展出的形式可以多种多样,既可以在学校校史馆开辟单独的栏目进行长期性展出,也可以在档案馆建设专门的展厅、展台定期对外开放,以此扩大名人效应,发挥名人档案的文化育人功能。

(3) 建立名人档案专题数据库。数字档案馆建设背景下,不仅要建立各种目录级名人档案数据库,编制各种检索工具,还要建立健全名人档案全文数据库、声像数据库。将收集归档的纸质名人档案定期进行扫描,并将扫描件及时挂接到档案管理系统中,这样不仅有利于查阅利用,还有助于档案的长久保存。同时也可以将归档的实物类档案进行拍照、标注,然后在档案馆网站上按照专题进行展示,使名人档案在学术传承和校园文化建设中,发挥积极的作用。中医院校档案部门还应整合中医重点、特色资源建立各类中医名人特色专题数据库,使得各家经验得以传承。

①中医药古籍数据库。将馆藏名人档案的中医药古籍进行分类、整理、扫描,建立专门的数据库目录并将扫描原文上传至档案系统,提供多种检索查询手段。

数字化上传的古籍应至少保存两种格式,一是图像(tiff、jpg)格式,以保持古籍的原貌;二是文本格式,即双层 pdf 格式,能够使得利用者利用全文检索工具方便快捷地查找到所需要的古籍。

②名老中医医案、教案、科研成果数据库。收集到的名人档案中存有名老中医在从事临床、教学、科研活动中形成的珍贵的医案、讲稿、教案、科研成果。通过建立名老中医医案数据库,将他们教学活动中形成的讲稿、教案,在临床医疗中产生的医案、验方、对疑难杂症的分析处理记录,在科研活动中形成的实验记录、参考资料、科研成果,以及他们的论文、论著、汇编、经验总结等进行分类建库。

③名人声像档案数据库。图像视频是最能够直接生动展示名人档案的形式之一,通过对名人档案声像的分类、整理和编研,将照片、视频做成不同的专题,形成声像档案数据库信息资源,再通过档案馆网站等对外公开的媒介形式将这些专题声像信息资源对外进行展示。

④名人字画珍品数据库。中医院校名人一般在书法、绘画方面的造诣很高,通过收集这方面的书法绘画作品,将这些资源进行数字化扫描或处理,再经过整理分类形成专题,形成名人特色字画珍品数据库,在档案发布系统开辟专栏进行展出。

⑤名人口述历史数据库。档案资料随着时间的推移会损坏、丢失,但人的记忆是永恒的,中医院校的名老中医见证了学校的历史沿革、参与了学校建设发展,有些丰富的临床实践经验没能够以文字或其他载体的形式记录下来,这些信息都存在于他们的记忆之中,而随着他们年龄的增长、记忆的模糊,有些珍贵的记忆也会消失,因而档案部门则应该积极主动地通过访谈、录音、摄影等形式将这些口述历史档案及时记录下来,经过分类整理将这些信息资源整合为口述历史数据库,以丰富名人档案数据库信息资源。

四、小结

高校名人档案不仅是重要的知识资源信息库,也是学校的珍贵文化财富。做好名人档案的归档工作不仅能收集到珍贵的历史文化遗产,丰富档案馆藏内容,更重要的是可以有效利用这些宝贵的档案,发扬及传承名人艰苦学习的作风、严谨治学的态度,传播他们的科技、文化成果,充分发挥名人档案在高校中的教育、育人作用。

参考文献：

［1］王莉.建立健全名人档案之管见［J］.四川档案,2007(4):45.

［2］贾雪萍.高校建立名人档案问题探微［J］.兰台世界,2005(8):64-65.

［3］卞昭.论高校名人档案在大学生素质教育中的作用［J］.兰台世界,2009(8):7-8.

［4］余子丹.高校名人档案建设浅谈［J］.文教资料,2013(19):101-102.

论口述档案在大学校园文化建设中的价值体现

王 玮 （河海大学）

摘要：口述档案具有纠正讹传、勘辩成说、印证回忆、丰富历史事件细节等功能。高校开展口述档案资源建设，能填补档案记载空白，抢救学校历史，重构集体记忆。各高校对口述档案的应用方式丰富多样，这对于校园文化建设起到极大的推进作用。

关键词：口述档案；口述历史；校园文化建设

口述档案承载着一个时代的记忆和文化，是社会记忆的重要载体。口述档案在高校是伴随修史编志的需要而兴起的，它不仅可以填补校史中的空白和盲点，守护大学记忆，还能够多层次、多角度、多侧面地反映学校的文化内涵和大学精神。口述档案在凝聚校友饮水思源、感染并启迪青年学生爱国荣校、弘扬办学传统，提升大学文化等方面，较之于其他档案材料更具生动性和感染力。

一、口述档案的产生与发展

1. 口述档案的产生

口述档案的出现要追溯于口述史学的发展，它是口述史学发展过程中衍生的产物。

早期的口述史学是为了补充史料的不足，考究史料的伪误，而对当事人进行有计划、有目的的采访，并将其回忆过程中形成的录音或文字材料整理保存。此时的口述档案仅作为历史研究的一种工具，是某些历史学家零散的个体活动，因而形成的口述档案也表现为个体记忆。体现为：一是口述档案在内容上呈碎片化、形式上呈零散化；二是在口述档案整理保管方面，受经济因素和技术条件的制约，一般将采访录音直接转录为文字材料保存，导致录音材料缺失，文字材料的凭证性稍显不足。鉴于此，当时口述档案的价值范围非常狭窄，重在强调口述历史的史料价值，以提供历史研究为最终导向。例如，最早开展口述历史工作的美国，早期口述历史机构大多设立在图书馆或档案馆中，访谈对象多集中于各界精英人物，由此形成的口述档案也主要保存在各类图书馆中，档案馆则次之。

2. 口述档案的发展

伴随着社会的进步，口述史学发展也愈加成熟，人们对口述历史过程中形成的记忆问题也产生了全新的理解。当事人受自身经历和社会关系的影响，其形成的记忆虽带有主观性和个人偏好，但也从一定程度上反映出当事人理解事件的视角和立场，也能帮助他人多角度、深层次地认识历史。与此同时，档案理念也在发展中不断进步变革，对于口述档案的认识也不再是单纯强调其真实性和客观性，而是转向口述档案的本源——记忆。口述档案承载着一个时代的记忆和文化，是社会记忆的重要载体。这也使得口述档案本身的形态和属性呈现新变化，不再局限于过去单一狭窄的范围，在组织机构与形成者、内容范围、作用价值等方面都有所突破。口述档案的参与者更加广泛，包括专家、学者、机构或普通市民，也逐渐显现出其社会记忆的特质。加之科学技术发展迅速，口述档案以录音、影像载体形式大量涌现，图书馆等机构难以满足这种专门档案的整理保管要求，因此档案部门就以专业机构的角色大规模参与其中，口述档案的开发利用也逐日凸显。

二、口述档案的概念与特点

1. 口述档案的概念

"口述档案"概念最早始于1984年国际档案理事会出版的《档案术语词典》，词典中出现了法文词条 Archives orals（口述档案），但在词典的中译本中却没有"口述档案"这一术语，只在 Orals 这一词条下有相对应的中译"口述历史"。1988年8月，第十一届国际档案大会上，塞内加尔档案工作者正式使用"口述档案"这一概念。

有研究学者认为，"口述档案是对个人进行有计划采访所形成的笔录、录音或录音的逐字记录等"，"它通常表现为录音磁带或对录音的逐字记录两种形式"。若用档案标准定义要素来解构的话，口述档案并不是严格意义上真正的档案。档案的本质属性之一是原始记录性，强调档案是社会组织或个人在以往的社会实践活动中直接形成的原始性信息记录，这也是档案区别于其他事物的独一无二的本质规定性。对于口述档案来说，它不是在社会活动中直接产生的，而是事后由当事人或亲闻者依据回忆整理形成的，它不具备档案的原始记录性，因而只能作为辅助档案利用的重要参考资料，从上文口述档案的产生与发展过程来看也印证了这一观点。但仍称其为"档案",多半是出于语言习惯。

2. 口述档案的特点

口述档案形成过程的独特性,使其不同于一般档案而具有个体性、主观性、动态性。

个体性。口述档案是受访者在事后甚至事后很长时间回忆整理形成的,区别于记录国家、社会、行业、民族等一个整体历史的档案大事记,它是每个个体经历的回忆录,恰好弥补大事记对个体经历的记录缺陷,这种记录角度的差异更凸显出鲜活个体的所见、所闻、所感,让口述档案成为"小民历史""个体历史"。

主观性。口述档案是在采访过程中产生的,其形成必然受到访谈者与受访者双方主观因素的影响。访谈者在前期确定对象、拟定选题,中期现场提问与交流,后期整理文字录音等过程中都会表现出个人的价值取向与偏好。而受访者在被采访过程中的主观性体现则更为强烈,且不论生活环境、过往经历等隐性因素的影响,就每个人的知识水平、思维方式的差异,也会使得受访者在回忆往事过程中夹杂个人主观倾向,从而直接影响其表述方式和表达意思。这些问题都是不可避免的,也正是因为口述档案存在这样的差异性与特殊性,才更有吸引力,让更多学者专家肯花时间与精力去研究"平民化历史"。

动态性。口述档案记录了访谈者与受访者双方的对话交流,也是对历史的一种重新认知。这种事后再认识过程会受到诸多因素的影响,如社会环境、政治氛围、个人经历、记忆衰退程度、访谈者与受访者之间的特殊关系等等,它们对历史回忆描述的客观性与准确性起决定性作用。除此之外,受访者的身体状况、表达能力、生活境况、心态境遇等也存在一定程度的影响。因而,口述档案存在着相当的不确定性,即动态性。

3. 口述档案的争议性

口述档案虽不是新生事物,但对其争议性一直持续不断,质疑主要集中在档案性和真实性方面。

档案是在社会实践活动中直接形成的,是一种最真实、最可靠、最具权威性与凭证性的原生信息资源,原始记录性也成为档案区别于其他信息的本质特性。口述档案是为了弥补信息记录的缺失与断层,还原历史事实,在事后多年追加的记忆,其形成与实践活动发生存在极大的时间差。因而档案界相当部分学者认为口述档案不具有原始记录性,但也有部分学者认为只要口述档案的受访者是当时历史事件的亲历者,其所述内容真实,便具有凭证参考性。由此便引出口述档案另一个备受质疑的关注点,即真实性。俗语常说"口说无凭",而口述档案恰恰是受访者根据回忆口头叙述形成的,或许因为时隔久远人的记忆会模糊,或许由于某种特殊原因没有说出史实,使得口述档案的形成会存在些许瑕疵,令人诟病。

档案原始性与真实性的判断标准在于其与所对应的人类活动的一致性。换言之,档案的真实性是指它真实地记载了相对应的社会实践活动,而与活动本身的性质无关。口述档案真实地记录了受访者的口述历史活动,或许其中存在某些不真实之处,但也是受访者个人意图的表达,其在历史中留下的这种"痕迹",也是历史事实的一种客观反映。

即便学术界持有争议,但口述档案的发展却愈加蓬勃,尤其是在各高等院校,伴随编史修志和校庆工作的需要,纷纷开展口述档案工作,且部分院校成绩显著、效果突出。这也足以说明,口述档案对于"恢复"历史、"补救"原始材料是一个较好的方式。

三、高校口述档案工作发展现状

国内率先开展口述档案工作的高校是清华大学,早在1959年清华校史编委会成立,随即开展口述档案活动。直至进入21世纪,各地高校相继开展口述档案工作,高校口述档案资源建设发展才日趋蓬勃起来。其中2008年是尤为集中的一个时期,其间高校开展的档案资源建设项目有:北京语言大学的"北语名师对外汉语教学口述史系列丛书"项目、中国科学技术大学的"口述校史研究"项目、贵州大学的"口述校史"和"学校记忆"工程。上海理工大学于2009年启动"发展——上海理工大学历任校领导访问实录"活动,2011年启动"口述沪江"项目。此外,温州大学成立了口述历史研究所,联合校内外、海内外相关学术力量,利用科学方法,推动口述历史资料的搜集、编辑、出版和研究工作。

纵观高校口述档案工作整体情况,发展水平显著提升,工作程序更严谨更科学化,技术手段更先进更现代化,人才队伍更壮大更专业化,成果研发应用也更丰富更多样化。目前,各高校对口述档案的应用方式主要包括以下几种成果。

一是举办主题或专题展览。如重庆大学的"立德树人"专题展览馆,该展馆依托口述档案工作所收集到的珍贵口述史料和实物资料,将历代重大人物献身教育事业、潜心治学治教的传统和精神进行集中展示和呈现。

二是正式出版书籍。如华中科技大学2005年出版的《口述历史——华中科技大学女博导之流金岁月》、北京大学2008年出版的《学路回望——北京大学外国语言文学学科史访谈录》、中国人民大学2010年出版的《求是园名家自述》,以及上海交通大学2012年起陆续出版的校史研究系列丛书《思源·往事》《思源·起航》《思源湖——上海交通大学百年故事撷英》《春风桃李——从交通大学走出的文化名人》等。这类正式出版物集文化性、研究性于一体,图文并茂,可读性强,在推进校史人物研究、弘扬办学声誉、提升学校文化软实力等方面发挥了重要作用。

三是内部资料汇编。内部资料汇编作为非正式出版物,只限在学校内部发行,供校内人员参考阅览。如广西师范大学2008年编印的《师说新语——广西师范大学口述历史故事集》、广州中医药大学2010年刊印的《广州中医药大学口述校史资料汇编》。

四是在校报、校刊或校内新闻网开辟专栏连载相关文章。这种方式具有直观形象、传播速度快、受众面广的特点。如华中师范大学2013年在网上开辟"口述校史"主页,请该校的老教师老校友、在岗的优秀教师,以及图书管理员、宿舍管理员等口述该校的办学历史。

五是利用口述档案音视频资料拍摄专题片或宣传片。如央视曾在2014年教师节期间播出系列节目《校训是什么》,选取一批国内知名高校德高望重的老教师的口述资料,利用直观立体的技术手段呈现给观众。

四、口述档案在大学校园文化建设中的价值体现

1. 丰富特色馆藏,助力档案信息资源建设

由于诸多原因,现有档案馆藏未必能完整地记载和反映高校办学历程与发展沿革,造成令人遗憾的历史空白。口述档案有针对性地采访见证过学校历史发展变迁的人物,通过录音、录像等形式将各个时期的办学理念、办学途径、办学效果以及重大活动与事件记录下来,填补校史中的空白和盲点,既能够还原学校发展的历史面貌,又拓展了传统档案的内容,与此同时收集到的实物档案、照片档案也使得馆藏档案载体形态更加多样化,极有助于高校建立特色馆藏。口述档案建立过程,也是档案人员学习摸索过程,期间会遇到各种各样的新问题。例如,怎样设置口述主题的多样性与特色性、如何考证口述历史事件细节的真实性、该如何丰富与填充口述历史内容等等,档案人员通过集思广益解决诸如此类的问题,也为今后更有序地开展口述档案建设开辟了新思路。口述档案内容生动化、形式多样化、发展科学化,有助于更好地推进高校档案信息资源建设。

2. 展现集体记忆,传承发扬优良学风教风

表面看口述档案关注点是个体记忆和个体感受的独特性,实则上是通过这种独特性来探寻和重构高校集体记忆。以口述档案的形式深入挖掘、总结、展现校史事件和专题,构建大学的集体记忆,有助于形成稳定而独特的文化意识形态,强化

师生的集体认同感,增强凝聚力。口述档案整理过程中对老教师、老校友或是有突出成就的现任教师、校友进行采访,能听到很多事件细节或是鲜为人知的故事,这其中就包含着个人的情感和评价,展现了独特的教风和学风,再以人物专访、人物传记的方式成文推广,进一步发扬优良校风和传承人文精神。

3. 推进校史研究,弘扬大学历史文化精髓

校史之于学校,如同国史之于国家,是兴替之镜、正身之基、致远之源。对校史的研究,不仅可以鉴往知来,还能起到"存史、资政、育人"的作用。口述档案以其生动的形式、丰富的内容和浓厚的人文气息助推着高校校史的深度编研,是传承校园文化过程中不可替代的"活档案",它浓缩了社会历史,见证了学校的风风雨雨。校史研究的重点和亮点之一是学校各个时期涌现出来的杰出校友以及关于他们的众多故事。这些前辈校友在求学时代的往事与奋斗成长的轨迹,往往是现今在校青年学生饶有兴趣、渴慕学习的"生动教材";学长们宝贵的人生经验,更是青年学子引以为傲、汲取营养的源头活水。它们也能"润物细无声",潜移默化地聚积起百年校园文化与传统。高校校史编研要紧贴把握师生、校友、社会公众等不同群体的文化需求,将校史中蕴含的科学、文化、教育等精神文明遗产加以解读,并以深入浅出的方式呈现,把高校的办学理念和价值追求传递给社会,从而提升大学精神与大学文化的辐射面和影响力,同时肩负着大学自身文化建设需要和社会文化发展需求的双重重任。

4. 感染启迪师生,利于开展爱校爱国教育

口述档案不仅是对学校老历史、活档案的抢救,也将对学校未来建设提供有价值的参考。对口述档案进行内容挖掘和形式创新,如围绕某一主题配以文字说明、照片图像等形式在校报、校园新闻网等发布,或是将口述档案形成的音视频资料编辑成专题纪录片在校园媒体上宣传播放,有助于师生更深入更全面地了解学校历史和发展历程,这种集声音、图片、影像为一体的口述档案更具生动性和真实性,极易引起师生的共鸣,增强对学校的责任感,从而提升师生爱校情怀。由于口述档案能多层次、多角度、多侧面地反映高校的文化底蕴和人文精神,尤其在凝聚校友饮水思源,感染并启迪师生爱国爱校,提升高校文化等方面,具有生动性和感染力。因此,口述档案是高校进行爱国爱校教育的有效途径。

参考文献:

[1] 朱丽梅.口述档案整理与分析探讨——以华南理工大学建立口述档案为例[J].中国档案,2012(6):53-54.

[2] 张志辉. 口述历史与高校校史研究——以中国科学技术大学口述校史研究为例[J]. 中国科技史杂志,2009(3):293-297.

[3] 徐玲丽. 突破概念界限,追求历史永恒——关于"口述档案"档案属性的思考[J]. 山西档案,2009(2):47-49.

[4] 曾翠沂. 如何开展高校"口述档案"工作[J]. 城建档案,2015(7):78-79.

[5] 陈子丹. 口述档案及其相关概念辨析[J]. 云南档案,2012(7):24-25.

[6] 王海泓. 从交互记忆系统视角看族群口述档案管理[J]. 档案学研究,2013(1):25-28.

[7] 叶立东. 论我国口述档案的理论研究与实践发展[J]. 兰台世界,2011(10):11-12.

新媒体在"高校记忆"再现中的影响与对策

王 婷 （扬州大学）

> **摘要**：新媒体-数字技术的发展改变了传统的档案结构，档案形式从单一的"存储记忆"向多元的"再现记忆"转变；档案馆从封闭的单向性服务向多功能开放性服务转型；档案资源由"校园独享"走向"全民共享"。本文旨在探讨这些转化对"高校记忆"产生的冲击和影响，以及解决此类问题的途径。
>
> **关键词**：新媒体；高校记忆；影响

档案是在社会实践活动中直接形成的原始记录。在人类历史发展中，档案形式随着人类文明的发展进程不断进步。尚东涛教授在《社会记忆的技术向度》一文中认为：档案载体所以在不同的社会发展时期出现不同的形式，与技术因素有关，而技术因素又受社会发展制约。他说：社会记忆在内在统一的质料性、形式性、建构性层面归因于技术，作为社会记忆形式层面的文本、工、器、物、仪式等形式的技术因素更为明显。从殷朝的甲骨档案到商代的青铜铭文档案—简牍档案—金石档案—缣帛档案—纸质档案，每一载体形式都由当时的技术水平高低决定。互联网的出现则是档案史上一次彻底的技术革命，新媒体环境下的数字档案开始受到关注和重视。

一、传统档案对"高校记忆"再现的局限性

以传统手工技术保存下来的档案对记忆再现具有一定的局限性。首先是记忆碎片化、记忆链断裂。传统档案在记录时受当时技术条件限制，不能完整形象地展现当时情景，笔者从扬州大学档案馆展出的《任中敏先生诞辰120周年》资料来看，这些资料包括著作、手稿、信函、书画、照片、实物等，虽然内容丰富，但大多呈碎片化、断裂化现象。这些断裂的碎片需要进行修补、加工、串联起来才能形成任宗敏先生一生完整的记忆链，但在参观时每个参观者只能根据各自经验和理解力，把这些碎片进行整合来形成各自对任宗敏不同角度的主观印象，很难从客观上做到统一。其次是记忆表象模糊、记忆空间狭窄。传统档案在保存时受外在自然条件、时

间和空间限制,再现时不能形成与原始记录相一致的记忆影像。具体表现在档案技术的落后和档案损毁的不可再生。扬州大学库房现存各类档案16万多件,从1923年的农学院档案一直到今天,新旧更迭,几经搬迁、移动,加上库房条件有限,档案馆业务人员经验不足,保管不善等因素,导致一些老全宗时有褪色、发霉、脱落、损毁等现象,另外由于形成时的条件所限,老档案大多用蓝墨水人工填写,错误、字迹潦草、墨迹退化等现象在所难免。笔者对1961级工学院机械专业的72件学籍档案进行抽样,发现照片已经脱落的有2件,照片褪色无法辨认的有2件,文字褪色模糊看不清的有1件。老档案修复工作量巨大,很难做到对物质现实的复原。时过50年,当这批毕业生再见到这些档案时,已很难从一张照片和成绩单上回忆起当时的学习生活情景,记忆模糊,记忆空间无法拓展。再次是存储的封闭性和传播的单向性。传统档案以库房为中心封闭保存,只有在个体需要时才能进行一对一单向性传播,而且手续繁杂,利用率与损毁程度成正比。这种方式很难构成"集体记忆"。传统档案对"高校记忆"再现的束缚,使高校文化传承和传播处于一种相对滞后的封闭状态,已不能适应高水平研究型大学的发展。新媒体-大数据作为档案新的载体形式和传播方式逐渐受到各高校档案馆关注和重视,如何再现真实、全面、生动形象的"高校记忆",传载教书育人功能,已成为当今档案工作面临的新任务和挑战。

二、新媒体对"高校记忆"再现的正面影响

1. 再现途径多样化　记忆空间拓展化

新媒体档案的传播方式是所有人对所有人的全面、立体化传播。尤其在大数据"云计算机"服务器的载体下,通过互联网技术实现了档案数据的海量存储,又通过新一代互联网WEB4.0、数字电视、手机APP、IPTV等平台,实现了新媒体档案的再现。信息化时代的档案再现具有多样的可选择性,泛大众化已成为档案记忆再现的主要特征。

高校师生是网络和智能手机的主要使用者。据工信部不完全统计,2014年我国智能手机的使用量达到7.8亿台。我国高校学生总数位居世界第一,在智能手机和互联网高密集的大学校园,新媒体以其可视化和互动化的核心优势为信息资源提供了共享。改变了由书籍报纸的"小众化"向新媒体互动的"大众化"传播。同时,传播者和受众之间也由单向度接受向双向度互动和再传播再互动的角色转变,实现了档案信息再现向宽广度和纵深度方向拓展延伸。

高水平研究型大学对高校人才培养提出"二元化"目标,要求通过教学活动和

科技活动共同培养创新人才。目前国家有关部门正在酝酿构建国家科技创新体系,大学科技创新体系是国家科技创新体系的重要组成部分。校园信息网络化、教学手段媒体化、图书档案数字化正是应高校科技创新节奏而产生的。由教学、科研、师生、校园建筑等共同构成的高校档案也逐渐由"死"变"活"。以视频、照片、PPT、FLASH 动画等多媒体综合方式,通过档案馆 WEB 和手机客户端、移动数字电视等方式向校内乃至整个社会再现。笔者曾对江苏省几所高水平大学档案馆 WEB 的日平均 PV 值统计如下:从 2017 年 8 月 28 日到 9 月 3 日,南京大学约 46 万次,东南大学大约 21 万次,南师大约 17 万次,苏州大学约 11 万次。所以,融合多媒体技术把原始数据直观性、形象化,并利用档案馆网页和手机 APP,真实生动地再现这些反映校史发展脉络和校园精英文化的数据,以使整个社会广泛、深入地了解学校,实现档案再现价值的最大化已成为各高校档案馆努力的目标。

2. 改写大众记忆 重塑精英记忆

传统档案都是由精英阶层书写的,档案对社会记忆的控制是单向模式,档案以件或卷的形式被存封在"馆"或"库"里,普通民众无权知晓、利用。尼日利亚国家档案馆埃思说,"一个国家的灵魂和宗旨就埋在她的档案中""档案不仅是产生它的政府的共同记忆,而且也是这个国家的共同记忆"。上海大学丁华东教授在他的《论档案与社会记忆控制》一文中称:"历史从来就是统治者的历史,记忆被权力所规训。"新媒体的出现打破了时空地域,特别是党的十八大以后,大众话语权得到充分释放,手机百度、微信微博群起潮涌,构建和再现记忆已不再单纯是政府档案部门或宣传部门的事,精英记忆与民众记忆资源共存互补。反映民众生活的信息通过被民众急剧传播再传播,从而引起统治阶层高度重视迫使现有记忆得到重新改写。雷洋案件在发生后的短短一天时间内点击量达到十几亿,此后被持续关注,直至事件真相水落石出。反应统治阶层动态的记忆被新媒体展示后,通过民众监督、发表言词等,一些原有记忆极有可能被完全颠覆乃至重塑,央视综合频道正在热播的纪录片《巡视利剑》就是典型一例,通过落马高官的狱中口述和中央巡视组的调查画面相组合,用移动数字电视这一媒体形式,向全国观众展示落马高官的腐败过程,树立民众对中央反腐的坚定信心。这一过程再现时的原有记忆被打破,新的记忆被重构。在这种原有记忆中的不真实性被阻断、摧毁,刷新的过程中,民众在精英记忆再现中起到了反控制作用。随着新媒体步伐的加快,构建、改写和重塑记忆已走出"部""门",走向大众化、全民化是它的必然趋势。高校档案馆通过校园网和手机微信征集名人档案、校史档案、珍贵文物等,数字化记录形成后再通过新媒体向外传播,形成全民参与的档案双控模式。德国民俗学者沃尔夫冈·卡舒巴因此称互联网是"全球集体记忆的档案馆"。

三、新媒体在"高校记忆"再现中的负面影响

1. 削弱原始记录的权威性和真实性

在新媒体环境中,"每个人都可以进行大众传播"。当受众参与到档案信息的选择、解读、传播和重构时,原有记忆容易被歪曲。原因有两种:一是因受众个体的受教育背景和三观存在明显差异,中国老百姓的受教育程度和素质参差不齐,对信息的获取偏好也不一样,从自身利益需要出发,会对再现信息进行片段或误差选择,特别表现在口述史、族谱档案、文物收藏档案等方面的形成和传播中。笔者在对《江苏档案》微信公众平台发布的《档案穿越》阅读时发现部分档案与档案馆、纪念馆存放的档案略有偏差,《FBI档案黑幕》的发布平台更加离奇,传说造谣神话一应俱全,为不了解真相的受众留下误判,对社会秩序产生严重的负面影响。二是个人学术观点、政治立场和使用新媒体的技术能力存在差异,在档案形成和编研时有意或无意篡改原始记录,造成再现记忆偏离历史真相,大大削弱了档案作为原始记录的真实性。

2. 权威档案受到娱乐化、碎片化信息冲击

互联网时代鱼龙混杂,堪称"网络垃圾文化时代"。信息资源的全民共享与参与,一方面挤塞了权威、有价值的信息,另一方面对官方信息进行恶搞,使之娱乐化、模糊化、碎片化现象严重,真假难分。除了官方纪录片以外,通过微信、微博、网络论坛、各类社交网站等多角度、多方面推送的信息,大多数以散落的方式存在于新媒体平台,受众需要经过系统的整合以后,才能形成清晰的记忆链。所以,新媒体时代是最便捷的时代,也是人们思想最贫乏、虚假和零碎记忆最多的时代。高校师生是高校信息的主要传播者,对不利于高校文化传承、阻碍高校发展的虚假记忆应加以反控制和纠正,以传播和解读权威信息为主,使"高校记忆"在良好的环境下循环再现。

四、新媒体环境下档案馆应对"高校记忆"再现的转型

1. 由单一的封闭型档案馆向多功能开放型档案馆转变

高校档案馆传统存储和利用档案的方式主要是实体存放和实体再现的"死"方法。互联网时代运用网络数字技术把档案做得生动形象,将高校文化以数字资源

形式向全社会传播，对于再现高校记忆有着不可估量的作用,开放式、跨领域传播将成为高校档案馆的基本路径。档案馆在档案征集和展示方面已不再限于本校,对外征集和开放档案成为档案馆向社会跨出的第一步,笔者对包括南京大学在内的全国 21 所高校档案馆手机公众号进行抽样,发现有 16 所对社会征集档案,征集范围扩大到社会上价值存在的方方面面,涉及字画、文物、手稿、名人传记、珍贵史料和口述史等各个领域。开放的内容更是生动真实、丰富多彩,以云南大学、南京大学、同济大学、南京工业大学等馆藏展示最为全面。数字记忆的多方位采集、整合、保管、利用、展示是未来高校档案馆发展的必然趋势。

2. 由客体单向性服务走向主体自主性服务

数字新媒体技术的发展大大提高了档案利用率,档案馆由存放"死"档案的"记忆宫"转变为"移动展示厅"。档案的服务性质也随之发生了根本性的改变。通过把技术落后时建立起来的"死"档案进行数字化、媒体化,来改变一对一的面对面服务方式。数字化以后的档案信息,在"云计算机"服务器的管理下,采用远程接入登录,无论利用者身处何时、何地都能通过手机查出自己需要的信息资源,目前南京工业大学、南京大学、东南大学、云南大学等已经开通了这一自主性服务平台。所以,加强高校档案数字化建设、提升档案馆 WEB 功能和手机公众号点击率,变面对面单向服务为远程自主服务,是高校档案馆发展的必然趋势,这一趋势对档案馆高技能人才和编研型人才提出了更高要求和期盼。

高校名人纪念馆发展状况的思考
——校园内的名人纪念馆在大学生中的知名度调查分析

郁 青 （南京大学）

摘要：高校名人纪念馆是记录历史文化的"活化石"，是文化传承创新的载体，其在文化育人中的独特作用不容小觑。本文以问卷的方式，在大学生群体中就高校名人纪念馆的知名度与影响力进行调查研究，通过精确的调查数据对名人纪念馆的发展现况做出详细的分析，对名人纪念馆建设的创新和发展提出建议。

关键词：名人纪念馆；文化传承；文化育人；创新；发展

近年来，随着档案事业的发展，档案不仅仅起到了记录历史的作用，同时，它也是一种社会（或历史、集体）记忆，含有"集体记忆的关键"，档案馆是"记忆的保存场所"或"记忆宫殿"。高校档案馆保存着自建校以来的珍贵历史档案，包括一些对社会乃至全世界有重大影响力的名人档案等，如何更合理有效地利用这些档案成为当前高校档案馆面临的一个重大难题。伴随着城市文化工程的全面推进，大学校史博物馆、名人纪念馆等各种形式的文化建设工程在各大高校内如雨后春笋般出现，是档案馆充分发挥档案史料价值、挖掘档案内涵的多元化体现。

大学博物馆、纪念馆是大学的重要组成部分，其在文化传承与创新中发挥着不可替代的作用，而博物馆、纪念馆建立起来之后的管理与发展至关重要。本人以南京大学校园内已经建立起的两座名人纪念馆为例，通过问卷的形式调查其在大学生群体中的知名度，再加以分析整合，以期从中获取一些新思路和新方法，从而更好地完善博物馆、纪念馆的建设。

一、背景

南京大学拟将鼓楼校区（原金陵大学校址）遗留下来的一些民国老建筑建设成为博物馆群，其中的部分名人故居将被建成纪念馆。老校区的功能重新定位，更多的是向南京市民开放具有大学文化特色的校园，从而使大家更加了解南京大学的历史，再现当年的名校风采。据不完全统计，全国共建成名人纪念馆二百多所，但是在高校校园内建成的名人纪念馆屈指可数。在现今的具有丰厚底蕴的南京大学

(鼓楼校区)校园内,坐落着好几座名人故居,有北园的何应钦公馆、赛珍珠故居,南园的孙中山居所以及拉贝故居。在所有的名人故居里,拉贝和赛珍珠故居已被修缮建成纪念馆,分别于2006年10月31日及2012年5月29日正式对外开放。

二、大学生对高校名人纪念馆的认知度调查

目前拉贝纪念馆是工作日向社会各界开放,学生群体等都可免费参观,每年约有一万多名中外游客慕名而来,自开馆以来共接待游客约十万人。包括CCTV在内的多家媒体都对拉贝故居进行过相关报道,媒体曾以"拉贝故居的成功之道"为题特别称赞拉贝故居保护得当,可以说,拉贝纪念馆在社会各界具有一定的知名度与影响力。赛珍珠故居由于开馆时间不长,其知名度不及管理和发展已相对成熟的拉贝纪念馆。由于这两座名人纪念馆都位于南京大学校园内,对于南京大学的学生而言并不陌生,但是在其他高校中又有多少大学生了解它们呢?笔者尝试通过问卷调查的方式对名人纪念馆在大学生群体中的知名度进行调研。

1. 调查说明

1) 问卷设计

问卷一式两份,分为拉贝纪念馆与赛珍珠纪念馆知名度调查,共8个客观题和4个主观题,客观题就拉贝与赛珍珠的个人生平故事、是否知道以及参观过纪念馆、了解的途径、是否读过他们的著作、他们的个人成就以及知名度不高的原因进行选择,目的是测试大学生对拉贝和赛珍珠的了解情况。主观题侧重分析调查如何提高名人纪念馆的知名度、名人纪念馆的建设应注重的方面、对两个纪念馆的建议以及已经参观过的名人故居或纪念馆,目的是希望了解在大学生心目中如何更好地建设和发展名人纪念馆。

2) 调查方式

为确保调研数据的准确性和有效性,并能如实地反映情况,笔者采取实地现场随机调查的方式,在各大高校随机选取学生进行问卷调查,笔者走访了包括南京大学、东南大学、南京师范大学、南京航空航天大学、南京理工大学等数十所高校,以对南京大学校园内的名人纪念馆在本校及其他高校中的知名度进行调研。

3) 调查概况

本次调查的对象为17至27岁的大学生,其中绝大多数为在校本科生,问卷共发放632份,收回有效问卷611份,其中赛珍珠纪念馆调查问卷315份,拉贝纪念馆调查问卷296份,问卷回答率达86.6%。

从反馈的数据来看,受访者主要为南京各大高校的学生,也有部分外省的学生,专业方向既有理工科,如数学、物理、计算机等,也有文科,如外语、文学、哲学、历史等。

2. 调查结果分析

1) 总体印象调查

问卷首先想要了解大学生是否知道拉贝与赛珍珠的事迹,选项包括"十分了解""了解一些简单的生平事迹,但是没有读过其著作""只听过名字""完全不了解"。其中,约30%的学生了解一些他们简单的个人生平事迹,根据调查,赛珍珠在大学生中的知名度似乎比拉贝高一些,原因在于笔者走访的南京农业大学与赛珍珠还是有些许渊源的,赛珍珠的第一任丈夫卜凯曾是金陵大学农经系的系主任,卜凯在南农具有一定的知名度和影响力,所以南农的多数学生都知道一些关于赛珍珠的事迹。而超过40%的学生都表示不了解拉贝或赛珍珠。

2) 对纪念馆的知名度调查

拉贝纪念馆于2006年开馆至今,已有八年多时间了,而赛珍珠纪念馆仅仅开馆一年多,拉贝纪念馆积累的人气比赛珍珠纪念馆高是理所应当的,由于两座名人纪念馆都位于南京大学校园内,部分南京大学的学生还是比较了解的,但是其他高校的学生了解的却并不多,知道拉贝纪念馆的学生只占27%,而知道赛珍珠纪念馆的仅有18%。在了解的基础上参观过的学生也很少,根据调查数据显示,6%的学生参观过拉贝纪念馆,仅有2%的学生参观过赛珍珠纪念馆,60%以上的学生没有参观过这两个纪念馆,而有计划去参观拉贝纪念馆的学生占了30%,有计划去参观赛珍珠纪念馆的仅占了19%。

3) 对拉贝与赛珍珠个人成就的了解

在这部分调研中对拉贝与赛珍珠的个人成就分别提了三个问题,拉贝馆问卷调查的题目为:"南京国际安全区""《拉贝日记》书籍""《拉贝日记》电影";赛珍珠馆调查问卷的题目为:"赛珍珠的著作""其代表作""荣誉与贡献"。通过这几个问题笔者想要了解学生们是否深入了解过拉贝与赛珍珠以及他们对中国的贡献。根据反馈的调查结果显示,在受访学生中有59.1%的人不了解南京国际安全区,67.6%不了解《拉贝日记》,74%以上的人不知道《拉贝日记》电影且没有观看过。不了解赛珍珠著作的有73.3%,《水浒传》是中国的四大名著之一,赛珍珠是第一个将其翻译成英文的人,所以了解的有81人,43人知道《大地》,54人知道其他作品,受访者中有82人知道赛珍珠荣获诺贝尔奖,48人知道其他的荣誉,182人不了解其荣誉与贡献。

4）了解的途径

针对这部分调查内容笔者主要想调查大学生是通过哪些途径了解这些名人的，分为电视、电影、报纸杂志、课堂、网络和其他。《拉贝日记》曾被拍成影片，且电影《南京！南京！》中曾对拉贝先生及其事迹有过描述，所以61位学生是通过电影了解拉贝先生的。赛珍珠的几部作品如《大地》《庭院里的女人》等都曾被拍成电影，有26位学生大致了解过，大多数学生还是通过报纸杂志、网络了解的，少数是通过电视和课堂，绝大多数人不了解这两位与中国有着不解之缘的名人。

三、对高校名人纪念馆及发展的建议

纪念馆是人们寄托情感与精神的场所，它所包含的是厚重的历史，它所体现的是深刻的文化。高校名人纪念馆是大学历史文化内涵的象征，是传承文化、以文化人的重要载体，是彰显文化记忆的智慧宫殿。其在社会主义核心价值引领、社会文化大繁荣大发展中发挥着极其重要的作用。高校名人纪念馆是大学校园文化的有力实践者和推动者，而创新是使纪念馆工作保持活力与生机的重要源泉。

1. 创建具有特色的名人纪念馆

所谓特色，就是有别于纪念馆所表现出的独特的风格。比如展览手段的多样化（增加多媒体展示、电子翻书、电子签名等展览方式，从"视、听、书"等角度全方位地介绍名人纪念馆），展览内容的丰富化等。每座名人纪念馆应该做到有自己的独到之处，比如赛珍珠纪念馆，其显著的特色在于采取故居复原和生平展示相结合的方式呈现在人们面前，风格独特，形式与内涵兼顾，展示说明采取中英文两种文字，充分体现了南大自己的建设特点。

名人纪念馆除了必要的展览之外应更注重其精神内涵与价值。名人纪念馆所起的作用不仅仅是纪念或者缅怀已经过去的历史，更重要的是能给后人以精神力量的寄托与启发，激励鼓舞人们更好地生活，这才是建立高校名人纪念馆的现实意义之所在。以拉贝纪念馆为例，拉贝故居的历史意义在于拯救生命，因其故居内保护了超过600多位难民免受日军的侵害，拉贝纪念馆象征着希望、勇气与和平，其建馆意义在于诉说历史，展望未来，促进各国文化交流、倡导世界和平、在世界范围内弘扬人道主义。

2. 开展创新活动

第一，深入推进社会主义核心价值体系，开展充分发挥高校博物馆、纪念馆特色的主题育人展览、讲座,提高纪念馆的社会关注度和民众认知度。

第二,为学生提供专业实习、社会实践、志愿服务的高校博物馆、纪念馆平台,营造实践育人文化氛围的方法和经验、增强青少年学生的服务意识、推动学雷锋精神的实践化、深化中国梦教育。

第三,陶冶校内外师生道德情操、丰富社会公众文化生活,开展具有品牌效应的育人活动,真正将"实践育人、服务育人、文化育人"落到实处。

3. 纪念馆建设与学术研究紧密结合

打造纪念馆学术研究平台是提升纪念馆内涵的关键。名人纪念馆的功能在于"育人",除了以展览育人之外,必要的学术研究成果是教育实践育人的重要体现。纪念馆建设可以推陈出新,如出版与展览相关的画册、学术研究著作或论文集,编写普及型读物等,构建学者们研究交流平台,向大众普及大学历史文化知识,大力推进纪念馆科研建设,使其发展更上一层楼。

四、结语

高校名人纪念馆作为大学校园文化宣传的载体与窗口,是社会主义精神文明建设、宣传爱国主义思想的重要场所和阵地,是高校的精神象征和文化符号。目前,高校名人纪念馆在建设与发展中遭遇到了许多困难与挫折,应在逆境中采取新方法,发展新思路,开辟新道路,充分发挥自身的资源优势,以文化人,传承文化,在发展中创新,在创新中发展,使纪念馆建设迈向新高度。

参考文献:

[1] 陈骏.大学博物馆:收纳文化的踪迹[N].光明日报,2012-11-19.

[2] 杜恩龙,邓子平.借力历史名人,打造文化亮点[N].河北日报,2011-11-4.

[3] 王建华.论大众文化与纪念馆爱国主义教育[J].中国纪念馆研究,2012(2):124-129.

也谈高校实施《归档文件整理规则》的适用范围
——兼与易涛同志商榷

卞咸杰 （盐城师范学院）

摘要：高校把《归档文件整理规则》的运用扩展到非文书档案中，对高校的科技档案、专门档案按"件"归档，是对高校档案整理工作的改革与创新。文章从高校以"件"归档适用范围扩大合理性的依据、以"件"为原则的整理方法适合科技档案的特点、其他类别档案"件"的确立标准、减少非文书档案的整理工作量以及按件整理对统计和检索的意义等五个方面，论证《归档文件整理规则》适用于高校所有类别的纸质档案。

关键词：高校档案；文书档案；科技档案；归档文件；档案整理

浙江师范大学档案馆易涛同志发表在《档案管理》2013年第1期的《〈归档文件整理规则〉在高校的适用范围研究——兼与卞咸杰同志商榷》（以下简称《易文》），对本人发表在《档案管理》2010年第1期的《高校各类档案以件归档的实践——以盐城师范学院为例》中关于《归档文件整理规则》（DA/T22——2000）（以下简称《规则》）适用于高校各个类别档案的观点进行质疑，认为"从《规则》本身以及档案自身特点等方面考量，《规则》不适用于高校非文书类档案"[1]。对此，本人非常钦佩易涛同志对真理的探索求实精神，对档案理论研究的认真钻研态度，但对其关于《规则》不适用于高校非文书类档案的观点不敢苟同，特撰此文就以下几个方面求教于易涛同志及各位同行。

一、高校以"件"归档适用范围扩大的合理性缺乏足够的解释和论证吗？

《易文》对高校以"件"归档范围的扩大进行了否定，本人不同意这个观点。《规则》作为档案行业的推荐标准，是档案行业科学、技术和实践经验的总结，各地、各单位实现形式有五种，一是直接采用《规则》标准；二是压缩选用《规则》标准；三是对《规则》标准内容做补充后实施；四是制定并实施配套办法、细则；五是制定并实施严于《规则》标准的标准。《规则》制定时因条件所限，主要针对文书档案，而科技档案和专门档案未能制定与文书档案配套的实施标准,各地、各单位根据《规则》已有的标准内容,自行制定与其配套的标准,以便更全面有效地实施标准。目前,全国内地31个省、直辖市和自治区中,除河北省、吉林省、安徽省、山东省和西藏自治区外,有26个制定了实施办法、细则等。尽管各地的办法、细则仍然集中在文书档案,但这并不妨碍《规则》在高校扩展到其他类别的运用。

《规则》对适用的归档文件种类进行了限定,明确为纸质文书材料,旨在对文书档案立卷工作进行改革,暂未涉及科技、会计等专门档案以及声电子等特殊载体档案的整理工作,但"与《规则》精神能兼容的,将在适当的时机,在国家档案行政管理部门与有关部门协商后进行修订,逐步向《规则》靠拢"[2]。许多高校在文件整理的工作中,已经把《规则》延伸到其他类别,如合肥工业大学、海南大学、兰州大学、扬州大学、山西大同大学、盐城师范学院、盐城工学院等都把"归档文件"定义为"本校在各项职能和业务活动中形成的、办理完毕、应作为档案保存的各种纸质文件材料"。不仅如此,有些高校还把《规则》扩展到非纸质载体,如内蒙古农业大学《归档文件整理规则》实施办法第二条指出:"本实施办法适用我校在教学、科研、行政管理等活动中形成的,已办理完毕、作为档案保存的各种纸质文件材料及软盘材料的整理。"

任何改革都是对不合时宜的事物进行变革和创新,按照《易文》的观点,《规则》规定外的就不能改革,那么,中华人民共和国成立以来,文书档案一直是按立卷的形式进行整理的,就不能以"件"归档了吗?要看到几十年来,立卷的方式有一定可取之处,只是随着现代技术尤其是计算机技术的发展与运用,不适应形势发展需要。事实上,《规则》从酝酿到颁布经历了4年的时间,同时,在实施《规则》之前,已在广东、福建等省和深圳市以及中国工商银行总行、国家外汇管理局等机关进行试点。并在试点地区和机关进行调研及综合各方面的意见修改基础上,最终被批准实施。《规则》的制定和实施并没有否定传统的做法,也不是照搬国外的模式,而是在遵循归档文件整理工作基本规律的基础上,对传统的做法和其他国家的经验进行综合和扬弃。同样,高校对《规则》的灵活运用并非标新立异,而是对《规则》的完善与发展。

二、以"件"为原则的整理方法违背了科技档案成套性特点吗?

科技档案是高校档案中的一大门类,与其他档案相比,它无论是在内容构成与形成规律上,还是在管理与作用特征上,均有自己的特点。其中,成套性是科技档案最显著的特点。《易文》以科技档案的成套性为理由,认为以"件"为原则的整理方法违背了科技档案的成套性特点。事实果真如此吗?科技档案的成套性反映了科技档案的形成和内容构成的整体特征。高校的科技档案中主要包括三个方面：科研类、基本建设类和仪器设备类。其中，科研档案的成套特征表现在按课题成套，即围绕一项课题研究活动中所形成的具有保存价值的文件构成一套科研档案。在内容构成上有准备、研究实验、总结鉴定、成果申报、应用转化等阶段。基本建设档案指各种建筑物、构筑物、地上地下管线等基建项目在规划、设计、施工、使用和维修活动中形成的科技档案。其成套特征表现在按工程项目成套，围绕一个工程项目的进行，至少会形成工程设计、施工、竣工和监理等四类档案。在内容构成上有前期准备、设计、施工和竣工等阶段。仪器设备档案指作为固定资产的各种机器设备、仪器仪表、实验器材等设备在购置（自制）、使用、维修中形成的科技档案。成套特征表现在按仪器设备的类别、型号成套。

在上述科技档案中，成套性的特点非常明显，但这与以"件"归档并不矛盾，相反，本人认为，这种成套性的特点更适合于按"件"整理，正如山西艺术职业学院的苏文丽所言，"高校不仅文书档案可采用文件级管理，专业技术类档案也可以按《规则》的方法进行文件级管理"。"文书档案与专业技术档案，在一个全宗档案中分类标准、编号方法、整理原则、保管单位及管理方法都是一致的，在实施《规则》时专业技术类档案也可以用同一标准采用文件级管理，'卷'转化为'件'也同样可以保持专业技术档案的成套性、系统性和完整性。"[3]成套性是科技档案的特点但不是科技档案的专宠。在文书档案中，如会议档案也具有成套性的特点，它是围绕一次会议所形成的具有保存价值的相互联系的文件，如会议通知、会议日程、会议议程、与会人员名单、报告、讨论稿、发言材料、会议提案、会议记录和会议纪要等。难道说，会议档案是成套的，成套的就不能按"件"整理，那么会议档案也就不能按"件"整理了？

可见，能否以"件"归档整理与档案的"成套性"并没有直接的关联性。不仅高校档案界在尝试将《规则》扩展到其他类别中，其他行业也在做这方面的努力，如中国海洋档案的张明和、侯秀生和薛惠芬提出了在科技档案整理改革中要淡化卷的概念，推行件的操作；江苏省环境监测中心的黄桢提出计算机环境下科技档案卷、件整理相结合实践。此外，干部人事档案按件整理的呼声也越来越强烈，如四川建筑职业技术学院的张瑞菊、四川大学的陈涛、乐山师范学院的秦蓉、徐州医学院的吕萍、宁波大学的葛志媛以及长沙理工大学的吴小辉、谢荷等学者均撰文对此进行理论探讨。尤其是2009年中组部修订后的《干部人事档案材料收集归档规定》印发后，许多单位在实践中，用《规则》指导干部人事档案的整理工作。

三、其他类别档案"件"的确立缺乏客观标准吗？

"件"是归档文件的整理单位，《规则》在"件"的确定中，列举了7种形式，其中"每份文件为一件，报表、名册、图册等一册（本）为一件，来文与复文可各为一件"这3种形式的件可视为自然件，另外"文件正本与定稿为一件，正文与附件为一件，原件与复制件为一件，转发文与被转发文为一件"这4种形式的件其实是组合件。在地方档案行政管理部门的实施办法、细则中，《江苏省〈归档文件整理规则〉实施办法》关于"件"的确定形式最多，在《规则》基础上扩展到13种形式，其中对《规则》中的"报表、名册、图册等一册（本）为一件，来文与复文可各为一件"进行了完善与补充，增加了"会议记录、介绍信存根等一本为一件；成套的会议材料各为一件；重要文件的正文与历次修改稿可各为一件；计算机及其网络环境中形成的文件，无定稿的，或打印出的定稿上无重要修改手迹、领导批示，定稿不存档的，将正文与发文稿纸为一件；正文与文件处理单为一件；经过若干环节、层次办理的来文、复文，超过两件的，则将所有的来文、复文分别作为一件"。

可以看出，无论是《规则》，还是地方的办法、细则，关于件的确定，不管是哪一种形式，都是经过实践、反复推敲而确定的，都是有一定的客观标准，并非主观臆断。西安理工大学的冯春莲、张发亮和刘英则三位同志提出："对于高校其他各类档案，虽然它们具有各自的形成规律和特点，但只要辩证地理解'件'与'卷'的概念，《规则》完全可以推广应用到高校各类档案管理中去。"[4]扬州大学档案馆黄金国认为："文书档案与科技档案和专门档案……都是本单位工作活动的记录和产物，它们的本质属性——原始记录性相同，它们共同遵循文件生命周期理论和文件档案的自然形成规律……正确处理好归档文件'件'的界定、实体分类方法的确定与归档文件的著录等诸多重要环节工作，整理结果就会符合《规则》要求。"[5]

高校其他类别档案"件"的确定，是有一定客观标准的，这种客观标准是建立在《规则》的"整理原则"上，该原则的内容"遵循文件的形成规律，保持文件之间的有机联系，区分不同价值，便于保管和利用"[6]。这与传统的立卷原则相比较，两者的内容是完全一致的，说明归档文件整理的基本规律是客观存在的。因此，高校其他类别档案"件"的确定，不是主观臆断，不是对《规则》中关于"件"的否定，而是基于《规则》的关于"件"的扩展与补充。

四、按件整理不能减少非文书档案的整理工作量吗？

《易文》肯定《规则》在文书档案中，按件整理减少了工作环节，但认为在非文书档案领域,"从实际工作情况来看,在档案实体的装订方面,因为装订对象由一卷文件细化至每份文件,按件整理方式中装订工作量没有减少反而有所增加,加之,按件整理方式中装具及装订方法一直缺少稳定而有效的做法,无疑给具体工作增加了难度"[7]。本人认为,按件整理不能减少非文书档案的整理工作量的观点不一定成立。

装订对象由一卷文件细化至每份文件,工作量到底是减少还是增加,不能一概而论,这要看装订的方法如何。《规则》要求归档文件应按件装订,对装订材料未作统一规定,只要符合档案保护要求即可,装订方法不限于三孔一线。各地方档案行政管理部门装订方法则作了详细规定,如江苏省档案局要求"装订方式可采用缝纫机或江苏省档案局监制的不锈钢订书钉在文件左侧或左上角装订,较厚的文件采用三孔一线的装订方式,已成册不易拆钉的,可保持原貌不变。一个单位的装订方式应相对统一。短期保存的文件材料可保持原装订方式不变"[8]。江苏省只是对非短期保存了文件材料更改装订方式,且装订的方法多样化,尤其是成册不易拆钉的,可保持原貌不变。这对于高校教学档案中的招生、学籍、成绩、就业方案等装订成册的材料而言,大大减少了装订的程序,怎能说是增加工作量?除此之外,高校会计档案中已经装订成册的报表、会计凭证、基建档案中装订成册的招投书,等等,同样不需要二次装订。正如山西农业大学太原园艺学院的布建中所言:"各类档案按《规则》整理归档,不但减少工作量,还解决了原来就有的'卷''件'共存的情况,统一了档案的整理。"[9]

《易文》举例说明用缝纫机线装的文件在进行数字化扫描时很难拆除后进行高速扫描,并以此证明按件整理并没有减少非文书档案的整理工作量。难道文书档案用缝纫机线装能减少整理工作量,而非文书档案就不能?再说用缝纫机线装并不是非文书档案的唯一装订方法。不管是文书档案,还是非文书档案,在同一个单位,装订方法应保持统一。装订材料的选择首先要符合档案保护的要求,装订用具既要考虑降低成本还要考虑不能影响档案的使用寿命。从目前各地的装订用具来看,主要有三大类,一类是线装,除传统的三孔一线外,还有用缝纫机线装;一类是粘贴,即用糨糊或胶水粘贴;还有一类是变形材料装订,包括塑料制品和钢钉、不锈钢夹等。至于在实际工作量选用哪一类装订材料,应从实际出发,如甘肃中医学院在装订方式上的做法是"纸质在10页以内,采用'粘贴法';10页—20页,采用'三孔一线法';与钢夹厚度相当于的采用钢夹夹住;更厚的文件用'三孔一线法'"[10]。因此,从整体上看,装订方法不是划分文书档案与非文书档案工作量增加与否的依据。

五、其他类别档案按件整理对于统计和检索没有多大意义吗？

《易文》也承认档案统计的基本单位由案卷与件并存给直观比较和统计分析馆馆藏数量带来了困难，但又认为"如果据此扩展《规则》的适用范围则有舍本逐末之嫌"[11]，提出档案整理方式的选择要遵循《规则》的整理原则。本人认为《规则》在高校适用范围的扩展并未违背《规则》的整理原则，反而既提高了各类档案整理的工作效率，又便于高校档案的各种统计和检索。档案统计是档案事业一项基础性工作，是全面了解掌握档案工作概况及发展变化的基本手段，也是科学规划档案事业发展蓝图及有针对性地解决档案工作难题的重要依据。不可否认，《全国档案事业统计年报信息管理系统》中档案统计的单位是卷、件并存。在高校，科技档案、专门档案中也有很多文书档案，如教学档案、基建档案、仪器设备档案、财会档案、出版档案中的综合类与非综合类分别按件、卷归档或统一立卷，这就给档案馆藏统计和利用统计带来了困难。所有类别的档案以"件"归档，在统计上就会减少障碍，便于统一。

《易文》认为："在计算机检索的情况下，在目录建设体系均建立在文件级的基础上时，按件整理的各种检索方式和效果会同样表现在按卷整理的文件检索中。"[12]这个观点是正确的，但并不代表高校其他类别档案按件整理对于检索就没有意义。尤其是《易文》还认为"'案卷'作为联系文件之间历史微观联系的作用而存在……反而给检索结果的查全率和查准率带来帮助"[13]。这否定按件归档的检索效果是错误的。档案业务工作的指导方针是"强化收集，简化整理，细化检索，深化利用"，由此可以看出，"细化检索"是《规则》的一个显著特征，它推进了以计算机为现代技术手段在档案部门的有效利用，促进文档一体化管理实现的进程，为档案管理的数字化、信息化建设打下了基础。应该承认，传统的组卷模式是按照"六个特征"相结合使用的原则进行立卷的，在历史上对文件归档起到一定的作用，尤其是对文件实体进行相对集中并使之系统化，实现了对案卷级、文件级档案的检索利用。《规则》提出的文件级整理思路，是基于计算机技术的运用，借助其强大的多途径检索能力，直接满足文件级档案检索的需要。因此，在高校档案整理中，把《规则》扩展至非文书档案，有着重要的意义，能够进一步提高档案的查全率和查准率。

总之，《规则》是我国文书档案立卷改革的一次重大突破，同时也对高校档案工作简化工作程序、提高工作效率、文档一体化管理等起了促进作用。从现实情况来看，高校对要不要实施《规则》，如何实施《规则》的观点并不统一，可以说是众说纷纭，各抒己见。一些学者和档案工作者对高校各类档案全面实施《规则》进行了理论探讨，提出了明确的观点。《易文》认为《规则》在高校适用范围上不能扩展的观点可以理解，但不能完全否定《规则》在高校其他类别上运用取得的成绩。要充分认识到《规则》实施的背景是为适应办公自动化及档案管理现代化的需要，更好地利用档案信息资源。高校档案管理的现代化程度越来越高，而《规则》的实施正是建立在计算机技术在档案管理中的运用基础上的，这就为档案信息资源的开发利用和馆际信息交流提供了便捷的条件。高校在《规则》适用范围上先行一步，可以为《规则》的进一步完善与发展提供实践经验。

参考文献：

[1][7][11][12][13] 易涛.《归档文件整理规则》在高校的适用范围研究——兼与卞咸杰同志商榷[J].档案管理,2013(1):62-64.

[2] 郭树银.归档文件整理工作指南[M].北京:中国大百科全书出版社,2001:34.

[3] 苏文丽.高校实施《归档文件整理规则》适用性的研究[J].兰台世界,2011(10):48-49.

[4] 冯春莲,张发亮,刘英则.贯彻《归档文件整理规则》开创高校档案管理新局面[J].机电兵船档案,2003(5):11-12.

[5] 黄金国.试析《归档文件整理规则》对科技档案和专门档案整理的适用性[J].档案与建设,2006(10):16-19.

[6] 全国档案工作标准化技术委员会.中华人民共和国档案行业标准《归档文件整理规则》(DA/T22—2000)[S].中国档案,2001(1):22-24.

[8] 江苏省档案局.江苏省《归档文件整理规则》实施办法[EB/OL].[2013-08-10]. http://www.danganj.com/html/wenangongju/yewuwenjian/2010/1225/4811.html.

[9] 布建中.浅谈《归档文件整理规则》在高校档案工作中的实践[J].山西农业大学学报(社会科学版),2006(5):55-56.

[10] 董国英,王云,吕薇.《归档文件整理规则》在高校的具体应用[J].档案,2002(5):44-45.

利用体系

试论高校校史馆的构建要素与艺术实现
——以南京理工大学校史馆建设为例

何振才　周　荣　（南京理工大学）

摘要：高校校史馆是高校挖掘校史，充分展示学校面貌和不同历史时期所取得的成就，对外展示学校风采，对师生进行爱校荣校教育的重要场所。本文结合近年部分高校校史馆建设现状，重点对校史馆的设计方法进行探讨，分析校史馆建设中如何将文化传承、精神呈现、历史沿革、实物布展、成果展示等要素统一在一个展示空间里，并且使这个空间富有打动人心的魅力。

关键词：校史馆；场馆建设；校园文化建设

高校校史馆浓缩着高校孕育、成长和发展的血脉。从本质上看，校史馆具有博物馆的属性，属于校园文化建设范畴，它在收藏、陈列、展览的同时，也是学校研究和产生思想、汲取和形成精神、积淀和创造文化的重要源泉，是激励师生共同成长的重要土壤，是宣传学校、展示风采的重要场所。相对于一般的博物馆和展览馆，校史馆属于文史类展馆，更强调历史文化的传承和办学成果的展示，这就要求校史馆的策展团队不仅要有设计能力，还要有策划研究能力。通过图片、文字和史料实物博览特定时期学校的办学历程和取得的成绩，即展示学校的校史文化。布展的设计通常要考虑到校史馆的整体空间的局限性、内容展示的传统性和现代科技性。

一、高校校史馆功能与发展的过程

1. 高校校史馆的功能

高校校史馆除了具有展示风采、宣传学校的作用之外，还具有三大功能：文化功能、教育功能、编研功能。

1) 文化功能——校史展览馆是校园文化的一个重要载体

校史即是学校之历史沿革，记载了一所学校的创设、变迁、发展，是学校最可宝贵的历史档案，是校园文化的溯源和载体，是学校应倍加珍惜、传承延续的精神财富。校园文化可分为精神文化、物质文化和制度文化等。校史展览馆建设有利于促进学校传承和发扬优良的教育教学传统,有利于学校不断积淀校园文化、创新校园文化和形成办学特色,也可作为校友交流和文化生活的平台。校史馆能立体地展示校园文化,使人能更加直观、深刻地了解校史,了解校园文化的精神内涵。

2) 教育功能——校史展览馆是办学实力展示的一个重要平台

校史展览馆兼有展示和保护物品与资料的双重功能。校史展览馆里保存展示的内容大都是学校的人才培养、科学研究、社会服务和文化建设所取得的成果,是学校办学实力的体现。校史展览馆可以在保存并维护大学历史记录的同时,对学生开展爱校、荣校的教育,促进学校党建思政工作。通过参观校史馆,大学生可以了解到学校的诞生背景,先辈们艰苦创业、敢为天下先的奋斗精神,培养大学生的社会责任感;可以了解不同时代学校所取得的办学成就,对比今天自己所处时代的优越条件,激发学生的创造创新热情。

3) 编研功能——校史展览馆是编研校史的一个重要机构

校史展览馆不仅仅是展示校史档案的地方,也是研究和编研学校历史的机构。对馆藏档案进行编研,可使档案管理"深化",档案资料"活化"。对学校历史进行研究,以汲取和提炼学校精神,积淀和创造学校文化。校史展览馆是激励师生共同成长的重要土壤,是对师生开展德育教育、人文教育的重要场所。

2. 高校校史馆发展的过程

国内高校在没有出现校史馆形式以前,基本的校史都是通过档案馆来记录的,对外宣传也只是通过宣传画册、纪录片等传统形式来展示。校史馆作为高校的综合展示校史的平台,颠覆了以前的展示形式。校史馆是一种更加直观的、多角度的宣传媒介,直接展现学校的历史、发展、成果,甚至可以展望学校的未来发展方向。

2000—2010年是国内校史馆建设的高峰时期。1996年上海交通大学建立了校史馆,之后国内不少大学纷纷迎来了百年校庆。绝大多数的校史馆建设都与学校的校庆活动相关,作为校庆活动的主要内容,各高校在校史研究、筹建校史馆方面都做出了很大努力,目的是通过一个展示平台来展现学校的历史文化、沟通校友感情、发挥对外宣传的媒介作用,同时培养和激励学生的认同感和使命感。

如今,校史馆已经成为高校建设必不可少的组成部分,在发展的过程中积累了一定的经验,筹建流程及建馆思路也逐渐成熟。随着时代的迅速发展,高校对校史馆建设的要求也在提高,不再满足单纯的修史立传、展示办学成果的功能性,还要求校史馆的艺术独特性,对广大校友及学生要具有吸引力,期望建设一个有艺术魅力、又有品质感的校史馆,以此来提升学校的综合形象。同时,在表现形式上,多媒体广泛应用于校史馆建设中,借助计算机系统多种媒体的人机交互式信息传播技术,将学校不同发展时期的历史以图形、图像、音频、视频等多种形式在场馆中进行充分展示。

近年来,部分高校也建设了虚拟三维校史馆,一般是在实体多媒体校史馆的基础上开发出来的,形成一个模拟参观空间,方便网上浏览。其具有投资少、网络传播快的特点。网络校史馆是校史馆发展的一种网络形式,是校史馆网络信息化功能的补充。

二、校史馆内容合理设计的主要原则

校史馆设计需要按照一定的比例构建校史馆布局。展出的内容主要包含历史沿革和建设成就两个部分,其展线空间也即内容比例要确定一个合理的范围。

1. 处理好历史与现实的关系

校史馆的选材既要注重历史沿革的归纳与梳理,又要有现实成绩的展示与总结,在整体构造中在对历史叙述呈现的同时,还要集中笔墨对现实发展进行推介。在时间跨度上历史与现实要交相呼应,融为一体,再现学校的昨天和今天,在血脉融汇中思索学校的明天和未来。

2. 处理好主展厅与副展厅的关系

校史馆空间布局有主展厅和副展厅之分。主展厅是对事件的叙述,遵循的是历史描摹的路线图;副展厅是特定事件或代表人物的追忆和介绍,有的还把学校的特色工作做成副展厅,体现的是素描刻画的主要方式,进而与主展厅中的印象形成叠加效应,增强展示的力度,达到更好的参观效果。

3. 处理好学校领导与师生的关系

校史馆为了让参观者领略学校历史的源流,首先需要确定展示主题的思想定位。简言之,校史馆的布局应该考虑以谁为主人翁,讴歌谁、突出谁、依靠谁的问题,是整个校史馆建设的灵魂,体现出布局设计主旨。坚持教师主体和学生为中心的立场,用平凡的语调书写不平凡的业绩。一些杰出的领导和在不同的岗位上做出突出贡献的校友,无疑是校史馆布展中的重要角色,但是作为一个整体,领导的出现只是表明"为群众服务"的宗旨和依靠群众创造历史的主题。

三、校史馆设计的构建要素

1. 文案大纲

文案大纲是建馆编写的布展脚本,主要内容包括以下层面:首先是整个内容的格局分布,大致分为序篇、历史篇和成果篇三个大部分,有人将此结构形象地比喻为"孔雀开屏"式。其次是每个部分内部按时间或按内容分出若干个一级标题。例如:"孔雀头部"——序篇部分,通常内容为学校的精神文化:校训、校歌、校旗、校徽、校园沙盘等内容;"孔雀曲胫"——历史篇部分,通常根据时间顺序或校址变迁、学校更名为脉络,以历史沿革为开端分成若干内容;"孔雀尾羽"——成果篇部分,主要是展示办学成果,通常平行划分为学科建设、科研成果、名师风采、桃李芬芳、基建校园、文化建设、展望未来等几个部分。再次是在一级标题下继续细分内容,每个一级标题下再分若干个二级标题,是具体展示内容的展开,大致包括文字、图片、实物和场景几个方面。

2. 合理动线

展馆的动线设计是展馆的灵魂,动线设计得是否合理,关系着整个校史馆项目的成败。下面从使用功能和效果需求两个方面来分析校史馆动线设计的一般特征。

校史馆的动线设计从使用功能方面讲要注意的是单动线的设计。包括所有的展览馆和博物馆,动线设计必须做到单动线设计,即在观众到馆参观时,不走"回头路",一次性参观完成,保证参观的流畅性。动线设计本质是整个馆布局的整体规划,同时要兼顾展览内容的分布、亮点内容的挖掘、通过空间的舒适性、消防设计规范的配合、现场实际空间情况的了解等。在动线设计阶段就一定要有统筹全局的理念,对最终设计效果要做到胸有成竹,首先要做到抓大放小,再逐步深入研究细部动线规划。

3. 空间造型

在展馆空间造型设计部分中,视觉符号和文化内涵是两个最主要的功能区域。空间造型是展馆中给予观众最直观感受的要素,也是展馆艺术性及欣赏性最直观的体现,所以空间造型的成败直接影响着展馆的成败。成功的展馆空间造型是一个有持续性、艺术性及特定文化内涵的视觉符号,并且是一个统一体,可看、可用、可感。空间造型也是展馆文化内涵的形式体现,展馆历史文化氛围的打造都需要通过造型艺术来展现。图1、图2是南京理工大学校史馆实际案例。

图1 南理工校史馆序厅整体空间造型　　图2 南京理工大学校史馆"校门复原"

4. 版面设计

平面设计是版面设计的基础，是文字、图片在空间的呈现形式。设计中必须考虑到对空间视觉环境的影响，其原则是既要融合空间环境，又要独立于空间环境保持自身的可读性。校史馆中的版面设计无法孤立地仅仅在平面版式中考虑，而需要衍生和扩展至展示空间环境当中。因此如何在校史展馆中将平面设计正确合宜地应用，是一个值得深入探讨的问题。版面设计从层次上分为3个层次：分别为底层融图、中间层大版面及上层小浮板，其层次明确，质感突出（如图3所示）。

图3 南理工校史馆馆内实景图：三个层次突出、明晰

5. 艺术品设计

校史馆设计中的艺术品设计部分是整个展馆中的亮点部分，艺术品设计的好坏往往成为评价一个校史馆的关键标尺。校史馆中的艺术品设计一般包括主题雕塑、场景复原、造型装置等（如图4所示）。校史馆内的主题雕塑一般出现在序厅或重大历史事件的场景中，分为浮雕和圆雕。主题雕塑的创作需要结合校史文化及特定历史事件，是校史馆设计的难点，同时也是亮点。

图4　南理工校史馆"使命"群塑

校史馆艺术装置设计中,场景复原装置应用频率很高,特别是在历史篇中的校门复原,会以点带面,引导参观者追忆历史(如图5、图6所示)。

图5　炮兵工程学院时期校门复原　　图6　哈军工时期教学楼屋檐复原

另外,教学场景复原在校史馆设计中也比较常用,通过教学场景复原,使观众身临其境,更加深刻了解历史,教学场景的复原装置往往会成为观众集中拍照留念的观景点,会引起校友的情感共鸣,是感受历史变迁最直观的方式。

6. 实物展示设计

校史馆的布展或多或少都会有实物展品的展出。一方面作为历史的佐证,配合文字版面的内容;另一方面配合大型场景出现。文献类实物展品,包括历史文献和历史照片。小型实物包括纪念章、纪念币、书籍、教学工具等,一般可以放在统一尺寸的展柜内进行展示(如图7所示);大型实物包括教学设备、仪器、机械等,展示时需要按照大型实物的实际尺寸定做展柜或展台(如图8所示)。

图7　哈军工时期教学用的山炮

图8　炮兵工程学院时期老校长的遗物

7. 校史馆的灯光设计

灯光设计是体现设计灵魂的手段,是校史馆空间设计的主体,合理的光线设计会使校史馆具有良好的光线和色彩的观赏条件,同时也会具有特定的艺术氛围。展馆的灯光设计主要分为自然采光和人工照明两大类(如图9所示),人工照明灯光设计又分为黑暗式灯光设计、明亮式灯光设计及动感灯光设计。

图9　南理工校史馆入门大厅、序厅选用的自然采光

人工照明灯光设计又包括以下几种:

(1)黑暗式展厅灯光设计。一般的校史博物馆设计通常采用黑暗式灯光设计,空间基本照明采用极少量的灯光配置。通常校史馆以时间顺序来区分,历史区域的设计也通常采用黑暗式灯光设计。黑暗是灯光设计展厅的特点,其氛围稳重,重点突出,能使观众在第一时间聚焦在展示内容及展品上,更容易引起观众的情感共鸣(如图10、图11所示)。

图 10　哈军工时期展厅的灯光效果　　　　图 11　人才培养成果展厅的灯光效果

（2）明亮式展厅灯光设计。明亮式的灯光设计一般用于校史馆的序厅部分和成果部分，营造大气磅礴空间氛围，突出学校发展的成果。根据内容的需要来把控光通量及颜色的变化，光线的明暗要有层次、有主体，重点突出（如图12所示）。

图 12　自然采光的序厅中放置的沙盘灯光效果

（3）展厅的动感灯光设计。校史馆内的灯光设计除了黑暗式光线设计和明亮式光线设计之外，还有动感灯光设计。校史馆内比较常用的动感灯光设计分为两种，一种是为节能设计的自动照明灯光系统，即只有参观者走近的区域灯光才能亮起，离开便变暗或熄灭。另外一种是配合大型投影出现，投影屏幕播放纪录片的时候，灯光需要变暗，使投影效果更加好，当投影播放结束，灯光恢复正常照明亮度，可以继续参观（如图13所示）。

图 13　弧幕播放厅的灯光效果

8. 多媒体装置设计

多媒体技术越来越广泛地应用在校史馆设计领域,通过声、光、电、图文、视频等多种媒体结合起来,全方位展示。多媒体技术装置在校史馆内的应用有其特殊性。相对于一般的规划馆、企业馆、科技馆等,校史馆更加注重历史的叙述和文化的传承,所以校史馆的氛围一般不会特别炫丽动感,多媒体技术装置的应用也会有一个度的把控。校史馆中常用的多媒体有影视播放厅(包括单机屏幕、多机融合大型投影、180°弧形屏幕及360°环形屏幕)、电子互动沙盘、触摸查询播放一体机等。

四、结语

现代校史馆作为了解历史、继承传统、发扬精神、启迪未来的重要场所,永久保留了高校创建者和诸位先贤们珍贵的历史资料,展示了一所大学的历史根源、发展轨迹和未来谋划。在建设校史馆过程中,存在许多或厚重或轻便的途径与方法。高校校史馆作为高校信息的中转站,是大学精神的传播地,它集中涵摄历史资源、文物资源和教育资源,是宣传学校的重要窗口和提升学校校园文化的精神家园。

参考文献:

[1] 曹小兵,张文松,谭亮,等.高校校史馆展示场景创作研究[J].黑龙江史志,2014(17):286-287.

[2] 赵玮,贾钢涛.对促进高校校史馆育人功能发挥的探讨[J].青年时代,2014(10):85.

[3] 刘青.高校校史馆建设探析[J].大学教育,2014(18):65-66.

[4] 孙以栋,陈媛.高校校史馆室内设计分析[J].浙江工业大学学报(社会科学版),2014(1):20-22,99.

高校档案利用现状分析及对策浅探
——以扬州大学档案馆为例

陈 妹 （扬州大学）

摘要：档案利用是高校档案工作的最终目的。本文基于对扬州大学档案馆近10年档案利用现状的分析，指出当前高校档案利用率虽呈稳步增长态势，但仍存在利用率总体偏低以及一些不容忽视的普遍性问题，对提高档案利用率和利用水平提出可行性对策。

关键词：档案利用；现状分析；对策；高校

高校档案是指高等学校在从事管理、教学、科研等活动中直接形成的对学校、学生和社会具有保存和利用价值的各种文字、图表、声像等不同形式和载体的历史记录。教育部第27号令〔2008〕《高等学校档案管理办法》明确指出："高校档案工作是高等学校重要的基础性工作，学校应当加强管理，将之纳入学校整体发展规划。"随着社会需求的增加和要求的提高、网络的快速发展、无纸化办公的运用，等等，高校档案馆作为高校档案的管理部门，其主要职责已经由收集、保管本校档案逐渐向为各级各类用户提供载体广泛、内容优质、形式丰富的档案信息资源转变。高校档案工作价值的实现主要体现在对其利用上，这是档案工作的根本目的和出发点。[1]本文以扬州大学档案馆为例，结合自身工作实践，对近十年（2007—2016）的档案利用情况进行统计分析，揭示档案利用的规律，指出存在的问题，提出可行性对策，以期提高高校档案的利用效率和利用水平。

一、档案利用现状及数据分析

一般意义上来说，档案利用率由两个指标来进行衡量，一是档案被利用的卷（件）数占馆藏总量的百分比，二是某一时段内利用者在特定人群范围内所占的比率。简言之，就是用档案利用卷（件）次和利用人次两个指标衡量档案被利用的程度。[2]根据扬州大学上报扬州市档案局的《档案室基础数据年报》，扬州大学档案馆2007年度至2016年度档案馆藏及利用情况如表1、表2所示。

表1 近10年扬州大学档案馆档案利用统计表

年　度	2007	2008	2009	2010	2011	2012	2013	2014	2015	2016
馆藏档案（卷件）	102 865	113 093	123 886	136 195	147 667	159 168	170 611	187 171	197 527	206 905
利用人（次）	1 904	1 358	1 645	1 751	1 786	1 828	1 660	1 800	2 158	3 300
利用卷件（次）	5 466	5 361	5 369	5 533	5 281	5 435	5 330	5 550	9 569	6 784

从表1的统计数据来看,2007—2016这10年间,扬州大学档案馆共接待档案利用人次是19 190人次,平均每年1 919人次;查借阅档案计59 678卷(件)次,平均每年是5 968卷(件)次。然而,假设我们按高校每年205个接待工作日计算,日接待档案利用为9.36人次,调阅档案29.11卷(件)。这样的档案利用率相对于我们浩瀚的档案库存来说是极其微小的。可见,大量的档案仍处在睡眠状态,没有发挥出它们应有的价值。

表2 近10年扬州大学档案馆档案利用目的分布图(单位:次)

年　度	2007	2008	2009	2010	2011	2012	2013	2014	2015	2016
编史修志	765	198	151	146	1 395	312	217	342	563	389
工作查考	1 668	1 964	1 589	1 733	1 803	1 625	1 757	1 893	3 782	1 968
学术研究	196	242	387	490	752	359	324	427	487	464
经济建设	169	295	356	279	121	187	245	319	413	262
宣传教育	513	312	375	407	538	418	341	380	695	428
其　他	2 155	2 330	2 511	2 478	2 844	2 534	2 446	2 889	3 629	3 273

表2反映的是档案用途的具体指向。编史修志、工作查考、学术研究、经济建设、宣传教育、其他类这六项是档案年报中所列的档案利用目的。从上表可以表出,各类目的档案利用存在不均衡性。

10年中,工作查考对档案的利用一直名列前茅,且逐年增长。这也符合档案馆是高校职能机构并围绕学校中心工作、为学校管理、教学、科研等各项工作服务的基本特点。如在2015年,为做好在职职工养老保险基本信息登记核实工作,人事部门要求档案馆配合提供所有在职职工进、出编制的依据性材料。档案馆组织全体职工与人事部门一起共调阅所属7个全宗相关档案1530卷(件),复印文件1.4万页。2006年开始,学校纪检部门会同审计处、财务处对处级领导干部开展经济责任审计,每年5~6个学院或部门。中央八项规定出台后,经济责任审计更常态化,不仅增加了经审对象,而且审计内容也越来越细化,频率也逐年加大。因此,财会类、基建类以及部分党政档案的利用率逐年提升。这说明,档案工作对从严治党、法制行政、各项制度建设和施行,具有重要意义。

编史修志利用档案的时效性比较明显。它一般与学校的校庆或院庆有很大关系。2002年的时候,恰逢学校百年校庆,学校曾专门组织一套班子,花近一年时间,调阅了学校合并办学前在扬6个院校全宗档案中有关建校初期和前期的所有档案资料,编写了《扬州大学百年办学史稿》(1902—2002)。2007年、2012年学校又举行105、110周年校庆,所以,从表2中我们看出,2007、2011年编史修志对档案的利用再次得以提升。

以经济建设为目的的档案利用一直处于利用统计的末梢。这一方面是由高校档案馆藏内容及特点所决定,另一方面也与我们对它的宣传、发掘不够的因素有关。学术研究为目的的档案利用虽然在不断地提升,但总体上幅度不大。原因是这些档案如学术论文、科研档案,或者是一些含密级档案,利用者身份要求更为严格,一般仅局限于档案形成者本人或导师以及有关职能部门利用,致使这部分档案在可能的范围内还未发挥其应有的作用。笔者一直以来在档案利用一线工作,对这方面档案的利用深有感触。记得学校一年轻教师要完成博士论文,里面需要有关于学生作弊或其他违纪违法行为处分处理情况统计数据作支撑,故需查阅学校1996—2015年间有关文件材料。由于这些档案牵涉学生个人隐私,密级为秘密,所以一般人无权查看。后来还是有关职能部门签批了意见,利用者签了保密协定才得以查阅。对于特殊档案的特殊规定一定意义上是应该的,但有时也会因工作人员不能灵活处理,而使它们失去一部分利用价值。宣传教育类档案的利用呈上升趋势。随着档案馆宣传力度的加大和档案馆对学校重大活动的关注和参与,档案正发挥着越来越大的宣传教育功能。

特别要指出的是其他类档案的利用。我们把对个人档案的利用归入此类。主要包括:教职工为解决个人问题,如职务职称晋升、学业深造、科研项目的申报、结题、报奖、买房贷款、遗产继承等,在校生或毕业学生为继续深造、出国留学、迁移户口、参军、补办学历学位证明等所调阅的档案。2008年实施的《高校档案管理办法》进一步明确,高校档案机构是学校出具档案证明的唯一机构;加盖高校档案机构公章的档案复制件,与原件具有同等效力。由此使个人档案的利用涉及面越来越广,利用率不断攀升。近年来,随着国家对干部档案管理的规范化,各级组织部门全面开展干部"三龄两历一身份",即年龄、工龄、党龄、学历、工作经历、干部身份的核查,杜绝干部档案造假,致使其他类档案利用呈井喷态势。从扬大档案馆的利用统计来看,每年这方面的利用都在2 000卷件以上,2015年以来更是连年突破3 000大关。

总之,档案利用率不论从人次还是卷件次上看,基本保持平稳状态,但近三年有所突破,上升趋势明显。不同目的的档案利用需求不均衡,其特点也各不相同。

但总体上看,目前高校档案利用基本体现了高校档案利用工作紧扣学校中心工作,又具有明显的时代特点。

二、档案利用数据反映出的问题

纵观近些年来高校档案管理工作的整体发展状态,尽管各高校在开发利用档案资源方面也做了不少努力,但大部分高校档案馆的信息资源开发能力还比较弱,信息服务水平层次也较低,档案利用虽然稳中有升,但至今还不是很乐观,许多档案沉睡库房。究其原因,笔者认为主要有以下两方面因素:

1. 档案用户群体对档案资源的了解度和需求低,档案利用率不高

档案的利用价值是由主体的利用需求和档案自身的价值来决定的。高校档案馆作为各个高校不可或缺的重要机构,其用户群体主要为在校师生、毕业生、管理人员、科研人员,以及社会上的用人单位或学历认证机构等。[3]然而,由于长期以来高校对档案资源利用工作重视度不够,加之缺少大量必要的宣传工作,档案馆的服务功能一直停留在收集、保管、等待利用的阶段,因此导致用户群体对高校档案馆的了解程度不够。有一大部分师生员工不清楚学校档案馆究竟保管着哪些档案,有什么档案可以为我所用,不清楚这些档案资料潜在的经济价值和社会价值,有的甚至还不知道档案馆坐落在学校何处。由于对档案馆了解不深,档案不能得到充利用,相当一部分学校用户群体遇到问题,本可以求助于档案资源,然而却想不到或不知道该如何去利用档案。记得去年上半年我们接待了一位成教本科毕业生,2016年她申报编制内的双语教师,在考试成绩过关后,由于学信网上未查到她的学历信息,最终失去进编机会。后经人指点,今年她早早地到学校档案馆开具了学历证明。通过考试后,她如愿成为一个编制内的人民教师。

2. 档案馆自身宣传力度不足,信息化程度缓慢,服务手段单一

高校档案虽然记载着学校在管理、教学、科研等各方面的发展历史,但档案馆目前在高校中的地位是不言而喻的。档案经费不足、设备老化、人员缺乏断档乃常有之事。这在一定程度上也挫伤了档案人员的积极性。因此,在档案的宣传方面,停留在口头上的多,落实在行动上的少。拿扬州大学来说,2007年以来,全校规模的档案工作会议只有三次,其中一次还是以请校外专家就校史编写作报告为主。每年国际档案日,国家档案局一般会组织全国性的档案知识竞赛(报纸),本来这是一个很好的档案宣传的机会,但我们往往把竞赛报纸任务式的分派给馆内职工和档案专业的学生,甚至提供标准答案。其实,我们本可以借此机会发动学校各部门分管档案工作的领

导和兼职档案员共同参与,让他们通过学习、做竞赛题,了解、知晓档案法,这样在工作中也能更多地理解和支持档案馆的工作,更重要的是促进档案资源的开发利用。

早在2010年,国家档案局局长杨冬权在全国档案局长馆长会议上就提出了"进一步提高档案部门远程服务的能力……无论是各级机关团体、企业事业单位,还是各级各类档案馆,都要充分利用网络优势,提高远程服务的能力,建设覆盖广泛、利用快速的方便人民群众的档案利用体系"。但是一方面因受传统观念影响,经费、设备、人员跟不上,还有相当部分高校档案利用是沿用传统的管理模式,到馆查询,手工检索。服务手段单一老套,严重影响和制约了档案利用服务工作的全面开展。在信息高速发展、用户需求日益复杂的情况下,现代信息技术不能在档案利用中得到充分使用。高校档案馆难以满足学校各部门对档案信息资源的需求,尤其是在多校区办公的背景下,到馆查询的查询方式严重影响了现代办公效率,长此以往,各部门到档案馆利用档案的次数会逐渐减少,档案的存在价值也会越来越削弱。另一方面,部分档案工作者还没有真正树立为公众服务的理念,图清闲,图舒服,缺乏主动服务的思想,这也是导致档案利用率低下的原因之一。

三、提高高校档案利用率的对策

结合扬州大学档案馆近十年的档案利用工作实际,参考其他一些高校的做法,笔者以为,提高高校档案工作利用率和利用水平可以从以下几方面着手。

1. 多渠道多形式宣传档案工作

一是依托校史加强校史校情教育。一般高校都是依托档案馆建立校史馆。"校史馆既是校史研究的一个重要成果,也是传承大学文化的一个重要窗口,更是校史研究发挥校园文化建构功能的一个重要典型。"[4]不仅要把参观校史馆作为新入学师生校史校情教育的必修课,同时,为了让更多的人了解校史、知晓校史,档案馆还应该将校史馆的内容制成电子版挂到档案馆的网部(页)上,以供大家及时查看。这样,既可扩大校史展览的覆盖面,让广大参观者、阅览者在了解校史的同时,又对校史馆展览的各类档案形成一个直观而感性的认识。

二是做好档案的常规宣传工作。编制《档案馆指南》《全宗介绍》《档案利用手册》等宣传小册子投放在教师流、学生流密集的教学主楼、办公大楼、图书馆、食堂等场所的入口处供师生随手取阅,不失为宣传档案工作的一个办法。通过这一途径使更多的人了解档案馆,利用档案馆。另外,通过学校宣传栏进行不定期的专题展览也是一种宣传途径。如:我校档案馆利用学校110周年校庆举办了专题展览、姚兆明先生书画展、金讲台奖事迹展。档案馆搬迁新址后,专门辟出一个展室,用于布置各种展览。前不久在新展室举办了纪念任中敏先生诞辰120周年书函文献展。这些展览，吸引了不少参观者，既使大量档案得到广泛利用，广大师生对校史有了深一步的了解，同时也激发了他们了解档案馆、利用档案馆的欲望。

三是利用各种媒体扩大档案的宣传面。和宣传册、宣传栏等传统宣传方式相比，利用校报、校园广播、档案馆网站（页）和学校办公主页等网络传媒手段进行档案宣传能达到更好的宣传效果。这类方式不仅普及性广、影响力大，且直观性强、有较强的冲击力和感染力。以扬州大学档案馆为例，除了丰富档案馆网页内容、及时更新档案信息之外，还与校报、市报、校电视台合作，及时发表档案工作的通讯和报道。今年4月，学校档案馆接收蒋孝达先生藏书捐赠仪式不仅在学校电视台作了专题报道，而且在扬州晚报也发表了长篇通讯。去年下半年，学校档案馆还与档案专业的学生党支部开展了"档案与人生"征文征言活动。通过这些活动，传播了档案知识，揭示了档案工作内容，促进了师生对档案工作的了解。

2. 加快高校档案的数字化建设，优化服务模式

随着高校档案信息量尤其是用户对档案利用需求量的急剧增加，数字化档案馆的本质优越性愈来愈突出，其高效、便捷、准确的特性使传统型档案馆黯然失色，加快高校档案数字化建设的重要性和迫切性不言而喻。《全国档案事业发展"十二五"计划》中明确将"加快档案信息化建设"和"加快现有档案的数字化进程"列入未来五年工作的重点。在当前"互联网＋"的背景下，我们要充分借助网络平台开创高校档案利用工作的新局面，以实用为导向开展档案数字化，即根据利用优先原则，来确定档案数字化的轻重缓急，将价值高、可公开、易检索的馆藏档案优先数字化。同时，要不断优化检索系统，提高档案检索的精准度和便捷性。目前除极少数高校外，大部分高校还基本停留在建设机读目录数据库阶段，离真正的数字化档案馆还有不小的距离。扬州大学档案馆灵活运用自主加工和外包加工两种组织方式基本完成7个全宗档案文件级目录数据库建设，同时对利用频率高的学籍档案包括学生录取名册、学籍表、验印名册等以人名为基数全部录入并扫描链接到位，摆脱了过去手工检索的各种弊病，一次查全查准率明显提高，提高了工作效率，节省了利用者时间，同时也保护了档案实体。

随着档案数字化步伐的加快，优化档案服务模式，开展档案远程服务也成为必然。这既是利用者呼声，同时也是基于档案数字化后档案工作信息化发展的必然结果。在远程服务方面，有的"985"高校如同济大学、东南大学等步子迈得比较快。基于扬州大学的实际，目前档案馆远程服务能做到的是：在档案馆网页上发布档案利用专用电话、邮箱，对于不便来馆查档者，通过邮件方式将档案利用诉求、个人身份信息包括身份证、邮寄地址、联系电话等，如果是单位则需出具单位介绍信等发送到档案馆专用邮箱。档案馆每天派专人负责处理邮件。对邮件诉求不明的，档

案工作人员会通过电话方式与对方确认。查档完毕后,可以直接通过快递方式寄达对方,也可以由查档者直接到馆取件。这样,既满足了利用者远程服务的需求,节省了他们的时间和经费,同时也缓解了特殊时期档案利用的压力。当然,在档案利用服务模式上,我们还需进一步深化,如通过 QQ、微信公众号与档案利用者取得实时联系,建立数字化网络平台,了解利用者需求,解答他们的疑问,并把一些共性的问题及时发布到档案馆网页上。

3. 针对高校需求提高档案编研能力

档案编研工作是开发档案信息资源的主要形式,是档案部门主动、系统、广泛地提供档案利用的一种有效方式。全宗介绍、学校年鉴、组织机构沿革、重要文件汇编等都属于常规编研。在此基础上,高校档案馆要创新编研思路,围绕学校中心工作,立足校情,从各部门实际需要出发,编制出针对性强、兼指导性参考性为一体的有实际利用价值的编研成果,为学校的管理、教学、科研和领导决策服务,不断提高档案利用率。近 10 年来,扬州大学档案馆注重对档案利用目的和利用群体的分析,围绕学校中心工作,确定主题,通过查阅大量档案资料,先后完成了扬州大学 1992—2015 年科研获奖目录、处级以上干部任免名录、扬州大学金讲台奖事迹材料汇编、历年专业设置、学位点授权、职称文件汇编等档案编研成果。2013 年 10 月学校将召开第三次党代会。档案馆从 2016 年下半年开学起就确定主题,派专人对学校第一、第二次党代会有关材料进行梳理、整合,编制成小册子,提前半年提供给宣传组织部门,为他们筹备第三次党代会提供参考性材料。通过对这些编研成果的编写和提供利用,一方面使工作人员对馆藏档案进一步熟悉,提高了档案的利用率和工作效率,另一方面发挥了档案的社会价值和经济价值,也扩大了档案馆的知名度。

总之,高校档案部门要顺应时代变化,进一步改进工作作风,增强主动服务意识,多渠道多形式宣传档案工作,创新编研思路,加快档案数字化进程,不断拓宽档案利用服务模式,将沉睡的档案叫醒,努力开创高校档案利用新局面。

参考文献:

[1] 董丽丽.新时期高校档案利用工作探究[J].东方教育,2014(4):234-235.

[2] 贾文丽.对高校档案利用情况的调查与思考——以山东科技大学档案馆为例[J].档案管理,2012(6):72-74.

[3] 李连菊.对高校档案馆资源利用工作的思考[J].办公室业务,2016(2):127-128.

[4] 朱力.高校档案利用情况调查及对策分析[J].淮北师范大学学报(哲学社会科学版),2013(2):182-184.

档案与大学文化建设互动研究
——以苏州大学为例

付双双 （苏州大学）

摘要：大学文化是学校发展中形成的独特文化，是大学软实力。档案是高校文化史的重要载体。本文以苏州大学为例，通过实证研究、数字统计，分析档案和大学文化建设的互动关系和存在的问题，提出两者互动的几点建议，为大学档案工作发展与文化传承提供思考。

关键词：大学文化；档案；互动

一、研究档案与大学文化建设意义重大

大学文化是大学的魂，有"教化、塑造、熏陶"人之作用。大学文化在更高层次上对社会发挥着文化引领、示范、辐射作用。在权利和资本对社会的席卷中，中国核心文化精神缺失，频频曝光打破道德底线的校园恶性事件说明公平、正义、制度、法制、担当、爱心等大学文化急需构建平台。知识分子要凸显社会责任和担当，培养学生"人文关怀与社会责任"，而不是培养唯利是图、权力熏心的"社会精英"。大学档案是大学文化的重要载体，在大学文化建设中发挥着重要作用，所以研究档案和大学文化建设有重大现实意义。

二、以苏州大学为例，透视档案与大学文化建设的关系

本文以苏州大学为例，通过资料查找，数据统计、分析，透视档案和大学文化建设之间的关系。

1. 丰富的馆藏档案是大学文化建设的重要基础

苏州大学由东吴大学、无锡国专、国立社会教育学院、荣氏私立江南大学（江南学院前身）、江苏省立教育学院、国立社会教育学院合并组建苏南文化教育学院。1952年院系调整，苏南文化教育学院、东吴大学文理学院及江南大学数理系合并

组建苏南师范学院,后更名为江苏师范学院。1982年,改名苏州大学。苏州蚕桑专科学校、丝绸工学院、医学院又先后于1995年、1997年、2000年并入苏州大学。至今苏州大学拥有百年历史的档案,12个档案全宗,10万多卷,照片档案60 000多张,60多种档案检索工具和档案汇编。前身学校档案非常珍贵,像东吴大学年刊《雁来红》、特刊《回渊》《老少年》《东吴年刊》《东吴大学历史文献简介》,校董会记录、章程等,重要人物、著名校友、实物、声像、征集档案等馆藏,为研究大学文化与大学文化建设提供了宝贵资源。

2. 校园建筑等实物档案是大学文化的重要表达形式

文化包括物质和精神范畴,但有形的物质实质也会上升到精神范畴。如校园建筑、雕塑、景观、校徽、花草树木等物质载体就是实物档案,它反映了校园深厚的文化底蕴、人文精神与时代特征。大学文化成为影响师生思想、行为及价值观的精神力量。校园建筑等实物档案就是一种特定历史时空留下的文化表达,是大学文化建设的重要部分。

以苏州大学为例,1901年建校,由苏州宫巷中西书院发展而成,美国基督教监理会开办[1]。后陆续建成欧式建筑群,有林堂(1904年建成,英国设计师设计,纪念林乐知)、孙堂(1911年建成,罗马城堡式建筑,纪念孙乐文)、子实堂(1930年建成,纪念曹子实)、维格堂(1932年建成,纪念李维格)、司马德体育馆(建于1934—1937年间,纪念司马德倡导体育教学的功勋)、学生宿舍、石岩花园(建于1929年)、仁寿亭(1948年,纪念葛贲恩)[2]18-43。这些古建筑在古树名木掩映中体现了中西文化的融合,营造了独特的校园文化环境。档案对这些建筑都有详细记载,这些建筑及格局至今保存完好,它体现了代代学人对建筑的保护与文化的传承。站在建筑前不由对前辈们顿生敬意,那传道者、办学者、教师、学生、捐助者的精神力量永远激励后人。

校园建筑是内化的精神象征。建筑本身与档案(文字、照片、视频等)相结合,从不同时空、角度展现了它的人文、艺术与历史价值。如有孔祥熙题词、用烧坏砖垒成的造型独特的东吴大学体育馆,其历史和文化价值陶冶了代代学子的精神气质。杨莉结合馆藏档案《老少年》,撰文《孔祥熙与东吴大学体育馆》,论述这座建筑的意义:在20世纪30年代,强大的民族觉醒意识;国人募捐的"强国必先强种,健身而后健行"的团结精神[3]。东吴大学潘慎先生在发表于《老少年》(1935年十月刊)的《物质建设中的精神建设》中写道:"我们可以看到各地同学会校友会及在校同仁与同学,怎样的为母校个别奔走尽力,一种团结一致努力爱校的精神已开始在各方面充分表现,这种精神其价值远过于募捐的金钱目标万倍,敢信在募捐运动结束新体育馆举行落成礼时,也就是吾校精神建设基础确定举行奠基礼的时候。""吾校体育馆举行落成礼时,也就是吾校精神建设基础确定举行奠基礼的时候。"[3]东吴体育馆现为苏州大学博物馆,它成为传承大学文化的重要基地。

古树掩映中,别致、典雅、厚重的本部建筑群成为校园最亮丽风景和文化建设载体。建筑的文化价值给当时、现在、未来以鼓舞。

3. 档案文化是大学文化核心精神的凝练与升华

苏州大学文化传承不是抽象的,而是代代师生鲜活生命与精神的实践,包括有形与无形的,无形如办学理念、观念、制度、学品、师品、校园歌曲、校训、学生社团活动等,有形如建筑、师生著作、科研成果、报刊、作品、古树名木等。

学者利用档案进行大学文化研究,角度涉及东吴大学办学历程、体制、课程、学科发展、人才培养、名师、卓越人才、文艺社团研究、建筑文化、校刊、教会大学办学历程、近代教育、研究生教育史等研究。这些研究成果是传承苏州大学文化的重要部分。代表性研究成果如:钱仲联《东吴之人文学术传统》[2]377,吴竞《略谈东吴大学建校经过》,杨大春《东吴大学向中国私立学校转变过程述论》,周建屏、王国平《苏州大学校史研究文选》,王国平《苏州大学简史》,王国平等《东吴大学史料选辑(历程)》,史襄哉《东吴大学移交经过情形纪略》,档案馆的《世纪鸿影:苏州大学校史图集》,李喆等《苏州蚕桑专科学校简史》,顾刚、王馨荣《苏州医学院简史》,东吴大学上海校友会等著译《东吴春秋》,蔡凌、邓毅《中国近代教会大学的学院哥特式建筑》,汪晓茜《移植和本土化的二重奏——东吴大学近代建筑文化遗产对我们的启示》,宁玲《东吴大学旧址建筑分析》,周红卫、卢朗《东吴大学旧址的历史建筑与校园环境》等。

通过搜索中国知网、中国科技期刊库等,有关研究苏州大学及前身学校论文共600多篇,反映了东吴大学中西兼容的办学理念,无锡国专对传统文化的弘扬,荣氏私立江南大学先进、自由的教育管理体制,实业家荣德生"事业之兴,必人才为始基也"的社会担当,唐文治校长注重实践的办学理念,蓝柏、林乐知、孙乐文、潘慎文、曹子实传教办学的过程。有杰出史学名师柴德赓、陈石遗等,史学杰出研究人才唐兰、吴其昌、钱仲联等,名师黄人、章炳麟、吴梅、金叔远、林语堂、潘序伦等,中国昆虫学奠基人胡经甫、旷世奇才饶宗颐、著名法学家杨兆龙,化学家、教育家程有庆、费孝通、谈家桢、董申保、孙起孟等卓越校友的具体介绍[2]119-284。桃李不言,下自成蹊。

学者通过对校史档案研究,把多代人构建、积累、创造的苏州大学文化史进行提炼与升华,核心精神可概括为"开放融合,养正至善"。"开放"基于东吴大学西化的办学模式,世界大学的校际交流;"融合"基于中西文化和学校合并,学校和经济、社会、文化的发展融合;"养正至善"是基于杨永清校长的"养天地正气,法古今完人"[4]。这些大学文化以各种方式在校园内,社会上传播。

4. 大学文化建设有力促进了档案工作的发展

我们利用档案挖掘、升华、传承与建设大学文化。大学文化建设又促进了档案工作发展。①学校重视档案人才，给予更多资金支持；重视校史展览与宣传、档案保护、档案征集，如苏州大学近两年征集档案近百卷。②档案数字化管理与网络化服务模式有创新。如苏州大学建立了较完善的档案数据库，许多珍贵档案在线开放利用。③档案文化研究，编研成果增多。档案工作者参加各种档案研讨会，探讨档案学前沿性、热点问题。④档案馆网站建设水平提高，网站内容丰富。在线校史馆，增强了档案文化的开放性、社会性。通过调研北京、上海、江苏、陕西、广东等地高校档案馆网站，全国超 1/10 高校档案网站包含丰富的校史概览、专题汇编、大师风采、历届领导专栏。很多大学档案馆建立了公众号。⑤一些大学档案馆、校史馆、博物馆三馆合一，发挥了资源整合优势。⑥档案工作者不断研究新问题。由此可见，档案与大学文化密切互动，相互促进。

三、档案与大学文化建设互动存在的问题

档案和大学文化建设良性互动，但存在的问题阻碍了大学文化核心精神传承与发展。

（1）大学文化历史传承不够。十九世纪末到新中国成立初期，公立、私立、教会学校三足鼎立，大学发展社会空间大。大学的创办、管理、实践都个性自由，师生各种思想和意识百家争鸣，大学自由独立的文化精神形成并发展。新中国成立后，尤其是 90 年代后大学行政化，学术完全被量化，官本位成为大学文化传承的最大阻力，大学核心精神扭曲，缺少真正的"历史的延续性"。

（2）校园文化建设受工具理性左右，忽视价值理性。高校片面追求各种排名，官本位愈演愈烈，"潜规则""不公正"、市场化等对大学文化产生不良影响，学生重分数，轻社会责任与担当，校园恶性事件等使大学备受社会质疑。大学文化与文化实践错位。功利主义与浮躁风气在大学蔓延，一些人文学科发展缓慢。

（3）大学管理体制阻碍大学文化传承。种种利益驱动，两个或多个新校区大规模建设。财政花费大，底层缺少与官僚组织制衡力量，强大体制下，教师们选择沉默。新校区建筑、草木等缺少文化底蕴。校园太大，大学文化的气无法凝聚，教师在校区间奔波上课，耗时间精力。学生管理存在问题，学生和部门用档也不便，大学文化传承受阻。大学有名不在校区规模，在于校园文化的思想与精神气质。

（4）档案与大学文化研究存在问题。利用档案研究大学文化缺乏连续性，不全面，因敏感问题，时间、精力、经费问题等，少有人愿意静心研究。以苏州大学为

例,学者研究前身学校多,后期少。学校也存在阶层差别,政策偏颇,派系斗争,利益博弈,但研究中多是正统、正面与出名人物描述,缺少思辨、质疑与批判,更缺少多元的、大众的、普通师生的档案研究。

(5) 校园网络文化建立、保存与传播不够。高校产生许多网络档案,但收集、存储、检索、传输系统没有建立。大学文化利用网络向社会传播力度不够,调研发现,许多大学档案馆网站建设简单,互相复制,缺少文化特色,没有把大学文化精神的档案进行表达与传播,这制约了大学文化传承。

四、档案与大学文化互动与传承途径的几点建议

1. 小环境,渐进式改良大学文化传承的制度环境

大学文化的继承与发展不能仅限于高校历史档案的口头化、展览化。学校首先应在研究与继承校史档案文化的基础上,建立一种大学文化精神与信仰,形成学校层面文化传承的制度环境;完善大学内部治理结构,形成正向的激励人才竞争的公平机制,把行政机关真正转变成为教师、学生服务的机构,而不是"升官"的上升通道。大学在各种政策的制定与落实中,要组建由教职工、学生形成的以网络渠道为主的监督机制、问责组织和系列条例。提供由社会广泛关注和舆论监督的各种有效渠道。把优秀文化传承落实在具体制度制定与执行中,使教职员工、学生内心体验、感悟、内化与认同自己的校园文化。使师生员工在工作、学习中有公正感、归属感、成就感,形成一种身份认同;学校政策的落实要法制化,避免权力人为性、随意性。改变政策、考核、评价的行政化、一时化;弱化行政主导教育和学术资源配置。政策要倾向教师和学生,给教师学术自由的时间和空间。给学生创造探讨知识,自由思辨、质疑的实践体验场。大学文化传承更重要的是依靠教职工、学生对于大学历史与文化的认同,并用自身的行动和语言去传承。虽然实现真正的大学自治、学术自由还需努力,但小环境形成一种大学文化浸润的校园制度氛围是可以做到的。如果每所大学都从小环境,渐进式改良大学体制,传承大学文化,大学必将成为推动社会文明进步的重要力量。

制订"大学章程",为大学自主办学,社会力量参与办学提供法律依据。[5]如2012年苏州大学制定"大学章程",以提高人才培养质量,弘扬师德,严谨教风,推举名师,把人才培养,尤其是本科生教育作为学校的中心工作;帮扶困难学生,促进社会公平;突出大学教育的人文性、价值性。

2. 加大档案征集力度,丰富大学馆藏档案文化资源

为丰富馆藏资源,征集档案非常重要。苏州大学近年来重视征集有关校友在教育、学术等方面有影响力的人物档案,并开展名人学术研究,举办展览等。征集人物包括在苏州大学参观、视察的领导,求学或工作过的知名人士、专家学者、知名校友、革命烈士、有影响的华侨和境外华人的档案。内容包括参观、视察、访问、演讲材料、题词、亲笔手稿、信函、笔记、论著、学术成果、艺术作品、印刷出版物、各种证书、信件、回忆录、日记、照片、底片、录音、录像、纪念册、荣誉证书、奖牌等;学校各个时期的校歌、校训、校标、校徽、学生证、借书证;历届毕业生合影照片、毕业纪念册、毕业文凭;师生获得的各种奖状、证书、奖品、奖章;师生重大科学技术研究项目材料;历届校友的创新创业事迹、重要成就及当时对社会产生过重大影响的事迹材料(包括照片、实物等);有关师生的宣传报道等有关具体的实物及电子材料。目前苏州大学档案馆征集档案74卷,包含12个前身学校档案内容。

3. 创新档案工作模式,促进大学文化建设与传承

新时期档案管理工作应是完整的循环链条。对于"档案链"的概念,是针对大多数高校档案工作中存在的问题提出的。很多高校档案馆只重视档案基础工作——收集、整理、上架、查找利用,忽视网络档案归档管理和大学档案文化的研究与传播。这些造成大学文化的重大缺失。所以笔者提出"档案链"的工作理念,即建立收集、整理、上架、查找利用、研究的"五环一体"的大系统的档案工作服务模式。信息化时代,校园网已成为学校管理、学习的平台,网站内容丰富且时时变化,保存互联网时代特征的大学数字档案记忆与文化成为重要目标。在传统的收集、整理、归档、查找利用的基础上,档案馆应建立"网络数据档案归档与校园文化传输平台",实现网络档案动态收集、保存与利用。它是档案馆室在校园互联信息网络上建立的终站点,也是校园文化的资源库。站点链接高校各部门网站,系统能自动、实时采集网络档案信息并进行保存,对于入网档案信息进行编目,形成的网络档案,系统默认为不可更改。档案馆系统网站随时开放提供大学的相关档案信息利用服务,包括档案资料、档案专题与校史研究成果,使档案文化与大学文化向社会传播。面对飞速发展的网络产生的大量数字档案,如何做好大学传统档案与现代数据档案的有机融合,如何研究校史文化与新社会形态下的大学文化的有机融合,如何传播与传承新的大学文化成为重要研究课题。档案馆一方面把传统档案内容数字化,数字档案安全化,还要利用新技术进行档案的网络传播,方便利用者利用档案资料。另一方面档案馆要加强大学档案文化研究与交流的制度与人才建设,在做好基础工作时,鼓励档案工作者在高校间利用档案资源优势进行校史档案

文化的全面合作研究,形成浓厚的研究氛围和整合研究优势。

4. 加强大学档案资源的研究、创作与交流,促进大学文化建设

档案与大学文化建设是一种双向运动。大学文化建设离不开档案,档案工作又是大学文化建设的一部分。研究大学档案更能体现大学文化内涵,这是科学理解二者关系的基本出发点。大学建校史馆、博物馆,成立校史研究所,出版校史丛书,这还远不够。档案资源研究工作空间很大,整合、挖掘、传播档案资源对校园文化建设具有重大推动作用。

不同国家或区域的大学都有自己的定位与特色,形成的档案资源具有独特性、异质性。大学文化对所在区域的政治、经济、文化、艺术、科技等社会各方面产生直接影响。所以大学文化建设不能简单地、平面线性构筑,档案研究者要有时空的思维研究档案和构建大学文化。①要把档案文化与校史研究相结合,不仅从学校历史档案挖掘大学文化资源,还要结合不同社会时空的政治、教育体制、历史发展背景和地域特色研究大学文化。②要把校史文化研究与当前大学文化发展有机融合。③运用现代技术,结合照片、文字、声像、网络档案制作成形式多样的、多层次的创新性专题档案与大学文化创新传媒产品,借助校园网、微信公众号、微博、校园APP等平台进行校园档案文化传播。④以档案文化的物化、活化来突出大学文化。大学建立实体校史馆与网络虚拟校史馆,向人们展示不同社会、历史、时空的大学文化,也可以突出校园特色建筑、雕塑、纪念品、艺术品等来营造独特的校园文化氛围。⑤随着大学国际化趋势与校际间文化交流的频繁,档案工作者也要以开放、包容的思维从全球化和区域化的角度,借鉴、吸收世界一流学者在大学档案方面的研究成果,为大学文化建设与发展注入生机和活力,促进档案文化和大学文化快速互动。

5. 大学文化宣传要突出教育的公益性与社会性

一个民族、一个社会只有具备健康的精神信仰、价值观、道德体系,这个民族才有希望。大学要担当起思想文化、正确价值传承辐射的社会责任,培育"完人",成为促进社会进步的力量。虽然大学无法避免市场经济的影响,但不能把高校当成赚钱的企业,档案文化要成为人文的呼唤、求真的力量。大学文化要突出公益性、社会性,避免教育产业化负面影响,回归教育本质。如苏州大学建立的奖学金制度、进行的各种免费义务助教、捐款建立小学、弘扬"惠寒"文化的公益行动,不仅深化了校园文化内涵建设,也是引领和推动社会人文关怀与责任担当的践行。

让众多校友资源成为大学文化社会性延伸的重要力量。大学文化不仅是凝聚校内师生的精神力量,还伴随着一批批海内外的毕业生,具有强大的社会性。建立学校与校友互动平台与渠道,重视校友与母校的互动,让大学文化成为校友精神与身份的共识;建立校友论坛,聘请杰出校友开展各种讲座;接受校友的各种主动捐助,在学校重大发展问题上建立征集校友建议的制度,让校友成为大学发展的宝贵资源;建立校友记忆空间,包括建筑、实物、影像、图片资料,让母校成为校友寻找归属感的精神家园;重视校友会与校友生活、职业发展情况追踪资料的收集与研究。如建立校友数据库,不断采集校友数据,进行校友跟踪项目研究;建立各种技术发展与社会责任的公益机构与制度,包括帮助特别困难校友的制度。

总之,档案与大学文化建设具有关联性、互动性、双向性。大学文化建设离不开档案。做好档案工作使大学文化建设更丰富、生动,大学文化核心精神才能更好地传承。利用档案进行研究与传播大学文化,发挥大学文化的各种正确社会价值导向功能,使大学成为推动人类社会文明进步的重要力量。更要在历史观、时空观指导下,把历史与现实相结合,提高档案文化研究水平,有力地促进大学文化建设的发展水平,提高档案工作在大学文化建设中的地位。

参考文献:

[1] 吴竞.略谈东吴大学建校经过[J].苏州大学学报(哲学社会科学版),1983(1):116-120.

[2] 周建屏,王国平.苏州大学校史研究文选[M].苏州:苏州大学出版社,2008.

[3] 杨莉.孔祥熙与东吴大学体育馆[J].体育文化导刊,2002(2):72.

[4] 高祖林.大学精神探微——兼谈苏州大学精神[J].苏州大学学报(哲学社会科学版),2012(3):180-185.

[5] 熊丙奇.大学"宪章"须找回大学精神[J].南风窗,2013(3):40-41.

基于云计算的高校档案服务模式构想

熊豆豆 （南京邮电大学）

摘要：随着各高校档案数字化的普及和发展、档案资源信息化的成熟，档案服务的网络化、远程化也正逐步实现。本文为提高高校档案服务效率，方便用户对档案的远程利用，拟借助云计算技术，构建高校档案新的服务模式。

关键词：云计算；高校档案；服务模式

一、前言

2014年12月23日国家档案局局长杨冬权在全国档案局长馆长会议上提出"给传统档案工作插上网络这一现代翅膀"。这是对档案工作的期许和要求，也指明了我国未来档案工作的发展方向。但由于我国各高校对档案工作重视程度的差异、档案数字化资金的匮乏、档案工作人员的不足，及档案信息化各自为政等因素，导致高校档案利用和服务水平参差不齐。为了促进高校档案的长效发展、整合各高校档案资源，需要高校间紧密合作来加强数字化资源及技术的共享和交流。高校档案馆依托云计算技术平台，构建贴合高校档案实际的服务模式，在有限的资源条件下，创造无限的档案价值。

二、高校档案服务现状

高校档案馆是依附于学校而存在的，它的服务对象主要针对教师、学生及部分社会工作者，其服务内容主要是为他们提供所需的文件、科研材料、成绩单等档案。目前高校档案馆的服务模式主要有以下三种：

1. 现场服务模式

现场服务模式是档案管理者与档案利用者面对面的服务模式，一般在高校档案馆或档案室内进行，档案利用者将自己的身份信息，及所需要的档案申请交与档案管理者，管理者根据申请现场提供档案。现场服务模式是目前高校档案服务的主要模式，它的优势在于能直接审核利用者的身份，并确保了档案的安全性。但这种模式受空间和时间的束缚，无法满足异地用户的远程需求，因此档案利用效率相对低下。

2. 电邮服务模式

电邮服务模式是利用电话、邮件、传真等通信设备，将用户身份信息和利用需求发送至档案管理员，管理员再利用这些设备进行信息回复。通过通信设备的辅助，档案利用突破了时间和空间的限制，远程用户的档案利用需求得以满足，提高了档案利用效率。但介于这种服务模式有一定的缺陷，如无法确认利用者的身份，信息回复缺乏权威性和真实性等问题，高校档案馆采用的并不多。

3. 网络服务模式

网络服务模式是利用互联网技术，在学校档案网站上直接进行档案服务的模式。目前我国高校档案馆主要有两种服务方式：一种是直接在网站上查询相关档案信息，如南京大学档案馆，用户可以通过输入关键词，查询是否有需要的档案信息，具体的档案内容需到档案馆进行办理；另一种是用户直接网上递交查询申请，由档案馆核实后通过邮寄等方式递送，如上海同济大学档案馆的出国成绩单办理，用户首先进行身份注册、提交利用申请，档案管理员对审核通过的用户需求进行办理，最后办理结果由用户现场领取或管理员邮寄。以上两种方式都高效满足了用户的档案需求，但仍存在档案信息获取时间长、手续繁杂等问题。

三、云计算高校档案服务模式理念及架构

1. 云计算服务模式理念

目前社会各界对云计算的含义莫衷一是，没有统一的概念。根据2009年维基百科的定义，云计算可以理解为按需即取的新计算方式，用户通过互联网按需索取云计算的资源以获取需要的服务。基于云计算的高校档案服务模式则是以消除各高校间的信息壁垒，整合和组织各高校档案资源为基础，并以用户需求信息为目标，利用统一的共享互助服务平台，为用户提供快速、精确的无障碍一站式服务。"云服务"模式具有档案信息集中存储、管理模式统一、利用服务高效等特点。它可以由同性质或同区域的高校联盟组建，也可以由国家成立专门的机构进行筹建。

2. 云计算服务架构

高校云档案服务架构主要分为资源平台、管理平台、认证平台、支付平台及后续服务平台五个部分(如图1)。

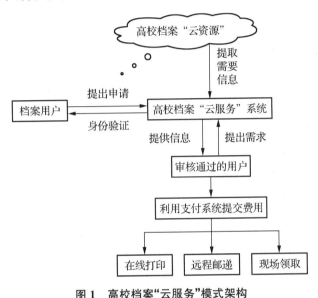

图1 高校档案"云服务"模式架构

1) 资源平台

资源平台是档案信息资源服务架构的基础和"智库",它的建设决定了档案服务的深度和层次。档案信息的统一存储,解决了目前高校数字档案信息膨胀和基础设施建设不足的矛盾。"云资源"通过使档案信息分布在大量的分布式计算机上,而非本地计算机或远程服务器中,为高校档案实现异地存储,解决了档案信息容灾问题;它还为高校之间搭建良好的资源共享平台,并为各高校提供个性化、智能化服务。云端对各高校存储的档案信息进行整理、分类、统计、分析,形成不同的存储模块。首先,将各高校档案分别存储于不同信息区内;其次,对各区档案信息进行划分、提取。对于各高校共有的普发性、重复性文件统一存储,释放各高校存储空间;对于高校间有交叉的信息进行筛选、关联,如某同学在甲高校读本科,在乙高校读研,那么该同学在甲、乙两所学校的所有成绩及相关信息可以关联性存储,从而提高了检索效率和服务质量。

2) 管理平台

如果说资源平台是整个服务模式的"大脑",那么管理平台无疑是服务模式的"神经系统",它是用户与"智库"的沟通枢纽,是"云服务"的基本保障。管理平台的工作分为两个方面：(1)对用户提出的请求进行分析，并在数据库中提取用户需要的相关信息。现代档案用户要求获取的档案信息更具广度和深度。管理平台根据档案使用频率，分选出"活性"档案信息和"休眠"档案信息。"休眠"档案信息会进行深度存储，避免档案搜索和提取时无用信息的出现，减少对档案查询的干扰；然后将有关联的"活性"档案信息组成信息网，让用户的查询能举一反三，为用户提供全面而细致的解答。(2)对用户信息的管理，管理平台根据同一用户对档案的利用频率和查询内容，分析出用户的浏览喜好和利用方向，形成用户档案信息。当用户浏览或查询档案时，能及时针对不同用户进行信息推送，为用户提供高质量的个性化档案信息。

3）认证平台

档案用户的身份认证是"云服务"模式正常运行、档案信息安全和档案用户利益的重要保证。认证平台首先要划分各类型用户的使用权限，涉及个人信息的档案，只能由本人或相关人员查阅。各学校内部文件，只能由学校或部门工作人员查看。公开性文件的用户可以经身份确认后查询。其次要确定用户身份，用户身份可以分为信息有关联和信息无关联两类。有关联用户是指曾经或现在就读于高校的学生，以及高校工作者。认证平台对各高校的归档信息进行抓取，形成各高校相关人员信息库，用户只需输入与之相符的身份信息，即可查阅权限范围内的档案。如输入某某大学、学号、工号、身份证号、姓名等部分关键词，即可查询权限内的相关信息。对于无关联用户的身份确认，学校可以与公安的相关系统连接，确定用户身份的合法与否，来决定其档案利用内容的广度和深度。认证平台摆脱对用户身份的人工筛选和鉴定，简化档案查阅手续，提高用户服务效率。

4）支付平台

"云服务"支付系统需要各高校财务部门的通力合作，但各高校财务部门合作银行存在差异，为了实现便捷、快速的结算方式，需要建立统一的支付界面和平台。支付平台需要建立专门为高校服务的第三方支付系统。支付平台作为支付中介，规避了各银行间结算可能引起的诸多矛盾，简化了用户在复杂的银行界面操作的问题，同时也减少了银行卡信息泄露的风险。支付平台的第三方性有效保障了档案用户和高校的利益，为整个档案查询的顺利进行提供支持。

5）后续服务平台

用户在完成身份认证、档案查询和在线支付等手续后，所需档案可以通过三种方式获取：(1)利用远程服务终端，将查询到的档案直接在线打印，同时为保证档案信息的安全性和有效性，一些涉及个人隐私、非公开性档案不支持下载，只能在线阅读或打印。(2)远程邮递，对档案真实性要求较高的用户，或办理公对公档案业务时,可以经由档案工作人员审核、查询后,将有档案部门证明的档案邮递至用户指定部门或单位。(3)由用户本人或委托人直接去档案所在高校现场领取所需档案。

四、"云服务"模式推广优势

"云服务"模式相较于传统的档案管理和服务模式,在成本控制、存储空间、服务质量等方面都有较大的提升。"云服务"模式统一的网络界面、熟悉的操作环境,避免了用户看不同高校档案系统、不同页面风格带来的视觉混乱,让用户在使用时产生亲切感。"云服务"模式同时简化了高校档案工作,利于高校档案工作的开展和深入,为高效开展档案工作提供了可能。

1. 节约成本,统一规范

档案信息的统一存储,避免各高校对档案管理系统的重复开发,为高校节约大量资金和人力成本;统一管理制定了各高校档案信息整理、录入、存储等工作的标准,规范高校档案信息工作要求,利于档案信息的批量化管理和存储。

2. 实现高校资源共享

现代高校的发展和进步,不再是各高校一味的闭门造车,而需要与其他高校的沟通和交流。档案作为高校重要的信息资源,必须打破高校档案信息各自为政、信息孤岛的局面,形成高校档案的大融合,实现各高校间的信息交流、资源互补,促进高校档案间的信息开发和利用,发挥高校档案在教学、科研、文化等方面的作用,实现档案信息的终极价值。

3. 提高服务质量

"云服务"统一的查询页面简化了用户操作程序,省去高校档案用户重复登录、检索的手续,缩短了用户信息搜索和浏览时间,提高了档案查询效率。"云服务"的集中管理模式拓宽了档案查询结果的深度和广度,让用户享受准确而翔实的信息服务。

五、结语

随着高校档案信息化步伐的加快,服务网络化已亟待解决。云计算技术的逐步成熟,给高校档案信息网络化带来了新的机遇和挑战。云服务模式通过构建网络存储平台,由计算机群组成虚拟资源库,为用户提供无限的网络档案资源服务,它将是未来高校档案信息化建设的重要方向,也是促进高校档案馆交流合作的重要手段,势必在未来高校档案建设中占据重要位置。

参考文献:

[1] 牛力,韩小汀.云计算环境下的档案信息资源整合与服务模式研究[J].档案学研究,2013(5):26-29.

[2] 王静,辛玉明,高鸿雁.档案数字挖掘中数据采集与准备问题浅析[J].现代情报,2012(6):72-74.

[3] 倪丽娟.信息化背景下高校档案服务策略研究[J].档案学通讯,2011(5):92-94.

[4] 张倩."云时代"的高校档案网络应用模式研究[J].档案与建设,2010(1):37-38.

[5] 廖建新.云计算中服务组合与选择技术研究[D].北京:北京邮电大学,2013.

西行漫记
——寻访中大、金大西迁旧址

杨小妹　（南京大学）

> **摘要**：在中国近代教育史上，大学的集体西迁是一个重要的历史事件。一方面它是面临抗战爆发，不得已而为之的被动选择，但同时也在客观上造成了中国高等教育格局的大变动和教育上意想不到的更大发展。国立中央大学和金陵大学，也是这一运动的重要参与者。本文通过历史文献的梳理和对历史遗迹的实地考察，试图再现两校当年的西迁历程，以此来缅怀和体会前人教育、办学的不易。
>
> **关键词**：国立中央大学；金陵大学；大学西迁；遗址

中国近代教育史上，大学的集体西迁是一个重要的历史事件。一方面它是面临抗战爆发，不得已而为之的被动选择，但同时也在客观上造成了中国高等教育格局的大变动和教育上意想不到的更广阔发展。"大学西迁"这一历史现象，值得教育史深入地研究和探讨。

抗战爆发时，几乎中国所有的高等教育机构，都参与了这一运动，其中较为人知的是由清华、北大、南开所组成的"西南联大"，其已成为杰出育人的一个标志。而国立中央大学（简称"中大"）和金陵大学（简称"金大"），也是这一运动的重要参与者，由于诸多因素促成的结果，它们没有选择云南，而是到了更为发达的重庆和成都地区。

通过对这两地的实地考察，并结合史料的记载，本文试图重构当年中大和金大的西迁历程。由于中大主要迁址重庆，金大迁到了同为教会大学的华西协合大学——位于成都，所以为方便起见，以两校各自为线索，分别予以介绍。

一、国立中央大学的西迁

1. 西迁路线

1937年，"七七事变"后日本发动了全面侵华战争。8月13日，日军向上海进攻,南京危在旦夕。校长罗家伦对举校西迁已早有准备,从当时罗家伦呈请教育部的公函中,我们可以看到他所作的几项安排。首先,考虑迁移的地点,必须注意几个条件:

(1) 地点比较安全,可任其展开及安置图书仪器,至少可作半年至一年之工作打算。

(2) 当地须略有高等教育基础,可供彼此合作且可互相利用师资设备,互相充实其训练。

(3) 交通比较便利,最重要者系水路可以直达,苟无此项便利,迁至近处之困难且过远处。

(4) 比较可以集中,俾便对学生问学、思想、行动作切实训练与指导,树立战争期间刻苦耐劳之新学风。①

依循以上几条原则,在抗战爆发前罗家伦就曾派出几路人马寻觅迁校地址:一是法学院院长马洗繁和经济系主任吴幹向四川出发;二是教育学院教授王书林向湘鄂出发;又派医学院教授蔡翘、郑集专程去成都华西大学接洽医学院迁徙事宜。

据考察结果,以重庆大学地点较为合宜。

(1) 地在嘉陵江岸,离重庆城市20余里较为安全。(2) 与重庆大学合作,可凭藉其原基础充实教学之师资与设备。(3) 因在嘉陵江岸,故民生公司轮船可直达该校门口。②

1937年9月23日,教育部"准迁重庆"的批复下达,全校迁徙于10月上旬开始。此次西迁得到了民生公司卢作孚先生的大力帮助,提供了迁徙的客运和货运船只。师生们化整为零,分散而行,皆先由京至汉,再由汉口至重庆。③ 最后一批学生到达重庆已是11月中旬。由此可知,中大西迁的大致路线是:南京—汉口—重庆。

最终校址除医学院及牙医专校外,暂假重庆大学开课;医学院及牙医专科学校因重大无相同院系,教学设备无法合作,特商假成都华西大学开课;附属实验中学决暂迁安徽屯溪。④

2. 西迁校址

中大的重庆新校址选在沙坪坝的松林坡,是重庆大学东北面的一个小山丘,属

---

① 《南大百年实录》编辑组:《南大百年实录(上卷)·中央大学史料选》,南京大学出版社,2002年第384页。
② 《南大百年实录》编辑组:《南大百年实录(上卷)·中央大学史料选》,南京大学出版社,2002年第385页。
③ 《南大百年实录》编辑组:《南大百年实录(上卷)·中央大学史料选》,南京大学出版社,2002年第386页。
④ 《南大百年实录》编辑组:《南大百年实录(上卷)·中央大学史料选》,南京大学出版社,2002年第389页。

该校土地,占地不足 200 亩。因山坡上长着稀稀疏疏的松树而得名,嘉陵江从山坡下绕过,山清水秀。仅用了 42 天时间,围绕着松林坡,中大师生就修建了一排排低矮的竹筋泥墙教室和宿舍,并于 12 月 1 日开学上课。

第二年春天,在松林坡顶端,修建了图书馆、阅览室。站在图书馆门口,可以俯瞰学校全景,坡上的主要通道是一条环山公路,也是运动员的跑道。后来,又陆续修建了专用教室、实验室和学生俱乐部等(图 1)。①

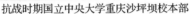

抗战时期国立中央大学重庆沙坪坝校本部

图 1　重庆沙坪坝中央大学校景

迁川后的第二年,随着学生增加校舍不敷,学校在嘉陵江对岸的磐溪修建了工学院的大型实验室,将航空工程系和艺术系迁至磐溪,校舍的紧张情况得到暂时的缓解。但随着战事的激烈,涌入大后方的人口越来越多,中央大学在校人数激增,学校筹划建立分校案。经批准,在从沙坪坝沿嘉陵江而上 20 余里之柏溪建立分校。

沙坪坝与柏溪,均沿嘉陵江岸,群山环抱,景极清幽。由重庆沿江而上,有轮舟可达。另有公路直达沙坪坝。②

3. 寻访情况

1) 沙坪坝松林坡

重庆大学松林坡位于现重大 A 区后校门内,只见长长的台阶,有几幢青砖红瓦小洋楼,据说是新中国成立后为前苏联专家修建。因为原来的中大校舍都是些临时性建筑,在上世纪 50 年代已经破败不堪,于是校方将其拆除,建成了现在的小洋楼(图 2、图 3)。

---

① 王德滋主编:《南京大学百年史》,南京大学出版社,2002 年第 196 页。
② 《南大百年实录》编辑组:《南大百年实录(上卷)·中央大学史料选》,南京大学出版社,2002 年第 412 页。

图 2　沙坪坝松林坡　　　　　图 3　今重庆大学松林坡

据说这里唯一的中大遗迹就是松林坡礼堂,也称"七七抗战大礼堂"(图4、图5)。

图 4　重庆大学松林坡礼堂

据重庆大学的老师介绍,七八十年代这里很有人气,学校的文艺汇演、电影播放就在里面。那时还叫松林坡礼堂,后来国家限制楼堂馆所建设,重庆大学的大型活动慢慢转移到风雨操场去了。"当时看电影,左右两边的大门都开着,大家可从各个方向随意出入。"

图 5　重庆大学松林坡礼堂侧面

到底这座礼堂是不是当年中大留下的遗迹,在史料中没有明确记载。只有从《中央大学三六级毕业纪念册》的一张照片里,可以寻到些蛛丝马迹。[①]

这张照片标题——"孟余堂"(图6),即以当时的中大校长顾孟余为名。顾孟余1941年8月出任中央大学校长。在任期间,多方为学校筹资,新建了能容纳三千人的大礼堂。1943年初,离任。据此,说明大礼堂很有可能建于1941—1943年间,而我们现在看到的建筑物说明,指出此礼堂建于1938年,与历史推断不符。且从图中我们也可看出,两栋建筑的侧立面也不相同,很难确定是同一栋建筑。

图6 孟余堂

当时由于条件所限,中央大学只建过一座大礼堂,所以今天我们所见的礼堂是后来新建,还是对原建筑进行了大规模的改建,已不得而知(图7、图8)。

图7 沙坪坝中央大学大礼堂——孟余堂侧立面

图8 松林坡礼堂侧立面

如今不管是松林坡礼堂还是附近的小洋楼,都已空置,未来或许可以在原址上建成中大西迁纪念馆,来记录近代中国这一段特殊的历史。

2) 柏溪

柏溪离沙坪坝北面约二十里,在嘉陵江东岸,原是一个只有二十来户人家的小山村。中大在那里征得约一百五十亩土地,创办了分校,可以容纳一千多学生。这是原中央大学外文系教师赵瑞蕻对柏溪的回忆。柏溪本是个无名的小山村,是校长罗家伦在考察分校选址时,看到这里柏树茂密,溪流潺潺,于是将之取名为"柏

---

① 三六级毕业就是指民国三十六年毕业,即1947年毕业,反推即是1943年入学,正好是在中大西迁的这段时期里。

溪"(图9)。①

图9　中央大学分校——柏溪

而现在的柏溪,已经很少人知道,它位于现重庆北部新区的礼嘉街道。由于时间的原因,我们此次未能成行一顾,只有通过当地人的介绍和报纸的报道,了解柏溪大约的现状。

中央大学的旧址在现九曲河污水处理厂,仅留存下来的唯一一处遗迹,就是位于厂子最里面的一座破旧小屋——巴渝地区最常见的砖木结构平房。从图中可见,这座小屋与当年中大的宿舍建筑,极其相似(图10)。

图10　沙坪坝中央大学宿舍

---

① 赵瑞蕻著:《忆中央大学柏溪分校》,参见钟叔河、朱纯:《过去的大学》,长江文艺出版社,2005年第234页。

图 11　中大柏溪最后的校舍正面图　　**图 12　中大柏溪最后的校舍侧面**

对于这间小屋的用途,有校友回忆是当年学校的收发室。也有人说抗战期间,中国银行柏溪分理处、当地邮局以及中大的石印室都挤在这栋小屋里,各占一间办公,由于学校师生来自全国各地,都通过书信和亲朋联系,因此每天下午,到这里来收发邮件的人都像赶集一样。①

中央大学东还后,柏溪校园也历经变更(图11、图12)。先是交给了军政部,办起了青年中学,后来这里成了江北简易师范的校地直至解放。50年,组建了四川省江北师范学校,后改名为江北县礼嘉乡二校,先后开办了高中、初中和小学。直到2008年,校址被国家征用,建起了一个大型污水处理厂。当年书香繁盛之地已无踪影,如今只剩下这座小屋作为最后的见证。

表 1　迁入重庆的各学校

西迁地点	学　校	系科/机构	迁入地点
重庆	中央大学	校本部	沙坪坝—松林坡
		小龙坎男生宿舍、教职工宿舍	沙坪坝镇上
		分校(一年级学生)	柏溪
		工学院的大型实验室 航空工程系 艺术系	磐溪—松林坡对岸(隔嘉陵江)
		中大附属中学	青木关14中学
		中央大学重庆办事处	都邮街紫家巷②
	金陵大学	理学院电机系	曾家岩求精中学

---

① 肖腾:《中央大学柏溪校区 走出两弹元勋》,《重庆商报》,2013年4月26日。
② 《南大百年实录》编辑组:《南大百年实录(上卷)·中央大学史料选》,南京大学出版社,2002年第390页。

二、金陵大学西迁情况

1. 西迁路线

与中央大学的未雨绸缪不同,抗战之初,金陵大学迁校的准备并不充分。因为美国在中国有治外法权,金大的一些西方人士认为,即使日本打到南京,金大仍有美国大使馆的保护。所以,1937年10月4日,金大仍按时在南京开学。

但随着局势急转直下,金大不得不于11月18日停课西迁。金大经与另一教会大学——成都华西协合大学商洽,决定前往四川。

1937年11月25日,金大第一批师生从南京下关出发,踏上漫漫的西迁之路。在金大校长陈裕光的回忆中,可见到些许细节:

金大行政只好发动群众,依靠师生员工的力量,四出借车辆、船只,运送行李、家具及人员。最后分三批从下关出发,经汉口抵成都,前后历时三个月,备尝艰辛……

金大校本部迁成都华西坝,理学院迁重庆,次年三月在四川开学。当时内迁成都的,除金大外,还有金陵女子文理学院、齐鲁大学,最后还有燕京大学,加上原来的华西大学,一共有五所教会大学集中一地,显得十分热闹融洽。①

12月26日,陈裕光在汉口的报告中提到,从重庆到成都的汽车票已办妥,到重庆可借住求精中学。中学放在万县,大学迁成都。另有老校友对西迁过程的回忆:

船泊武昌……我们借住在华中大学体育馆内。……大多数同学则在武汉耽搁了一个月后,又继续溯江西上至宜昌。在那里过了一个年,再向目的地——成都进发。②

综上所述,金大的西迁路线大致是:南京—武汉(华中大学)—宜昌—重庆—成都(华西大学),共历时3个多月。

1938年1月,金大师生抵达成都;3月,准时开学。此前,金大理学院的电机工程系及电化教育专修科、汽车专修科等高等班次,因重庆的工业较为发达,对教学实习有利,由理学院院长魏学仁率领,留在重庆曾家岩假求精中学校园内开办,同时可服务于战时需要。③

---

① 陈裕光:《回忆金陵大学》,见《金陵大学建校一百周年纪念册》,南京大学出版社,2002年第20页。
② 徐国桢:《由南京到成都》,见《金陵大学建校一百周年纪念册》,南京大学出版社,2002年第366-367页。
③ 南京大学高教研究所校史编辑组:《金陵大学史料集》,南京大学出版社,1989年第51页。

2. 西迁校址

金大迁入华西协合大学后,除借用华大房舍,还增建了一些学生、教师宿舍。1939年6月,金大组织了临时校舍委员会,借得地皮3处,进行较大规模的建设。因为临时校舍的建设没有什么规划,只能因地制宜,所以当时金大的校舍相当分散。例如红瓦寺建了一、二年级男生宿舍,距华大明德楼6华里以上。为了解决校内交通,金大组织了"筑路委员会",筑成了"金陵路"一条。

从教室到学生宿舍相距2~3里,原为田间小道,全校师生动员在电台铁塔下修建大路,金陵大学举行金陵路开工典礼,由陈裕光校长主持大会。……大路筑成,至今在成都市区游览图上还印有'金陵路'的路名。铁塔高耸依然健在,现在,学生宿舍已经拆除,改建为四川医学院附属医院(图13—图16)。[1]

图13 开工典礼上陈裕光校长作报告

图14 1933年(民国二十二年)成都街市图

---

[1] 张石城:《战时追忆》,见《金陵大学建校一百周年纪念册》,南京大学出版社,2002年第375-376页。

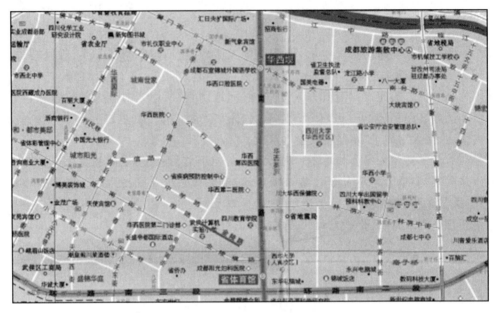

图 15　2013 年成都市区地图

抗战时期,华西协合大学成为一些内迁大学和学院的麦加(Mecca)。1938 年,4 所大学迁入,它们是金陵大学、金陵女子文理学院、齐鲁大学医学院(后来是它的国学研究所)和中央大学医学及牙科学院。随后,东吴大学生物系来到成都。1942 年,又迁来了燕京大学。[1] 华西协和大学曾向纽约方面请求拨款 5000 美金以建筑校园,供各西迁教会大学使用。

图 16　2013 年的成都华西坝

当时五所教会大学都实行学分制,允许学生校际选课(或旁听),学术气氛颇浓。各大学聘请专家、学者作学术报告,必先张贴海报,欢迎大家参加。为此,当时的华西坝被誉为"文化城"。

1943 年 11 月,金大电化教育系主任孙明经,将有关中美英三国首脑开罗会议的纪录片在华西坝广场上放映。[2]

---

[1] 黄思礼:《华西协合大学》,珠海出版社,1999 年第 92 页。
[2] 徐国桢:《由南京到成都》,见《金陵大学建校一百周年纪念册》,南京大学出版社,2002 年第 368 页。

3. 寻访情况

华西协合大学创办于1910年,是成都乃至中国西部建立的第一所现代化意义的大学。由于它是由英、美、加拿大三国基督教会的5个差会(美以美会、公谊会、英美会、浸礼会、圣公会)共同开办的,故名华西协合大学。

其校园的建筑颇有特点,据华大的档案记载,"本校建筑之规模与外观,均取中西合璧式,全校图样为伦敦建筑专家Mr Rowntree所绘。"① 呈现出以南北向中轴线为主,五会协和建筑群错落分布的布局方式,体现了中国的顺序原理和平衡对称的规划原则(图17—图19)。"中轴线自北门的半圆形的开敞空间起始,穿过聚会所,伸延到钟楼,结束于半圆形回廊环抱的梅花池。"②

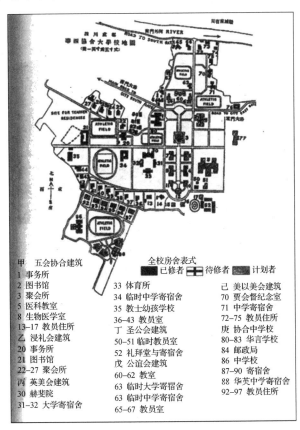

图17　1928年的华西协合大学校园平面图(历史资料)

---

① 《私立华西协合大学一览·沿革概要》,华西医科大学档案馆藏。
② 董黎:《中国教会大学建筑研究》,珠海出版社,1998年第142页。

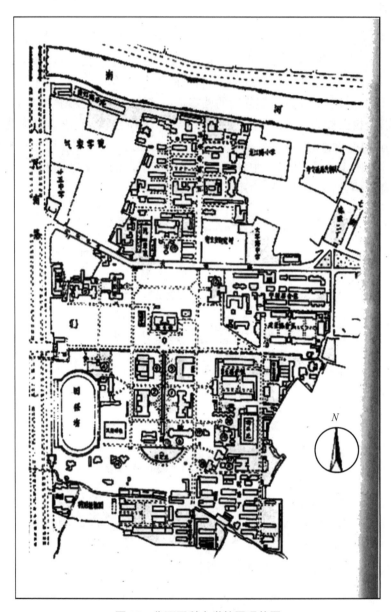

图 18　华西医科大学校园现状图

华西协和大学校园的中轴线

图 19　校园中轴线

在华大早一批的建筑中,尤以怀德堂、懋德堂、钟楼为代表,我们此行也有幸看到了这三幢已经修复过的建筑,依稀仍是当年的样子。

怀德堂：

（大学事务所），1915年动工,1919年建成,美国纽约罗恩甫为纪念白槐氏所捐建。两层楼,长一百七十五尺,宽九十三尺,校长办公室及礼堂,文科教室、照相部等。[①]

怀德堂是华西协合大学的办公楼,两层砖木结构建筑。采用H形对称平面,两侧厢房凸出,使屋顶成为一个横向歇山顶与两个纵向歇山顶相交的组合体(图20)。

图 20　怀德堂全景（历史照片）

---

① 董黎:《中国教会大学建筑研究》,珠海出版社,1998年第146页。

室内的空间处理是典型的罗马风特征。室内走廊顶棚均用半圆形拱券,靠内墙的窗户上檐也以半圆形拱券进行装饰(图21)。

图21　西医学中心办公楼　内部走廊

怀德堂的外部造型则是挪用了中国古典建筑的造型元素,以都铎建筑的构图手法糅合成中西合璧式的新式样,无论中国人或西方人都可以从中找到可以认同的某些东西。[①] 现在这座建筑仍做办公楼用,楼上还有一小型礼堂,可容纳百人(图22、图23)。

图22　华西医学中心办公楼,即"怀德堂"　　**图23　办公楼二楼的小礼堂**

懋德堂:

1926年竣工,美国赖孟德氏为纪念其子所捐建。两层楼,图书馆及博物馆。[②] 懋德堂是华西协合大学的图书馆和博物馆,与怀德堂相对,分列在中轴线两

---

① 董黎:《中国教会大学建筑研究》,珠海出版社,1998年第151页。
② 董黎:《中国教会大学建筑研究》,珠海出版社,1998年第147页。

侧,竣工时间比怀德堂晚七年左右。同样是两层砖木结构建筑,采用 H 形对称平面,歇山顶屋面纵横相交,但屋面轮廓起伏平缓,交接简洁,整个里面造型的中国味更加突出(图24、图25)。

图 24　懋德堂全景

图 25　懋德堂

从单纯的模仿中国古典建筑的外部形式而言,懋德堂的设计手法要地道一些,体型和立面也显得比较舒展。① 如今这座建筑已成为四川大学华西医学展览馆,由于周日闭关,我们未能见到建筑的内部。

钟楼:

1926年竣工,美国纽约柯里氏所捐建。高百余尺,钟面离地面七十一尺,钟面直径七尺。②

十八世纪的英国绅士喜在庭园内修建塔楼,大致有两种方式:一是建在园路或视线的尽头;一是建在台地或庭园水面的一角。这座钟楼毫无疑问是西方设计观

---

① 董黎:《中国教会大学建筑研究》,珠海出版社,1998年第152－153页。
② 董黎:《中国教会大学建筑研究》,珠海出版社,1998年第147页。

念的产物,也是这两种方式综合运用的实例,其位置选择适当,兼顾了轴线视觉中心和梅花池景点的功能,堪称点睛之笔(图26)。①

图 26　华西医学中心的钟楼

4. 迁入成都的各学校

西迁地点	学　　校	系科/机构	迁入地点
成都	金陵大学		华西坝——华西协和大学 (今四川大学华西校区——华西医学中心)
	金陵女子文理学院		
	燕京大学		
	东吴大学	生物系	
	齐鲁大学	医学院 国学研究所	
	中央大学	医学院 牙医专科学校	

此次西行,我们走访了中大和金大位于重庆和成都两处的西迁旧址,通过一些留存下来的建筑遗迹,了解到当年西迁过程的点点滴滴,希望今后能够挖掘更多的线索和史料,以丰富这段风云变幻的岁月。

参考文献:

[1]《南大百年实录》编辑组.南大百年实录(上卷)·中央大学史料选[M].南

---

① 董黎:《中国教会大学建筑研究》,珠海出版社,1998年第144页。

京:南京大学出版社,2002.

[2] 南京大学高教研究所校史编写组.金陵大学史料集[M].南京:南京大学出版社,1989.

[3] 王德滋.南京大学百年史[M].南京:南京大学出版社,2002.

[4] 金陵大学南京校友会.金陵大学建校一百周年纪念册[M].南京:南京大学出版社,1988.

[5] 国立中央大学三六级毕业纪念册[Z].1948.

[6] 钟叔河,朱纯.过去的大学[M].武汉:长江文艺出版社,2005.

[7] 黄思礼.华西协合大学[M].珠海:珠海出版社,1999.

[8] 私立华西协合大学一览·沿革概要[Z].华西医科大学档案馆藏.

[9] 董黎.中国教会大学建筑研究[M].珠海:珠海出版社,1998.

[10] 肖腾.中央大学柏溪校区 走出两弹元勋[N].重庆商报,2013-04-26.

[11] 民国二十二年成都街市图[M].北京:中国地图出版社,2012.

国外高校档案信息个性化服务分析与借鉴

王兴娅　张菱菱　（南京中医药大学）

> **摘要**：通过对国外高校档案网站的调研和分析，总结国外高校档案信息个性化服务的特色和优势，包括用户分类、档案信息处理、RSS/Atom、委托查档、预约查档、社会化媒体、研究奖学金、文件管理指导、残疾人士帮助、移动应用等，从而对我国高校档案信息个性化服务提供有益借鉴。
>
> **关键词**：高校；档案；个性化；服务

随着社会经济和文化的快速发展，当前社会已进入一个信息快速增长的"信息时代"，信息资源的骤增促使用户个性化信息需求的产生，这对档案馆档案信息服务提出了新的要求，个性化信息服务将不可避免成为当前及今后信息服务发展的趋势和方向。档案信息个性化服务是档案馆利用馆藏资源和网络信息资源，通过独特的服务方式，满足特定用户信息需求的一种服务。国外高校档案部门得益于其服务理念、技术支撑、资金保障、人力资源等诸多优势，档案信息个性化服务水平普遍领先于国内高校，通过对国外高校档案信息个性化服务现状的调研，以发现其特色和优势，以期对我国高校档案信息个性化服务的创新和发展有所借鉴和参考。

一、国外高校档案信息个性化服务分析

《泰晤士高等教育》世界大学排行榜是国际公认的世界大学排名。本文依据《泰晤士高等教育》发布的2016—2017年世界大学排行榜，选取排名前40的高校作为调研对象，这40所高校涵盖美国、英国、瑞士、德国、瑞典、澳大利亚、加拿大等国家。通过网站登录和浏览，笔者发现国外高校档案馆提供的个性化服务形式多样、内容丰富，以用户个性化需求为中心，发挥信息技术优势，注重与用户的沟通和交流，具有特色的个性化服务包括用户分类、档案信息处理、RSS/Atom、委托查档、预约查档、社会化媒体、研究奖学金、文件管理指导、残疾人士帮助、移动应用等。

1. 用户分类

国外高校档案网站上会根据不同类别用户不同的信息需求，针对特定的用户群开辟相关专题，满足其特定的需求，用户登录网站后只需进入网站特别定制的专题，便可较容易地获取到需求相关信息。如加州大学圣地亚哥分校在网站上针对本科生、研究生、教师、访客四类人群分别设置信息获取通道，在各专题下根据各类用户需求汇总相关信息供利用。本科生专题下设置了入门指南、学习资源、学习地点、校外获取；研究生专题下设置了研究资源、研究管理、特殊服务、学习场所；教师专题下设置了研究资源、教学资源、出版资源、出版物；访客专题考虑到访客对学校的了解有限，设置了校园方向和地图、提供服务、图书馆政策、使用和行为准则。这种分类设置有利于用户更便利地查找到相关信息，档案馆也可以更好地了解档案用户的信息需求，适时掌握用户的个人兴趣、爱好和信息利用行为。

2. 档案信息处理

为了满足用户的个性化信息处理需求，档案网站在页面提供了Save、Tag、Print、E-mail、My favorites等多个选项，当用户在浏览到有价值的信息后，可以依据个人需求选择将结果导出保存、添加标签、打印、发送到自己邮件或保存到网站提供的个人空间中，用户可以对感兴趣的档案信息进行收藏和管理，哥伦比亚大学还支持将结果导出至手机服务，结合学校推出的移动业务，可以通过手机登录档案网站、浏览档案信息。

3. RSS/Atom

RSS(Rich Site Summary，丰富站点摘要)是某站点和其他站点之间共享信息的方式，也叫聚合内容。一般用于网站定期向用户传送即时更新的定制信息，为用户提供其事先定制内容的标题、文摘和获取全文的网址，并自动更新。用户借助支持RSS的阅读软件，在不打开网站页面的情况下就可以直接浏览传送的相关信息。由于受不同操作系统的支持，目前有RSS1.0和RSS2.0。Atom是RSS的替代格式，只是支持者是Google和Six Apart，原理和RSS相似。目前RSS和Atom是描述Blog网站主题和更新信息的主要方法。国外高校档案网站上都提供了RSS服务，如华盛顿大学档案网站提供的RSS服务，用户可以根据自己的兴趣通过定制馆内新闻和最新入馆资源的动态，网站提供可供订阅的信息列表，用户可以根据各自兴趣定制相关主题信息，网站还为用户提供专用阅读器下载，方便用户及时获取所需信息。

4. 委托查档

档案部门提供的查档服务，由于档案的性质决定了必须在馆内进行查阅，针对一些利用者由于个人原因不能亲自到馆，哈佛大学图书馆推出了委托查档服务，利用者可以通过学生工作处的研究服务网站委托在校学生代为查阅，为了使图书馆掌握利用者的委托进展，需要先在网站上注册，然后提交委托时间和委托事项，以及查阅资料相关的研究项目情况，最后在线支付一定费用，服务一个小时35美元，支付完成后网站会在三个工作日内反馈为您服务的学生信息，这样就可以在不亲自到馆的条件下，进行委托查档，极大地方便了利用者。

5. 预约查档

国外每个高校图书馆众多，分散在学校的各个角落，有些拥有多个校区的高校，图书馆间距离更是跨越城市，利用者查阅资料极为不便。墨尔本大学图书馆推出的预约利用系统Aeon就极大地改善了这种不便，用户只需在预约系统进行注册后，提交需求档案，工作人员就会在约定时间将档案放在阅档室，由于馆藏位置的不同，不同档案获取到的时间也不同，如珍本和大学档案馆档案在前一天零点前预约，第二天上午10点就可以拿到，Grainger博物馆的档案由于地理位置原因需要十个工作日才能拿到，珍贵音乐档案需要三个工作日，珍贵印刷件需要两个工作日，超过75年历史的学生证档案，档案馆可以直接将扫描件远程发送给用户账户，用户还可以在系统中对自己的历史申请进行管理和浏览。

6. 社会化媒体

Web2.0社会媒体工具在国外使用极其广泛，高校档案部门也积极引入，为开展宣传、发布信息、用户交流拓宽渠道，Twitter、Facebook、YouTube、Tumblr、Instagram、Pinterest、LinkedIn、Snapchat等社交网络在国外高校档案网站上利用十分普遍，每个高校都同时支持4项以上的社会化媒体交流渠道，如牛津大学档案网站上同时提供了6种社交媒体，使得信息传播范围大、覆盖面广、影响力大。

7. 研究奖学金

档案信息只有开发利用起来才能发挥其作用和价值，国外高校十分注重档案信息资源的开发利用，通过各种途径鼓励利用者查阅利用馆藏资源，并为利用者开展科学研究提供个性化的定制服务，如加州大学洛杉矶分校（UCLA）图书馆设置多种奖学金项目鼓励利用者对馆藏各种资源开展研究利用，Barbara Rootenberg图书馆研究奖学金，用于奖励利用馆藏中关于医学和生命科学方面的档案，每年奖金 1000 美元，Barbara Rootenberg 是 UCLA 的一名图书馆学的女校友，也是一名世界知名的古文物书商；Ahmanson 研究奖学金，用于奖励利用中世纪和文艺复兴时期专著和手稿开展研究的项目，每个月奖励 2500 美元（最多三个月），奖学金由 UCLA 中世纪和文艺复兴研究中心管理，档案管理员会向开展研究的利用者提供主题分析、档案查询、信息分析等服务。

8. 文件管理指导

文件管理是指对进馆前的文件进行保管、利用和处置的全部活动，文件管理的状况直接决定了归档档案的质量。国外分散式的档案管理体制，导致很多档案分散在机构或个人手中，这决定了档案部门开展文件管理指导的必然性。国外高校档案部门的规定归档范围基本局限在行政部门的文书档案，学院和研究机构的档案都由本部门保管，并且文书档案由行政部门按照档案馆的归档要求，整理、装订后经档案部门检查验收直接进库，这决定在高校档案部门开展文件管理的必要性。40 所国外高校档案部门都有提供文件管理指导、咨询的服务，并设立了专门的文件管理办公室。如英属哥伦比亚大学档案馆的文件管理办公室，旨在帮助学校所有学院和员工提高文件管理质量，并兼顾成本效益，以保证文件管理的安全和规范。文件管理办公室提供一系列免费的文件管理指导服务，包括帮助各学院确定各自文件管理的重点和方法，协助学院编制文件管理规范和文件管理项目合作，指导学院对文件进行整理、保管、确定保管期限、处置，开展调研确定各部门有哪些类型文件等；同时还开展有偿文件服务，如文件销毁服务，根据不同载体如纸质、CD、DVD 等进行收费。

9. 残疾人士帮助

国外档案部门秉持以人为本的服务理念，兼顾各种类型用户需求。残疾人士由于行动不便，来馆查档有诸多不便，因此档案部门在网站上对残疾人士有专门的利用指南。如麻省理工学院的残疾人士服务中，在检索资源、借阅资料、扫描文件等方面都有详细说明，如果有任何困难都可以找图书馆管理员寻求咨询，工作人员都将热心提供帮助，对残疾人士可利用的软硬件设施也都具体介绍了方法和地点。斯坦福大学也专门设置了针对行动不便人士查档的服务，可以向图书馆工作人员寻求帮助，也可以通过在线获取，网站上还对所有图书馆的电梯情况和残疾人专用道、专用设备进行了说明。这一举措充分体现了国外高校的个性化服务、人性化关怀。

10. 移动应用

移动互联网环境下催生了多样化的手机应用服务,这为各种信息服务提供了新的机会。当前移动信息服务已经广泛应用于各个领域,人们在日常生活中越来越依赖移动平台获取信息。国外高校图书馆也顺应潮流、抓住机遇,探索移动图书馆的应用。国外高校图书馆主要以 WAP(无线应用协议)和智能手机 APP 为核心来提供移动信息服务。40 所高校图书馆都建设了移动网页,其中提供 APP 下载的高校有 31 所,占总数的 77.5%。如麻省理工学院图书馆提供多种 APP 下载,如 Dropbox 可以将电脑上的文件同步到手机上,ToDo 可以浏览项目、目录、借阅信息等,LogMein Ignition 可以远程连接电脑,同时网站还提供了一些信息管理和编辑的 APP,这些 APP 均同时提供 iOS 和 Android 两种版本下载。普林斯顿大学提供 iOS 和 Android 移动大学 APP 下载,图书馆的移动服务作为其中一部分。移动图书馆提供的服务主要包括:信息发布,包括图书馆地点、开放时间等;图书馆新闻、讲座、展览信息等;信息检索,包括数据库信息检索、馆藏资源检索、馆内软硬件资源查询等;个性化定制服务,包括我的账户,通过个人账户,用户可以在移动设备上进行图书资料预约、续借、查询、新闻定制等操作,参考咨询服务等。

二、国外高校档案信息个性化服务借鉴

由于政治、经济、社会、文化现状的不同,我国与国外高校档案信息个性化服务存在固有的差异性,但他们在服务理念、服务资源、服务方式等方面优势明显,体现了一定的科学性和先进性,其经验值得我们借鉴学习。

1. 积极转变观念、树立以人为本服务理念

档案信息个性化服务的内涵决定了服务的开展必须将"以人为本、用户至上"作为工作的出发点和归宿点,并将这一理念贯穿信息服务的各个环节。国外高校档案档案信息个性化服务处处体现以人为本的理念,档案部门各项服务功能和设施的设计与安排兼顾各种类型用户的需求,创建人性化的档案信息利用环境,依据用户特点提供个性化服务。我国高校档案部门应积极转变观念,创新思想,树立以人为本、以用户为中心的服务理念,在充分利用信息技术的基础上,主动挖掘用户的潜在档案信息需求,依据用户的类型、需求、背景,从不同角度、不同层次开展服务。

2. 丰富优化馆藏、建立特色专题数据库

国外高校档案部门对档案资源的建设在保证量的基础上,以特色化、优质化为方向,以用户的需求为指标,多渠道多范围开展资源体系构建,馆藏资源研究性和阅读性并存,特色优势明显,在此基础上根据用户需求、充分发挥馆藏特色资源优势,建立多种类型、主题特色数据库,并通过各种途径、措施鼓励用户开发利用专题数据库,实现馆藏档案价值。我国高校应积极学习国外经验,在丰富馆藏的基础上,注重馆藏建设的特色性、优质化,多途径开展资源建设。信息化环境下,利用信息技术的优势,对馆藏资源进行整合优化,在建设好目录数据库和全文数据库的前提下,加强专题数据库的构建,结合自身优势突出本校特色,建设可靠性、完整性、有效性、特色性于一体的专题数据库。

3. 发挥主观能动性,创新深化服务方式

国外高校档案部门能够积极主动开发馆藏资源,挖掘馆藏特色,结合用户需求提供多类型、多层次的个性化信息服务。国外网站大多根据不同类型的用户,不同的利用内容和层次,设置不同的检索入口,提供不同的利用信息,使各类型用户信息获取更便捷高效。同样,RSS订阅、标签、评论等满足用户个性化需求的措施,也在网站上得以普及,用户可以随时对有兴趣的信息进行保存和管理,使得用户对信息的获取更具主动权。我国高校档案部门个性化服务形式仍比较单一,缺乏创新型的服务方式,因此为了充分实现档案信息资源的价值,档案部门应集思广益,加强服务创新,根据用户不同的信息需求,有针对性地提供个性化服务,实现服务形式多元化。

4. 借力技术优势,拓宽与用户交流渠道

为全面了解档案用户的利用需求,档案部门需加强与利用者之间的沟通交流,设置多种方式的沟通渠道,以不断改进工作,提升服务质量。社会化媒体和移动应用在国外高校档案网站的广泛应用,使得用户与档案部门的交流渠道十分顺畅,高校网站都同时提供Facebook、Twitter、YouTube等多种社会化媒体及手机应用APP,用户可以随时随地使用档案信息服务,并和服务人员取得联系,极大地方便了用户利用,由此拓宽了交流渠道,提高了与用户的互动程度。我国高校档案部门应积极借助信息技术优势,充分利用社会化媒体平台,通过贴吧、论坛、微博、微信、移动APP等多种途径开展档案宣传,与用户交流,收集用户反馈,以不断丰富个性化服务手段、提高个性化服务质量。

参考文献：

[1] 留勤,张元建.网络环境下个性化档案信息服务的继承与发展[J].档案与建设,2005(11):24-26.

[2] 陈定权.RSS/Atom：提高图书馆服务水平的新技术[J].图书馆学研究,2005(3):21-23,97.

[3] Harvard University Libraries. Research at Harvard Libraries[EB/OL].[2017-05-30]. https://research.hsa.net/products/1-hour-of-research-at-harvard-libraries.

[4] UCLA Library. Short-Term Research Fellowships[EB/OL].[2017-05-30]. http://www.library.ucla.edu/special-collections/short-term-research-fellowships.

[5] University Records Management Office. About Record Management[EB/OL].[2017-05-30]. http://recordsmanagement.ubc.ca/.

[6] MIT Libraries. Services for persons with Disabilities[EB/OL].[2017-05-28]. http://libguides.mit.edu/c.php?g=176047&p=1160370.

[7] MIT Libraries. APP for academics: mobile web sites&apps[EB/OL].[2017-06-03]. http://libguides.mit.edu/apps?_ga=2.184393892.386813570.1500171897-1694612163.1498486214.

高校数字档案信息服务方式探究

王兴娅　张菱菱　（南京中医药大学）

摘要：本文在论述高校数字档案信息服务方式的内涵及开展必要性的基础上，构建了由业务性服务、个性化服务、增值性服务组成的"一体两翼"的高校数字档案服务方式，对传统档案信息服务进行了创新。

关键词：高校；数字档案；服务方式

网络技术的普及使得信息的传递更便捷、用户的信息需求更强烈，这使得传统高校档案服务面临新的挑战，也为高校档案服务工作的发展带来了新的机遇。数字化环境下，为促进高校档案工作更好地服务高校教学、科研及师生和社会，高校档案部门必须以信息技术为依托，实现档案信息服务方式的创新，从社会和学校的多重需求出发，以多种服务方式和手段实现高校档案信息资源的共享，促使档案服务利用方式向多途径、高效率、更便利的方向发展。

一、高校数字档案信息服务方式

1. 高校数字档案信息服务方式的含义

高校数字档案信息服务是指在高校档案信息资源数字化的基础上，高校档案部门利用计算机、网络等现代信息技术向用户提供档案信息和服务的活动。服务方式是指为了满足服务需求、实现服务目的而采取的各种手段和途径。传统的高校档案信息服务方式主要是档案部门通过档案查阅、档案证明、档案展览、档案咨询等方式向用户提供纸质档案的利用。随着数字化校园的推进，数字档案成为馆藏档案的重要组成部分，数字档案服务方式也在数字化和网络环境中孕育而生，高校档案部门应顺应发展需要，创新档案服务方式，以档案用户的需求为出发点，以最快实现档案信息的传递为目标，使得服务更便捷、更高效开展。

2. 高校数字档案信息服务方式的特点

高校数字档案信息服务方式具有智能化特点，数字环境下高校档案部门可以借助计算机对信息资源进行智能检索、分析、处理,根据档案的内容特征在档案之间建立起联系,构成相互关联的数据库,用户通过在线检索可以迅速查找到所需相关信息,大大提高了的查阅效率;高校数字档案信息服务方式具有多样化特点,数字档案信息服务有别于局限性的传统纸质档案服务方式,经历了从Web1.0时代的主页和门户网站到Web2.0时代的博客、搜索引擎、社交软件等现代化传播媒介的广泛应用,数字档案信息服务的手段越来越多元化、智能化,服务方式也愈发多种多样。

二、高校数字档案信息服务方式开展的必要性

数字档案信息服务方式的有效开展可以充分满足高校档案用户对档案信息的个性需求,使信息的传递不受时空的限制;可以改变高校档案馆传统的被动服务观念,有利于提升档案馆的服务层次;可以扩宽校园文化的影响辐射面,为和谐校园文化的弘扬和传承提供更便捷的载体。这种现代化的网络服务模式,突破档案信息传递的地域、时间限制,用户随时随地都可以通过网络查询所需信息,最大限度地拓展了档案信息资源的利用,达到了开放式、全天候、交互性的档案信息资源共享。

三、高校数字档案信息服务方式的构建

高校数字档案信息服务方式既应当有传统信息服务在网络环境下的延伸,同时也有数字化环境下档案信息服务方式的创新。在明确高校数字档案信息服务方式特点的基础上,笔者认为可以将其概括为"一体两翼"的服务方式——业务性服务、个性化服务、增值性服务。业务性服务是传统档案服务在网络上的拓展,是高校档案馆的基本职能,是主体服务方式;个性化服务是发挥网络优势,满足用户个性化需求的创新形式;增值服务是深度挖掘档案信息潜在价值,高层次的服务形式。这二者是对主体服务方式的补充和完善,三者共同构成多层次、逐级推进的档案信息服务方式。

1. 业务性服务

高校数字档案信息业务性服务多数是高校档案部门在传统环境下就一直提供的,只是在网络环境下,借助档案网站的平台优势,在服务范围和深度上有所延伸或拓展,主要包括信息发布、信息检索、网上展览、咨询服务、用户信息反馈、档案统计和教育培训。

1）信息发布

在网站上发布档案馆相关信息，是开展档案宣传、普及档案知识的重要途径。发布的信息应该包括档案馆简介、利用指南、规章制度、学校和馆内新闻、编研成果、表格和软件下载等，还可摘取其他有价值的档案信息发布档案网站上。通过信息的发布使用户对馆藏情况、利用事宜等都有较为详细的了解，为服务工作的开展提供便利。

2）信息检索

档案信息检索是档案服务的核心。档案检索查询方式包括目录检索和全文检索两种方式。档案部门应加快数字化进程，对重点档案进行全文扫描，使更多的档案可以在线全文检索。网站上应能够提供基本检索和高级检索两种检索方法，以满足利用者对档案数据快速、准确、全面的利用查询要求。为了满足各类用户的研究需求，档案部门应通过对馆藏档案资源的整合汇编，建立多种主题的专题数据库，充分挖掘档案的信息价值。

3）网上展览

档案部门应充分发挥网络环境下受众范围广、多媒体技术支撑等优势，开展多种专题、多种类型的在线展览，借助这一平台和窗口，树立自身形象、传播学校文化。专题的内容可以包括学校发展历程、学校优势学科、知名校友、历史上重要事件、书画艺术品、代表性校园建筑、校友捐赠等，展示形式可以是图片、音频、视频等。

4）咨询服务

数字环境下的咨询服务应综合传统参考咨询和数字参考咨询的优点，结合利用各种传统和现代化的服务手段，包括电话、来函、电子邮件、留言、BBS以及各类在线实时交流软件等，档案工作人员通过与用户的实时和非实时的交流，解决其在查找档案信息过程中遇到的各种问题，帮助用户更好地利用馆藏档案资源。

5）用户信息反馈

用户的反馈是一个非常重要的环节，它可以促进档案馆改进服务。用户将档案获取和利用过程中遇到的任何问题提供给档案工作者，并提出建议和意见，将有助于档案部门更有效地挖掘其潜在利用需求，从而开展更具针对性的服务量。网络环境下档案部门应发挥社会化媒体带来的便利，通过利用基于Web 2.0技术的微博、博客、论坛等发布信息、征询意见、征集信息，形成档案信息用户与档案信息资源开发主体之间直接的、良性的互动。

6）档案统计

通过档案统计可以了解档案工作的基本情况、分析用户利用规律，以提高档案服务的水平，数字条件下的技术优势使得档案统计更加便捷、多样。档案部门通过对档案网站的访问量、用户信息反馈、用户检索历史、资源发布情况等方面进行统计，建立相应的报表，也可将有价值的利用实例编发，以宣传档案利用价值、指导用户进行利用。

7）教育培训

由于受用户的信息素质和知识背景的局限，使得用户的信息检索能力有限，尤其是面对网络环境下庞大的资源库，较快地查找到所需信息较为困难，因此档案部门有必要在网站上设置培训专栏，提供相关知识介绍。教育培训服务可分为两个层次：一是认识层面的，通过开展档案业务知识的培训，使用户对档案业务工作有一定的了解，以便在查找档案时准确辨别所属档案类别，明确表达信息需求；二是技术层面的，向用户介绍检索技术、传授信息获取的方法，逐步提升用户获取、利用档案的能力。

2. 个性化服务

不同的用户对档案信息的需求不同，使用资源的侧重点也不同。个性化信息服务就是根据用户的知识结构、信息需求、行为方式和心理倾向等，有针对性地为特定用户创造符合个性化需求的信息利用环境，为其提供定向化的预定信息和服务，包括定题服务、主动推送、个人数字档案馆和移动应用。

1）定题服务

定题服务是高校档案部门依据用户的特定需求，在了解其利用档案信息的专题范围的基础上，有计划地为其收集专题档案文献情报，编辑档案参考资料，主动协助档案用户实现其利用需求的服务方式。定题服务的主题可以是档案部门在广泛调研用户需求的基础上，预测特定用户群的重点需求自己确定的主题，也可以是用户根据自身需求委托给档案部门的主题。档案部门对完成的定题服务应及时进行总结经验、探索规律，以利于进一步分析用户需求，更好地开展编研。

2）主动推送

主动推送服务是档案部门在捕获用户基本信息的基础上，以信息推送技术为手段，主动锁定一批特定用户群，形成用户模型，掌握其兴趣喜好，主动地将用户感兴趣的档案专题信息及时推送给用户。高校档案部门进行信息推送的服务对象主要是教师、管理人员等校内工作人员，利用需求的预测，不仅要从个人角度，还要从不同的职能部门角度进行规划,如教师的教学计划、研究方向等,管理人员的岗位职责、部门和学校重大活动等。

3）个人数字档案馆

个人数字档案馆是档案部门利用计算机网络、人工智能等先进信息技术,获取并分析各个用户的背景、习惯、偏好和要求,从而为不同用户提供充分满足个体信息需要的集成性服务。个人数字档案馆应具备用户基本信息提取、访问历史和检索历史记录、需求信息挖掘等功能,并通过用户与档案之间、档案与档案之间的联系,将用户与档案信息关联起来,最大程度挖掘并满足用户需求。用户只需在服务平台上通过身份认证登录自己的个人数字档案馆即可对自己感兴趣的信息进行收藏、管理。

4）移动应用

第三代无线移动通讯技术与智能化的移动通信终端的相互融合,使得用户在任何地点都能够通过移动网络安全快捷地登录网站,实现信息的可移动、远程化获取。基于智能手机的数字档案移动应用有两种服务模式,一种是"浏览器服务模式",通过手机浏览器访问档案网站查询信息;另一种是"客户端服务模式",通过在智能手机上安装移动档案馆应用客户端,采用统一的网络协议直接读写数据库,开展移动数字档案馆服务。

3. 增值性服务

开展增值性服务是挖掘档案信息潜在价值,实现档案信息更广范围的利用。同时,增值性服务也是档案部门发挥自身优势创造收益的重要手段。虽然档案馆提供的大部分网上信息用户是可以免费浏览和下载的,但也有不少特色资源是需要用户有偿购买的,如某些档案复制件、编研成果、电子出版物等。在电子商务蓬勃发展的今天,档案馆也应紧跟潮流、把握契机,借助电子商务实现档案信息服务的商品化、市场化,不仅为利用者远程获取档案信息及其周边产品提供了极大的便利,还可以为档案馆带来资金收益,有效地拓展档案馆功能。按照档案信息加工的深度,增值性服务包括原始档案增值服务和知识服务。

1）原始档案增值服务

原始档案增值服务通过对具有市场需求的档案信息进行整合、加工、编研,并将档案产品提供给用户。高校档案馆馆藏档案中包含大量本身就具有较大利用价值和欣赏价值的档案,如专业试题、教学笔记、照片、视频、校庆纪念品等,档案部门可以直接在网站上提供相关档案的复制件、相册、DVD、礼品等,用户可以通过汇款、电子支付等方式下载或购买所需商品;对于用户的专题利用需求,档案部门可以对相关档案整理、汇编成参考资料或公开出版的图书,并在网站上提供获得渠道,供用户的便捷利用。原始档案增值服务的重点是全面分析用户的多样化需求,对学校的特色档案进行收集并建立特色资源数据库,以满足社会档案信息需求。

2) 知识服务

数字档案信息知识服务是在传统数字档案信息服务的基础上发展起来的高层次的数字档案信息服务,以用户信息需求为驱动,通过对数字档案资源的知识挖掘、组织和开发形成知识产品提供给用户,以帮助用户解决现实问题,促使档案资源增值的全部过程。高校档案的知识属性决定了档案部门对档案开展知识挖掘、提供知识服务的可行性。知识提供的系统性、专业性,决定档案知识服务仅仅依靠档案工作者是不够的,还必须依靠具有相关知识背景的专家团队作为咨询顾问,组成服务团队开展知识服务。知识服务的对象主要是学校师生和社会企业。

(1) 面向学校师生的知识服务

面向学校师生的知识服务主要是满足他们在教学、学习、科研等活动中的研究性需求。对于这类档案需求,档案工作人员需要广泛收集有关领域的档案资源,进行分析、归纳、总结,建立各学科的专业知识库,在此基础上根据用户的具体研究主题,在该领域的专业人士协助下提出有效的解决方案,遇到一些重大的科研项目,档案工作人员还应参与其中,充分了解课题背景、具体要求、项目内容等信息,制定个性化的服务方案和检索策略,并不断将与项目有关的最新知识信息推送给用户,做到从项目开始到结项的全程服务,提高专业知识服务的完整性、系统性,保证服务效果。

(2) 面向社会企业的知识服务

面向社会企业的知识服务主要是满足他们在开发新产品、采用新工艺、引进新方法、制定发展战略等活动中的科技信息需求。高校档案馆馆藏的科技档案中蕴含了丰富的、新颖的科技信息,是指导企业开展实践的重要理论基础。针对企业的知识服务既可以为企业提供竞争情报,又可以将高校科研成果转化为现实生产力,从而服务社会,是激活科技档案利用的有效途径。对于这类档案需求,档案工作人员应在与企业详细沟通的基础上确定其具体情报需求,在科研成果所有者的授权指导下提供相关知识,开展知识服务。高校档案部门向社会企业提供切实所需的各种科技成果知识服务,为学校与社会之间的信息沟通起到牵线搭桥作用,促进学校科研成果的社会化推广。

四、总结

现代信息技术和网络技术的普及,使得数字档案信息成为高校档案资源的重要部分。高校档案部门如何更好地开展数字档案信息服务,并不断创新服务方式,满足用户持续增长的信息需求,是当前以及今后高校档案部门仍需不断探索的重要课题。

参考文献：

[1] 王冬梅,张瀚文.试述高校档案工作服务模式的创新[J].兰台内外,2010(4):33.

[2] 邱家琴.信息化背景下高校档案馆信息服务策略研究[D].哈尔滨:黑龙江大学,2010.

[3] 陈国容,丁立新,喻玲.高校数字档案资源开放与服务利用模式研究[J].兰台世界,2009(6):28-29.

档案知识管理流程比较分析

贾 玲 （中国矿业大学）

摘要：档案知识管理是近年学界研究的重要领域，其中，档案知识管理流程是研究探讨的核心问题之一。档案知识管理流程主要是对档案中蕴含的知识进行获取、组织、创造与共享等系列活动，它与知识管理流程及传统档案管理流程之间存在相似之处，但亦存在深刻的不同。

关键词：档案管理；知识管理流程；档案信息化；档案知识获取；档案知识组织；档案知识创造；档案知识共享

档案知识管理是近年学界研究的重要领域，其中，档案知识管理流程是研究探讨的重要问题之一。知识管理的核心流程主要为知识获取、知识组织、知识应用、知识传递与共享、知识创新，档案知识管理流程与知识管理流程及传统档案管理流程之间存在相似之处，但亦存在深刻的不同。

档案知识管理可分为两个层次：一是针对档案机构自身工作实践而实施的知识管理，二是将档案管理纳入档案形成单位整体知识管理范畴的档案知识资源管理。这两个管理层次在涉及的机构、人员、职能目标、适用的知识管理理论内容等方面都有所不同。基于档案知识管理的"层次性"特征，笔者认为档案知识管理应主要针对档案中所蕴藏的显性知识。档案机构针对自身工作实践所实施的知识管理，包括对档案人员隐性知识的管理，其重要性相对较低，原因在于：实施知识管理是高投入的管理活动，在当前档案管理机构人员规模及业务复杂程度的前提下，根据投入产出效益比，并不具备突出的迫切性和必要性。对于档案形成单位工作人员的隐性知识管理，应为档案形成单位的知识管理的工作内容，而不属于档案知识管理所探讨的范畴。因此，档案知识管理流程主要是指对档案中蕴含的知识进行获取、组织、创造与共享等系列活动。

---

* 本文是2014年江苏省档案局科技项目"信息化条件下档案业务流程再造研究与案例分析"的阶段成果，项目编号2014－14．

档案知识管理流程与传统档案管理流程及知识管理流程存在相似之处,但亦存在深刻的不同,认识这一点,对更好地研究和开展档案知识管理具有指导意义。

一、档案知识的获取

由于档案知识蕴含在档案载体之中,所以档案知识获取是指,通过专门的方法,运用专门的技术手段,对档案载体上所记录的信息内容进行分析,从中提取知识,并转化为一特定计算机表示的过程。

档案知识获取与档案收集不同。关于档案的概念,《档案法》第二条规定:"本法所称的档案,是指过去和现在的国家机构、社会组织以及个人从事政治、军事、经济、科学、技术、文化、宗教等活动直接形成的对国家和社会有保存价值的各种文字、图表、声像等不同形式的历史记录。"知识与档案是不同的,知识属于意识形态的范畴,"知识是无形的。知识有时会表现在书本或软盘等各种载体中,但多数时候往往是个人或组织的一种能力、一种象征性的符号,或员工头脑中迸发的一个创意"[1]。档案属于物质形态与意识形态的综合范畴,即档案是信息内容及载体共同所构成的统一体,档案离不开信息内容,其所含的信息内容也不能脱离档案的载体而孤立存在。[2]知识与档案的不同,决定了档案知识获取也不同于档案收集。传统的档案收集即指将文件材料从其形成部门,通过归档程序集中到档案部门保管的过程,因此,完成了档案收集只是实现档案物质载体的集中保存,并不意味着完成了档案知识的获取。

档案知识获取与知识获取不同。实施知识管理的组织,都强调知识获取,它与档案知识获取也是不同的。

获取的渠道不同。一般意义上的知识获取强调从组织外部环境中获得知识并使之能够为组织成员今后使用。如,从组织外部获取数据集、获取许可的专利与流程、利用竞争情报获取贸易秘密、举行外部调查、从专业文献中收集建议等。而档案是组织内部显性知识的载体,所以档案知识获取的渠道主要在于组织内部,即主要是从组织自身所形成的档案中获取知识。部分档案学者指出,也应适当从组织外部获取相关显性知识,或对组织成员的隐性知识进行挖掘,作为获取的档案知识的补充,但从整个档案知识获取工作来看,这只占其中的一小部分。

获取的知识类型不同。在多数组织中,显性或已识别的编码知识仅仅是"冰山的一角",传统信息系统部门主要处理高度结构化的数据,而这些数据所占的公司信息还不到5%[3]。所以,除了获取显性知识外,获取隐性知识是知识获取十分重要的内容,有学者甚至指出获取隐性知识比获取显性知识更为重要。由于隐性知识通常是只能意会不能(或难以)言传的知识,因此,隐性知识获取比显性知识获取要困难得多。获取隐性知识的方式主要有访谈、行动学习、标杆学习、分析学习、经验学习等,虽然方式不同,但它们目的相似,即使得隐性知识在个人、组织之间相互交流,从而达到提高组织中个人及整个组织知识技能的目标,可见获取隐性知识最重要的成果是完成了从隐性知识到显性知识的交流与升华。而档案知识获取主要是一种显性知识获取,它对隐性知识的获取则强调先将隐性知识显性化,即形成文件材料,从某种意义上说,这些隐性知识已经转化为显性知识了,然后才对这些显性化了的"隐性知识"进行获取。

获取的方式不同。知识获取可分为直接获取与间接获取两大类,直接获取包含一种主动参与获取企业外部知识的意识或行动,包括获取数据集、获取许可的专利与流程、获取竞争情报等活动。间接获取是通过其他间接行动来获取知识,如,在雇用员工时,公司即可以获取新进员工的知识。又如,当收购一个公司时,也意味着获取了该公司的知识资产。[4]从这一点出发来看,档案知识获取只是一种直接获取,不包括间接获取的内容。

二、档案知识的组织

档案知识的组织,实质上是利用现代信息技术把档案知识资源组织起来以供利用的一系列组织化过程与方法,它包括对档案知识本身所进行的诸如表示、整理、分类、标注、存储、揭示、控制等。[5]

可通过三种方法进行档案知识的组织:一是建立档案知识库,即从档案中获取相关知识,经编码后集中存放在一个资料库中,让具有档案知识需求的用户利用。建立档案知识库可以人工方式直接从档案原件和档案数据库中提取所需知识,但是人工方式效率较低,应着重依靠基于人工智能技术的知识组织系统来自动发现、析取海量档案数字资源中的知识单元,并自动将其组织进档案知识库。[6]二是开发档案知识地图,即帮助档案用户知道在哪儿能够找到所需档案知识及相关隐性知识的知识管理工具。由于知识地图在管理知识方面的显著作用,应该在档案知识管理中积极运用知识地图工具,它将起到多方面的作用,如有助于促进档案知识共享和创新,促进组织隐性知识的挖掘与应用及组织人力资源管理等。三是建立档案知识管理系统,即整合档案信息、知识与系统,并能提供档案知识资源单一访问入口和进行档案知识管理的综合应用系统,它是为档案用户提供方便及时的信息访问与支持的单点存取软件系统。档案知识管理系统具有档案信息集成管理与档案内容管理,为档案用户提供个性化服务等多种功能。[7]

三、档案知识的创造

档案知识创造是在现有档案知识资源基础上开发、导出、产生新知识的过程。

档案知识创造不同于档案知识创新。创造是想出新事物,创新是做出新事物。档案知识创新是指将基于档案产生的新知识应用到产品、服务等实际工作中去,它涵盖了从知识产生到知识利用的整个过程。由此看来,档案知识创造是档案知识创新的核心组成部分。档案知识创造仅仅是新知识的产生,并不包括新知识的利用。然而,没有被利用的"知识"是没有价值的,也就不能称为知识,只能算是信息。因此,在档案知识创造的基础上,档案部门应主动与外界沟通,推介档案知识创造的成果,努力促进档案知识创新,这样才能真正实现档案知识的价值。

档案知识创造与传统的档案编研有相似之处,都是基于档案实体所进行的档案信息资源开发工作,但两者又存在差异。档案编研"是以馆(室)藏档案为主要对象,以满足社会利用档案的需要为主要目的,在研究档案内容的基础上,编辑史料,编写档案参考资料,参加编史修志,撰写专门著述"[8]。其中,编辑史料(含现行文件汇编)是一次编研,即把档案材料按照一定特征选编成册;编写档案参考资料是二次编研,即根据一定专题,把有关档案材料内容加工编写成系统材料;参加编史修志和撰写专门著述是三次编研,即通过研究档案材料,发现历史真相及规律性认识,其成果是著作、论文、研究报告、作品、产品、商品等。

不难发现,一次编研忠实于档案原文,不包含基于原始档案信息(知识)产生新知识的过程,因此不是档案知识创造;而二次、三次编研不是提供档案原件,或直接根据档案复制副本、摘录,它需要对档案内容进行研究,并通过分析、综合、推导而产生新的认识,是一种知识创造活动。档案编研主要是从显性知识到系统化显性知识的过程,档案知识创造活动不限于此,它还包括显性知识与隐性知识之间的转化过程,可见档案知识创造与档案编研互有交叉,但互不完全包含。

知识转化是一种知识创造活动,它是指隐性知识与显性知识在个人、团队和组织层次之间的相互转化,知识转化的模式主要有社会化、外部化、组合化与内部化四种。社会化是指从隐性知识到新隐性知识的转化,它是通过共享经验来创造新隐性知识的过程。外部化是把隐性知识表述为显性知识的过程。组合化是指通过对显性知识的收集、整理、组合、编辑或处理,把显性知识转化为更加复杂和系统化的显性知识的过程。内部化是指显性知识到新的隐性知识的转化。

档案知识转化是基于存量档案知识资源而进行的知识转化活动,因此,档案知识转化模式主要应为组合化和内部化。组合化是指基于现有档案知识资源生产出新显性知识的活动,如通过研究档案文件内容、对档案数据库进行挖掘等活动,将发现的重要信息(知识)消化吸收,形成未来工作计划、组织发展战略、研究报告,或撰写专著等。内部化是指基于现有档案知识资源生产出新隐性知识的活动,如通过阅读、研究档案文件内容或参观档案展览等活动,增加个人相关认识,进而使得个人头脑中的隐性知识得到升华与提高。

至于社会化和外部化,可以作为前两种档案知识转化模式的补充,如档案部门可以利用多种方式促进员工隐性知识显性化,形成文件,并归档,不断丰富档案知识资源,为档案知识转化创造更好的基础。但是,笔者认为档案知识转化的目标主要是使已有的档案知识资源得到更多的开发与利用。因此,社会化和内部化不是档案知识转化的主要形式。

四、档案知识的共享

知识共享是指员工个人的知识财富,包括显性知识和隐性知识,为组织中其他成员所共同分享的过程。档案知识共享主要是"档案知识"这种显性知识的共享,它是指经过系统组织、整理的档案知识资源通过各种方式为人们所共同分享,从而转变为组织或社会知识财富。[9]

安德森提出了导入知识管理的实际执行的公式:$KM=(P+K)^s$,此公式被称为知识管理第四原理,它对于档案知识共享同样适用(见图1)。公式中,"P"表示人员(People),包括与知识传播、分享有关的组织内外的个人、部门成员,不仅包括档案管理服务人员,即档案利用服务的供给者,而且包括档案利用服务的需求者,即服务对象查阅档案的人,还包括档案知识利用的其他人员。"+"表示IT信息技术,"K"表示知识(Knowledge),包括个人知识和组织知识。"S"表示共享(Sharing),就是社会和公众有权依法知晓、利用档案信息和知识。[10]

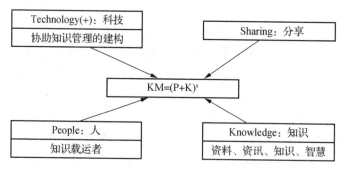

图1 安德森知识管理导入执行模式

资料来源:陈柏村《知识管理——正确概念与企业实务》(第二版),南京大学出版社2007年,第70-71页。

"S"居于指数位置,充分说明共享对于发挥档案知识价值的意义,档案知识只有通过共享,使其被多数人所掌握,成为组织知识财富或社会知识财富,才能形成不断创造新知识的螺旋上升过程,增强组织乃至整个社会的创造力,使档案知识创造出更大的价值。

档案知识共享与档案利用在本质上都是一种档案服务工作,但两者又有所不同。传统档案利用服务侧重于提供档案原件或档案复制件,以档案用户到档案部门查阅为主,辅以电话、传真、电子邮件查询等。其服务手段较为单一,服务方式受制于档案实体的客观状态;在服务目标上,凡客观上提供了档案原件或复制件服务的,都是档案利用。档案知识共享则脱离档案载体的束缚,以计算机编码的档案知识信息为具体服务内容。借助现代信息技术工具,档案知识共享的方式多种多样,如在线查询、信息推送、信息订制等。在服务目标上,档案知识共享是将档案知识传递给知识接受者且被接受者吸收的过程,强调用户主体上确实吸收了档案知识,因此,提供档案利用并不意味着完成了档案知识共享。[11]

综合来看,档案工作在实施知识管理时,不能"神化"知识管理,进而将知识管理对显性知识和隐性知识管理的理论全部照搬过来。档案知识管理流程具有自身的特殊性,与知识管理流程及传统档案管理流程皆具有相似及相异之处。

参考文献:

[1] 盛小平.知识管理:原理与实践[M].北京:北京大学出版社,2009:30.

[2] 张兰月.档案工作中的知识管理分析[J].河南职工医学院学报,2010(2):236.

[3] 盛小平.知识管理:原理与实践[M].北京:北京大学出版社,2009:91.

[4] 盛小平.知识管理:原理与实践[M].北京:北京大学出版社,2009:91.

[5] 贾玲.论档案知识组织的方法[J].兰台世界,2012(7):31.

[6] 王应解.档案知识组织初探[J].档案学通讯,2008(2):26.

[7] 贾玲.论档案知识组织的方法[J].兰台世界,2012(7):32.

[8] 陈兆祦.档案管理学基础(第三版)[M].北京:中国人民大学出版社,2005:281.

[9] 贾玲.论档案知识共享的方式[J].兰台世界,2012(2):63.

[10] 周媛.基于知识管理原理的档案利用服务研究[J].南京理工大学学报(社会科学版),2010(2):112-113.

[11] 贾玲.论档案知识共享的方式[J].兰台世界,2012(2):63.

拉贝纪念馆:和平形象的传播者

杨善友 (南京大学)

摘要: 南京大屠杀期间,德国人拉贝设立"南京安全区",其留下的《拉贝日记》也成为南京大屠杀的重要史料。位于南京大学校内的拉贝纪念馆(附属南京大学档案馆)自开放以来,举办了一系列宣传、教育、研究、交流等形式的公共外交活动,提高了知名度,增强了国际影响力。拉贝纪念馆作为日军南京大屠杀主题馆,是日本侵华战争的历史见证;拉贝纪念馆也是中德友好交流的结晶,承载着两国人民的友好情谊。拉贝纪念馆通过举办活动,赞扬作为和平勇士的拉贝,解读具有和平宣言式的《拉贝日记》,契合了当今世界和平的主题,顺应了时代发展的潮流。笔者通过梳理拉贝纪念馆利用馆藏档案举办的主要活动及其国际影响,让无言的档案充分发挥其文化价值;希望通过档案如何经世致用的个案研究,在档案同仁面前起到抛砖引玉的作用。

关键词: 拉贝纪念馆;档案;价值

2014年3月,国家主席习近平在访问德国期间发表演讲时说:"德国人说,山和山不相遇,人和人要相逢。中国人民同德国人民有着悠久交往历史和深厚友谊。此时此刻,我不由得想起了一位中国人民爱戴的德国友人,他就是拉贝。70多年前,日本军国主义侵入中国南京市,制造了屠杀30多万中国军民的惨绝人寰的血案。在那个危急关头,拉贝联络了其他十几位在华外国人士,设立了'南京安全区',为20多万中国人提供了栖身之所。拉贝在日记中详细记录了大屠杀内情,成为研究这段历史的重要证据。……中国人民纪念拉贝,是因为他对生命有大爱、对和平有追求。"习近平主席的讲话,不仅赞扬了拉贝的国际人道主义精神,表现了中国人民对和平的追求,展示了中国的和平外交形象,而且也肯定了拉贝纪念馆在利用档案传播中国和平形象中发挥的重要作用。

一、拉贝纪念馆举办公共外交活动

拉贝纪念馆自对外开放以来,举办了一系列宣传、教育、研究、交流等形式的公共外交活动,提高了知名度,增强了国际影响力。到目前为止,拉贝纪念馆接待了包括德国前总统、日本驻中国副总领事等国内外参观者近20万人。为了方便说明,以下仅从拉贝纪念馆举办的活动中选取两个例子加以介绍。

1. 举办国际和平学术研讨会

2010年6月8日,拉贝纪念馆主办的"纪念拉贝逝世六十周年暨国际和平学术研讨会"在南京大学召开。来自德国、加拿大、日本以及国内部分高校的120余名专家学者参加了会议,并围绕国际和平问题进行了长达3个多小时的热烈研讨。南京市委宣传部副部长王嵬,德国驻上海领事馆总领事海盾,西门子(中国)有限公司副总裁、南京大学拉贝基金管理委员会主任委员王伟国,扬子石化—巴斯夫有限公司总裁布铭邦,博西家用电器(中国)有限公司副总裁魏博等出席开幕式。周宪校长助理代表南京大学致辞说,今年是拉贝先生逝世六十周年,本次会议主要是为了纪念以约翰·拉贝为首的南京安全区国际委员会成员,弘扬国际人道主义精神,呼唤世界和平与和谐。王嵬副部长在讲话中说,拉贝先生扶危济困、救苦救难的正义善举,七十多年来一直广为传颂。拉贝纪念馆和交流中心正式对外开放以来,充分发挥了作为宣传教育与文化交流平台的作用,对进一步缅怀拉贝先生仁爱之心、促进世界和平与人类文明进步,产生了积极的影响。海盾总领事在致辞中说,本次活动的举办不只是纪念过去,对未来也有很大启迪意义。他还深情回忆了二战期间德国犹太难民逃往中国上海避难的情景,并对中国人民当时的救助善举表示感谢。

2.《拉贝日记》电影媒体发布会

2009年4月14日下午,"拉贝日记重返南京/重返历史"媒体发布会在南京大学拉贝纪念馆召开。南京电视台著名节目主持人大刚主持了这次媒体发布会。《拉贝日记》电影主创王中磊、国内主要演员张静初(金女大学生扮演者)、李明(拉贝司机扮演者),介绍了电影拍摄感想,国内外60多家媒体记者出席会议并分别采访了他们。会议还邀请拉贝纪念馆建设与管理资金捐资单位的代表及当年被拉贝保护过的幸存者代表出席了发布会。《拉贝日记》是唯一一部得到中国官方授权,由外国导演拍摄的南京题材影片。这一战争史诗大片的全球首映式于当地时间2009年2月7日在柏林电影节举行。由于影片正面表现了南京大屠杀的历史事实,因此剧组在寻找相关日本演员时遇到了很多困难,最后还是香川照之勇敢地迈出这一步。他说:"在日本没有多少人知道约翰·拉贝,这是个很复杂的电影,表现了很多面,但我愿意把它介绍给日本观众。"影片的中国制片方华谊兄弟总裁王中磊表示:"制片和出品《拉贝日记》这部影片是中国电影人的荣耀所在。电影由之前的《约翰·拉贝》更名为《拉贝日记》也是考虑到这部作品在中国民众中的崇高地位。希望在电影暑期档公映时,铭记南京历史的中国观众能从那段惨烈历史中感受到人性的温暖,从中国民众的顽强不屈中获得力量。"

二、拉贝纪念馆的国际影响

中国外交部部长王毅在回答关于有人将目前中日关系比喻为第一次世界大战时的德英关系时说,与其拿一战前的德国做文章,不如以二战后的德国为榜样。中日关系、中德关系以及德国和日本对二战截然不同的态度在拉贝纪念馆都可以得到充分的体现。拉贝纪念馆作为日军南京大屠杀主题馆,是日本侵华战争的历史见证;拉贝纪念馆也是中德友好交流的结晶,承载着两国人民的友好情谊。

1. 拉贝纪念馆成为南京大屠杀的历史见证

2013年12月26日,日本首相安倍晋三悍然参拜供奉有14名二战甲级战犯的靖国神社。之后,少数日本右翼分子又一再恣意歪曲历史,在南京大屠杀死难者人数上做无谓的文章,甚至妄图否认南京大屠杀这一历史事实。如此等等的错误行为不仅粗暴地践踏了中国和其他亚洲战争受害国人民的感情,而且引起了国际社会的高度警惕。为此,中国外交部外国记者新闻中心和江苏省外办联合组织包括美国有线电视新闻网、美国《华尔街日报》、英国路透社、法新社、日本《朝日新闻》、日本时事通信社、韩国联合通讯社等26家媒体45位外国驻华媒体代表,赴南京大屠杀遇难同胞纪念馆、南京市档案馆、拉贝纪念馆及抗日航空烈士纪念馆实地参观采访,亲身感受历史真相。2014年2月20日上午9时许,记者一行来到位于南京大学校园内的拉贝纪念馆。为了让国际社会更多地了解日本侵华战争的历史真相,认清日本军国主义企图复活的本质,拉贝纪念馆除向记者们介绍了常规展示内容外,还从档案柜里将几种馆藏档案第一次完整地展示出来。其中主要包括:拉贝的《轰炸南京》书稿、南京大屠杀史料集和南京大屠杀全史以及拉贝故居保护的难民名单。

在本次近三个小时的活动中,拉贝纪念馆始终以史料展示为主线,以档为证,用事实说话。各种介质历史档案的立体展示在媒体代表中产生了强烈的反响。来自俄通—塔斯社的记者马利宁·安东(Marinin Anton)、英国《每日电讯报》的童飞(Phillips Tom)说:"之前从没听过约翰·拉贝的名字,这次参观和采访给我们留下了很深的印象。"美国有线电视新闻网(CNN)记者查理(Miller Charles)和麦大伟(McKenzie David)表示:"南京大屠杀遇难人数是一件令人痛苦的事实,不应该在政治上再引起更多的争论。"约翰·鲁魏奇(John Ruwitch)当日就在英国路透社的新闻网上以"中国敦促日本正视南京大屠杀历史"为题进行报道。《大公报》记者李理在2月21日发行的《大公报》上,以"揭开伤疤认识中日历史与今天"为题,对记者一行在南京的参观活动进行了报道。同时,随报纸还附有一份李理写给拉贝馆的亲笔信,信中写道:"作为长期报道中国外交政策的记者,我十分感谢你们对历史严谨和负责的态度。愿真理永远战胜谎言。"就此次参观活动,外交部发言人华春莹24日介绍说:"正如不少外媒报道评论所指出的,面对这么多有力史实,如果日方仍试图抵赖,不思悔改,不仅世人无法理解,也会使国际社会对日本未来走向感到忧虑。"华春莹最后强调:"历史不可忘却,只有正视历史,以史为鉴,才能面向未来。"

2. 中德友谊的历史见证

建筑是凝固的历史,也是时代的缩影。拉贝先生本着人道主义精神,给中国人民以保护和救济。滴水之恩,涌泉相报。在拉贝先生最困难的时候,中国人民也向他伸出了援助之手。1938年2月,拉贝奉调回国。不泯的良知仍驱使拉贝先生在德国继续揭露日寇在南京的滔天罪行,遭到纳粹的威胁与迫害,晚年的处境极其艰难。拉贝的遭遇传到南京后,当时的中国政府并没有忘记这位曾被难民敬奉为"活菩萨"的国际友人,想方设法提供各种帮助。由一市议员提议成立的拉贝劝募委员会向银行、钱业、大商店及地方慈善机构和当年受救济保护的市民劝募,不几日便募得1亿元,按市价折成美金2 000元,辗转汇至德国援助拉贝。由于德国战后状况恶劣,任何可供食用之物均加以限制,有钱也买不到食物。南京市长沈怡在1948年3月得悉此讯后,以最迅速的方法,在瑞士购买4大包食品寄交拉贝,以表示南京市民对他昔日义举的感谢。正是这些食品,帮助拉贝一家渡过最为艰难的"柏林危机",给衰龄暮景中的拉贝先生以安慰。

在拉贝纪念馆开馆当日,面对承载着中德友谊的拉贝纪念馆,专程前来参加开幕式的中德双方贵宾感慨万千。拉贝先生之孙,海德堡大学医学教授托马斯·拉贝先生在祖父的雕塑前献上了一捧鲜花。他说:"祖父约翰·拉贝一直是全家人的榜样,他在二战期间保护中国朋友的勇敢行为,尽了一个人应尽的责任。祖父一生在中国待了三十年,他热爱中国,了解中国,所以才会冒死帮助中国朋友。"他真诚地说:"祖父能拯救超过25万人的生命,是有了南京安全区国际委员会所有国际友人的支持才得以实现的,这是国际和平人士的共同行动,而非个人行为。拉贝故居将作为中德友谊的载体,为人们理解和记住历史的真相、避免冲突做出贡献。"德意志联邦共和国驻上海总领馆芮悟峰总领事说:"我们带着尊敬和谦卑的心情怀念约翰·拉贝先生的事迹。尊敬,因为他在正确的时间做了正确的事情,冒着生命危险,向需要帮助的人们伸出援手。谦卑,因为在此不久之后,带着德国名义的罪行发生了,在这位'南京好人'的行为上投下了长期的阴影。我们可以公正地为这样一个曾经生活在南京的德国人而感到骄傲,他在艰难的时候留了下来,以保护他的中国朋友。还能找出比约翰·拉贝更好地代表中德友谊的事例吗?"

三、产生国际影响的原因

形式是为内容服务的。拉贝纪念馆之所以能在国际社会上产生重大的影响,主要是因为其举办不同形式的活动反映了和平的内容,满足了世人对和平的需求。今日世界虽以和平为主流,但依然因为种族、宗教、集团利益等问题而产生局部战争、暴力冲突和恐怖事件。为了解决这些冲突,还有人主张要采取以暴制暴的方式。这就使原本复杂的矛盾雪上加霜,给这些地区的人民带来深重的灾难。拉贝纪念馆通过举办活动,赞扬作为和平勇士的拉贝,解读具有和平宣言式的《拉贝日记》,契合了当今世界和平的主题,顺应了时代发展的潮流。

1. 拉贝是和平勇士

拉贝的身份虽然是一位普通的商人,但在人类受到战争威胁的时候,毅然决然挺身而出,发挥了他和平外交家的潜力,向世人展示了和平勇士的形象。在日军占领南京之前,大多数外国人都选择离开了。拉贝拒绝了政府、公司以及家人和朋友要其离开的请求,勇敢地和受难的中国人民站在一起。此时的拉贝扮演了和平使者的角色。为了尽量避免不必要的牺牲,他在中日间进行穿梭式外交。通过对双方军事力量的对比,拉贝帮助委员会提出了一个和平建议,试图说服作战双方同时放下武器。1937年12月9日,由委员会主席拉贝签名的一号和二号电文分别传给蒋介石和东京及上海的日本当局,建议"在城内不采取军事行动。为了达到这个目的,委员会建议南京附近的所有武装力量停火3天,在这3天内,日军在现有阵地按兵不动,中国军队则从城内撤出。考虑到大量受到危害的平民的困境,委员会请求立即对此建议表态"。日军攻占南京后,为了安全区能更好地发挥救助难民的作用,委员会极力呼吁平民,甚至劝说被困南京的中国士兵放下武器,进入安全区避难。作为安全区委员会主席和纳粹党地方小组的领导人(这个头衔对日本当局来说还是有分量的),拉贝频频写信给日本大使馆,通报日军的残暴行为;利用防空洞和纳粹党旗帜警告日军轰炸机;利用纳粹袖标和他德国人的身份阻止武装到牙齿的士兵。即使在战后给他子孙的信中,他也明确告诫后人不要互相仇恨和复仇。他说:"对暴行可以宽恕,但不可以忘却。"这就是拉贝先生的和平观,正是由于这种博大胸怀和悲天悯人的精神,拉贝先生成为南京大屠杀中的保护神。

2.《拉贝日记》是和平宣言

从1937年9月19日到1938年2月26日这段时间里,拉贝每天以战时日记的形式,记录下他的所见所闻,《拉贝日记》是日军暴行的逐日编年史。正如西班牙裔美国哲学家乔治·桑塔亚娜指出的那样:"忘记历史的人必定要重蹈覆辙。"从这个意义上说,《拉贝日记》不失为一本和平宣言。

1996年12月12日,拉贝的外孙女乌苏拉·莱因哈特在纽约向世人首次公布《拉贝日记》。日记的公布立刻引起世人的广泛关注,《人民日报》从1996年12月24日至28日,对《拉贝日记》进行长篇连续报道。自1997年8月开始,《拉贝日记》先后在中国、德国、日本、美国和英国出版了中文版、德文版、日文版和英文版。大约2 100页的日记记载了南京大屠杀的500多个惨案。在写作日记的同时,拉贝还精心地保存了多份报告、公函以及80多张现场拍摄的照片,并对这些照片作了翔实的说明。胡绳在《拉贝日记》的序言中说道:"《拉贝日记》是近年发现的研究南京大屠杀事件中数量最多、保存得最为完整的史料。"拉贝的祖国在二战中是日本的盟国,他本人又是纳粹党南京小组的负责人,这就使他的记述具有别人难以替代的特殊作用。拉贝站在中立的立场上,让事实说话,对中日交战双方的实际情况和政治是非作了客观公正的评价。南京大屠杀是人类历史上最残忍的暴行之一,记录这段历史,防止此类事件的再次发生,也是对人类和平的巨大贡献。

拉贝是维护国际和平的杰出人物。2009年10月,拉贝成功入选百年来最受中国人民爱戴,与中国缘分最深的"中国缘·十大国际友人",仅位于白求恩之后,名列第二。拉贝之孙托马斯·拉贝也因此在人民大会堂受到全国政协主席贾庆林的接见。昔日的拉贝故居经历了鲜血与战火的洗礼,如今的拉贝纪念馆结出了仁爱与和平的硕果。随着被列入全国文物保护单位、国际和平博物馆,拉贝纪念馆在国际舞台上频繁发出和平的声音,体现了中国人民对和平的追求,已经成为中国和平形象的重要传播者。

发挥档案独特优势 不断提升育人水平

李 莉 钱杰生 （东南大学）

> **摘要**：高校档案浓缩了高校历史文化的精华，高校档案有着"存凭、留史、助教、育人"的作用。本文从档案的特点、功用出发，分析新形势下国内高校档案馆要发挥育人功能的必然趋势，探讨高校档案馆发挥育人功能的措施。
>
> **关键词**：高校档案馆；育人

高校的根本任务是培养人才，高校内各组织无疑要为这一根本任务服务。高校档案馆丰富的馆藏凝结了学校的历史文化和人文精神，记录了学校的发展历程，从一开始就具备了文化传承、管理育人、服务育人的基本条件。国家档案局局长杨东权在2012年12月25日召开的全国档案局长馆长会议上，提出了档案"存凭、留史、资政、育人"的作用。作为高校档案工作者，尤其要对档案的育人功能予以足够的重视和挖掘。在知识经济新形势下，传统的高校档案馆应更新理念，构建新模式，拓展档案馆的育人功能。这是高校档案工作者的新使命，也是高校档案事业发展的新机遇。

一、丰富的馆藏资源是育人的基本条件

1. 档案本身的特点决定育人的先天条件

档案故事真实可信，说服力强，档案材料直观形象，吸引力强，档案文化内涵深刻，感染力强。这些特点让受教育者既看得见又摸得着，比抽象空洞的教材更具说服力，档案教育不仅可以"入耳""入眼"，更可以"入脑""入心"，使正确的思想观点和道德品质进入到大学生的心灵。利用档案真实性、直观性、文化性等特点，吸引学生热爱档案并从中感受校园文化氛围，既可增强学生自豪感，又可激励学生不断循着档案中主人翁的足迹前进、奋勉求实、刻苦读书。

2. 丰富的档案资源是对学生进行政治思想教育的优秀教材

学校的发展历史是一部奋斗史，集中体现了老一代教育工作者的光荣传统和

伟大精神;折射了优秀教育工作者伟大的奋斗精神,是对干部群众进行理想信念教育、革命传统教育、爱国主义教育和思想道德教育的最生动、最丰富的教材。

高校档案真实地记载着学校的发展历程,浓缩了高校历史文化的精华,具有丰富的文化、知识、思想、历史内涵;是对学生进行理想信念教育、校史教育、人文教育、科技教育等的现实资源,对于帮助学生树立理想信念、弘扬优良传统起到固本清源的作用,高校档案理应承担重责。

我国的档案凝聚了中华民族的传统文化精华,对中华民族的文化承袭和心理培育有着不可替代的重要作用。中国的许多历史名人,特别是近、现代史中的许多历史名人,其成长的摇篮是高校,如清华、北大等一些历史悠久的高校,也因培育出了诸多历史名人而增光添彩。利用高校档案馆保存的大量的历史知名人士珍贵资料的优势,以名人如何立志报国并把个人价值的实现与祖国的需要紧密联系起来,如何把自己宏大的理想和眼下脚踏实地的奋斗紧密结合起来的事例来教育引导大学生,定会收到良好的效果。

许多得天独厚的条件,决定了高校档案馆是对学生进行思想政治教育、人生观教育的重要阵地。

二、做好档案馆育人的几个关键问题

1. 提高档案馆员的育人意识

高校的档案管理人员要树立爱岗敬业的思想、创新的服务理念,在服务中兢兢业业、勤勤恳恳,充分发挥档案馆作为第二课堂在素质教育中的作用,使大学生受到直接的或潜移默化的教育和鼓舞。档案工作者的工作态度、工作效率等都直接关系到思想政治教育的成效,他们的言行可以发挥榜样示范的作用。例如,平时做好基础工作,能够快速提供服务,给人一种敬业高效的印象。再如,微笑服务和人性化服务,体现了以人为本的服务理念。所有这些良好的行为直接发挥榜样的作用,在服务中实现育人的目的。

高校档案馆要加强自身的教育职能,不能把高校档案馆仅仅定位在只是为师生提供信息服务的地位,而不是教育工作本身。改变过去那种认为档案馆只是教学、科研工作的延伸和补充,其教育职能是辅助性的、间接的、被动的,与课堂教学无法相提并论,忽视馆员的教育职责的做法。要加强对馆员的业务、政治学习,充分利用集体学习时间,加强馆员思想政治教育,树立全员育人意识,明确馆员的工作目的,即不仅服务育人,更要教育育人。

强化馆员的育人意识,使馆员明白自己首先是老师,具有与任课教师同样的

"传道授业解惑"的育人职责。要求馆员在做好服务工作的同时,积极投身到学校整体的教育活动中去,以自己独特的工作方式、思维方法、知识结构、人生观、价值观、人格素养等魅力,在潜移默化中向大学生传递昂扬向上的思想、信念,从而达到塑造大学生健全人格的目的。

加强对员工思想意识和工作技能的培训,指导员工如何从事档案教育工作,构建强大的档案利用体系。

2. 以制度保证育人功能的顺利实施

制度是高校档案馆办馆理念、办馆传统的外在形式。一流的制度对培养一批优秀馆员使之成为高校档案馆建设的核心力量,对弘扬优良传统、树立良好馆风、培育档案馆精神起着政策导向和制度保证作用。

1)以章程确保档案馆的育人功能

改变因循守旧的工作作风,全面提升档案服务水平。目前而言,国内不少高校档案馆仍然重收藏轻利用。高校档案馆的工作十分繁重,档案管理人员每天埋头苦干整理库存,完成日常规定的学籍档案、科研档案、个人档案等的查询和利用工作,他们以为这就是档案工作的全部,却忽略了高校档案馆十分重要的育人功能。管理人员未能把教育的理念贯彻到日常工作中,高校档案的教育意义并没有得到有效发挥。档案育人以学生为主体,以档案管理人员为主导,管理人员的意识形态和个人素质对档案教育的成效起着最直接的影响作用。为保证育人工作的有效开展,高校档案馆应把档案育人的职能写入档案馆章程,以制度确保育人功能的实现。

2)建立馆员档案育人评价制度

建立良好的育人评价体系,增加育人指标权重。高校档案馆应把馆员的德育水平、德育能力作为评价馆员工作成绩的一个指标,并与馆员的职称、职务、聘任相挂钩。在知识经济时代,大部分馆员都能在档案馆的规章制度监督与激励下,主动发挥管理育人、服务育人的作用。但在市场经济的冲击下,目前高校档案馆仍存在着只重视馆员科研能力、管理能力、服务技能,而轻视馆员育人能力的情况,有馆员为了自身的利益,不顾档案馆规章制度,不注重德育能力的提高。因此,有必要把馆员的德育水平、德育能力列入考评的指标体系,作为馆员职称升迁、福利待遇发放的参考依据。

3. 建立高效档案利用体系是发挥档案育人功能的前提

高校档案种类繁多,使用复杂,涉及学生的档案业务在学生就业、出国留学、用人单位核对毕业证、核对学位证、出示业务证明等方面发挥很大作用,这需要学校档案管理部门根据服务对象的不同需求,突出工作重点,加强主动服务,建立一站式服务窗口,以满足广大师生的档案利用需求,更好地发挥高校档案的独特作用。这些工作,服务效率的高低,对学生的教育意义特别重大。

4. 加强与学生相关的档案收集、整理与反馈工作

高校档案馆中有学习档案、生活档案、科研档案、校史档案和人物档案。

学生档案信息的记载是零星的、日积月累的,分布在学校不同部门,有时连当事人都会忘记。如果不把这些档案信息归拢反馈给当事人,则起不到激励和警醒学生的作用。因此加强档案信息的收集、反馈工作就显得十分重要。

(1) 专业教师应定期、有针对性地到学生之中去,指导他们建立各自的特色档案,让每一位同学都能在专业上发挥自己的特长。

(2) 各系学生工作办公室应利用各种渠道把学生在学校的档案信息收集起来,归纳整理,放入学生个人档案内,以作为学生该学期个人操行评比的材料之一。

(3) 以学校的规章制度和个人档案作为依据,分别找有关学生谈话,提醒他们注意相关问题。如有可能要留级的学生、有可能拿不到学位的学生、有可能减免处分的学生、有可能作出成绩的学生,通过谈话使每个学生都看到自己的成绩和不足,明确努力的方向。

5. 做好编研工作,增强学生使命感

档案信息内容丰富,但信息原始状态的分散性导致其利用起来比较困难。要使高校档案的育人作用获得有效的发挥,应注意档案信息的编研与开发,做到"细化收集、电子整理、深化检索、强化服务"。充分挖掘档案的人文精神,编辑出版物,举办展览,把具有教育意义的素材主动公布出来,如档案信息的专题开发,可进行校史专题、校貌专题、名人专题、教学专题、科研专题等方面的开发。编研成果可以是图书、录音录像、幻灯、电影电视片等多种形式。所有这些编研成果都是为青年学生所喜闻乐见的好教材。这样,有利于激励学生继承严谨治学、艰苦奋斗的好传统,不断开拓创新;有利于学生增强对学校的自豪感和为学校发展作贡献的使命感;有利于学生牢固树立专业思想,勤奋学习。

6. 加强宣传工作,引导学生形成档案意识

档案意识是大学生的基本素质之一。要让学生在大学四年的学习中形成应有的档案意识,了解与己有关的档案怎么查、到哪儿查,学生档案无论是就业、考研、出国留学,还是以后工作调动、户籍迁移、职称评审、工资调整,都将是重要依据和

凭证。学生档案在现阶段称之为学籍档案,毕业工作后就正式转化为干部人事档案。档案跟我们关系密切,如影相随,一定要有档案意识,避免档案丢失,给今后工作和生活带来不必要的麻烦。

要利用宣传专栏、校刊杂志、网站、晚会等各种渠道,加大对档案工作的宣传,扩大档案工作的影响力,以开创档案事业在教书育人工作的新局面。

三、发挥档案特点,创新高校档案的育人模式

1. 举办各种专题展和常规展,展览育人

开展图文并茂、实物与讲解配套的各种专题展览,如校史展、荣誉展、校友展、名人珍贵档案展。这种方式既可以常年展览,供领导、兄弟单位、本校师生及外宾参观,也可成为每年新生入学教育的一部分。让新生对学校历史有所了解,利用档案馆所保存的本校培养出来的伟人宗师、专家学者、劳动模范、社会名流的资料,教育引导大学生继承和发扬革命传统,弘扬本校优良的校风、教风和学风,使之成为学校师生和外来人员了解学校的一个窗口。这不失为一种爱国、爱校教育的好方式。

我校每年吴健雄馆有大量学生前来参观,吴健雄班的学生必定参观。我校校史展览馆向全体师生、校友展示了学校的历史变迁、学科沿革、名人名师的学术成就与多彩人生,收到了良好的效果。面向全体师生开放的校史馆已经成为以名人档案为纽带的德育第二课堂,对学生今后成才发展具有意义深远的启迪和激励作用。

2. 充分利用现代信息工具,网络育人

档案资源是网络育人的好素材,网络是工具,档案是资源。利用网络技术展示档案信息是发挥高校档案育人功能的重要手段。目前有不少高校已着手建设数字化档案馆,力求档案信息利用的最大化,把各种可以公开的教学、科研、基础数据、大事记等最有价值的档案信息资源的数据库放在校园网上,供广大师生和社会各界查询和利用,实现档案资源共享。高校档案的信息数字化建设,既拓宽了高校档案的时空界限,又增强了高校档案的育人效果。

信息多样化增强了档案育人的吸引力和实效性。网络多媒体技术对档案的育人形式产生了巨大影响。高校档案馆作为高度发达的信息网络上的重要平台,在发挥凭证、参考作用的同时,正在变为一个集获取知识、接受教育、休闲与相互信息交流为一体的多功能场所。档案工作者可利用网络这一便捷的工具,采取丰富多

样的手段,把教育的形式精彩化,教育的对象扩大化,把高校档案馆建设成为一个提供信息交流、传播文化的教育基地。

3. 鼓励学生亲身参与档案管理,直接育人

勤工俭学是学校教育活动的重要组成部分,采用勤工俭学的方式,带动学生参与档案管理工作,是档案教育最直观的一种方式,往往能够取得立竿见影的教育效果。这些学生亲自参加到学校档案馆的建设、数据库建设,参加到档案宣传工作中,既锻炼了他们的沟通能力、工作能力,也培养了他们自强、自立、自信、团结协作、无私奉献的精神,从而实现了大学生健全人格的塑造。

东南大学档案馆平均每年招募近百人参与档案馆的日常工作中,包括校史馆、吴健雄纪念馆解说员志愿者队伍。这项活动架起了档案馆与大学生之间广泛沟通的桥梁。

四、小结

兴人、兴校,离不开对历史的总结,教育工作者应努力从学校的发展历史中汲取营养。而"以史为镜,教化育人",对于从事档案工作特别是高校档案工作者来说,责任更为重大。让校史从尘封中走出来,从档案柜、故纸堆中走出来,为育人所用,为发展所用,这是高校档案工作的活力所在,是档案工作者的使命所在。

参考文献:

[1] 档案资源建设与校园文化建设[EB/OL]. http://archives.seu.edu.cn/.
[2] 韩贵文. 高等学校办学特色与高校档案[J]. 兰台世界,2010(20):30 - 31.
[3] 张家英. 谈高校档案育人的特点[J]. 兰台世界,2005(5):62 - 63.
[4] 陈小春. 高校档案利用中存在的问题及思考[J]. 兰台世界,2012(14):44 - 45.

高校档案网站信息服务水平调查与分析
——基于江苏省普通本科院校档案网站的调研

王 玮 （河海大学）

摘要：本文通过在线调研的方式了解江苏省普通本科院校档案网站信息服务情况，分析当前高校档案网站信息服务现状，总结经验，发现不足，为高校档案信息化建设工作提供参考借鉴。

关键词：高等院校；档案网站；信息服务

网络已然成为新时代信息交流和资源共享的重要平台，档案管理部门为突破以往"重保存轻利用"的工作局面，纷纷建立档案网站，拓展传统服务方式，在更广泛的领域里，面向更多的利用者提供更加便捷高效的信息服务。作为对外宣传窗口的高校档案网站，通过优化整合档案信息资源，来服务于学校的教学、科研和党政管理工作，满足师生及社会公众的档案信息需求。为掌握我国高校档案网站信息服务发展水平，笔者通过互联网对江苏省内普通本科院校档案网站建设情况进行了在线调研，重在发现问题，总结经验，希望对全国高校档案网站建设工作提供借鉴参考。

一、调查对象说明

笔者于 2013 年 9 月 23—27 日通过中国教育在线（http://www.eol.cn/）查找江苏省普通本科院校共计 57 个，又通过访问院校网站首页来查找其档案网站，其中金陵科技学院龙蟠学院与金陵科技学院共用一个学校首页，因而本次调查对象总数确定为 56 个。其中，建站院校有 26 个，其余未建站院校有 22 个，另有 8 个军事院校因涉密无法通过互联网查找相关信息。另外在笔者调研期间有 2 个院校档案网站无法正常访问，因而实际访问数为 24 个（如图 1）。

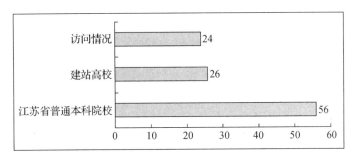

图1 江苏省普通本科院校档案网站建站与访问情况(单位:所)

二、调查项目设置

本次调查主要采用直接访问高校档案网站主页的方式进行,通常查看到三级页面。调查项目包括以下四方面。

1. 宣传推广

通过网站平台展示实体档案馆(室),宣传档案管理工作,包括机构概况、工作动态、库藏介绍、特色档案展览。

2. 网上办公

网上办公指高校借助网站完成部分档案工作环节,进而提高管理效率,提升服务效益。就我国目前档案信息化建设发展水平来看,档案网站网上办公功能主要集中体现为文件发布和信息采集两个方面,前者是顺向对外的,后者是逆向对内的。文件发布,即通过网站发布档案工作政策制度、法规标准、管理规章等,对档案工作进行政策引导与规范。信息采集,即借助档案网站办理具体业务,服务对象包括档案形成者和利用者。

3. 检索查询

检索查询指档案利用者通过网站在线查询,就可以找到所需档案目录或全文信息。这种自助服务,不需要档案利用者亲自到实体馆(室)内查询,打破了档案利用的时空限制,是档案网站功能建设的主要内容,也是评判档案网站信息服务水平的重要指标。具体可以从检索方式与检索深度两方面考察。一是检索方式,即档案网站向用户提供哪些检索渠道,主要有浏览检索、基本检索和高级检索。二是检索深度,即档案网站将查询结果以何种方式呈现给用户,包括目录级和全文级,前者提供档案目录信息,后者提供档案全文信息。

4. 交流互动

交流互动指高校档案网站是否开辟专门的版块或栏目,供用户与档案人员联系交流,以便于及时了解用户需求、解答疑问、排除使用障碍,也利于用户深入了解档案网站相关情况。档案网站的交流互动形式丰富多样,目前使用较普遍的有网上调查、在线咨询、论坛互动、邮件发送及电话连线等。

三、调查结果分析

1. 宣传推广重机构轻资源

高校档案网站的宣传推广多侧重于实体馆(室),而忽视对库藏档案资源的展示。调研中机构概况、工作动态实现率均为100%,且占据网页主要板块,但存在发布内容陈旧、更新不及时的情况。而库藏介绍的实现情况则不尽理想,虽有19个网站发布了库藏情况,但只简单说明数量和种类,并没有介绍各类型档案详细情况,甚至有的用一句话就概括了库藏状况,对于利用者来说信息量几乎为零。特色档案展览实现率最低,为37.50%,仅有9个高校通过网站展示其库藏珍贵档案(如图2)。

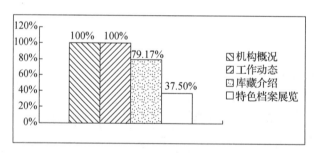

图2 江苏省普通本科院校档案网站宣传推广情况

2. 网上办公多文件发布少信息采集

调研发现,文件发布功能在高校档案网站已全部实现,发布内容为国家、地区档案工作方针政策和法规标准,以及本校档案管理规章制度。而高校档案网站的信息采集功能建设程度较低,多数高校甚至都未开通信息采集渠道,其网上办公仍停留在发布文件、下载表格层面。

就面向档案形成者的业务指导来说,高校档案网站通常是以发布归档范围、归档文件整理细则及下载相关表格方式实现的。例如,南京医科大学提供了党群、行政、教学等各类型档案归档范围与整理细则,提供归档电子文件规范格式与归档进度表下载,也有高校提供了针对校内专兼职档案员的业务培训教程。

就面向档案利用者的业务办理来说,大部分高校档案网站提供了档案查阅、成绩单办理、学历认证等服务项目及办理流程说明。只有南京大学、东南大学、南京信息工程大学开通学位论文上传通道,实现了真正意义上的信息采集功能。此外,南京信息工程大学还开设了预约服务申请系统,可以网上预约成绩翻译、在线填写申请单、查询受理状态,利用该系统用户只需轻点鼠标就能够轻松办理业务,极大节省了用户使用成本,提高了服务效益。

3. 检索查询服务仍未普及

笔者逐一访问并试用各高校网站的检索查询功能后发现,只有6个网站检索查询功能可正常使用,另有9个网站的该功能因建设完善或访问权限设置而无法深入调研,还有9个网站未设置该功能。因而,高校档案网站检索查询功能实现率仅为25%。从检索方式来看,只有5个网站提供两种或两种以上检索窗口,方便用户根据自己的使用爱好自主选用。在检索深度方面,有2个网站只可检索到档案目录信息,其余4个网站则可查询到档案目录和全文。

4. 交流互动方式单一且流于形式

在24个网站中,有5个不提供任何形式的交流互动,占比20.83%。其余19个网站中,提供网络调查的1个,提供在线咨询的4个,提供论坛互动的1个,邮件发送和电话连线提供网站各有15个和17个。总体来说,高校档案网站向用户提供的交流互动方式还相对单一,且多流于形式,互动次数与频率屈指可数,没有真正发挥沟通档案工作者与用户的交流平台作用。

四、提升高校档案网站信息服务水平的几点思考

1. 转变思想,树立用户至上的服务理念

我国档案网站已经从最初宣传展示功能扩展到提供档案信息查询服务,实现了从静态网页到动态网站的转型,逐渐成为档案信息网络传播的一个重要平台。高校档案网站建设也应紧随时代潮流,转变思想,创新观念,秉承以人为本的宗旨,树立用户至上、服务第一的工作理念,将满足用户需求作为出发点,围绕用户信息需求开展档案网站建设工作。

将用户至上的服务理念贯彻到高校档案网站建设中,具体体现为:一是网站建立应以用户需求为导向,高校档案机构可对本校档案用户信息需求和使用习惯进行调研、分析,结合本校实际情况设计网站栏目内容。二是网站要体现易用性,栏目板块的安排要提供网站地图引导用户,对于检索工具要配有使用说明指导用户,同时提供必要的站内与站外检索口,方便查找。三是要重视与用户的交流互动,要开设多种渠道与用户沟通,对于用户的反馈意见与建议要及时有效地进行处理回复,力求在与用户的互动中增强档案网站信息服务功能。

2. 重构内容,整合高校档案信息资源

高校档案网站作为信息服务类网站,充足的档案内容信息是其灵魂和核心。档案网站应不断加强内容建设,只有提供丰富的信息资源,才能引起访问者关注和带给利用者方便,从而实现其自身的价值。

(1) 高校档案机构要加快馆藏档案数字化进度。馆藏档案数字化,是高校档案信息资源的构成主体,其数字化结果就是建立各类目录数据库或全文数据库。鉴于经费有限,各高校档案机构应遵循"利用优先、分步实施"原则,结合馆藏特色及本校档案利用需求特点,优先将珍贵照片档案、重要纸质档案和利用率较高的部分档案数字化,建立各类专题数据库,如教学、科研、基建、声像等目录数据库,以及具有高校特色的基础数据库,如学生成绩档案数据库、学位论文数据库、科研成果数据库等。

(2) 高校档案机构要加强电子文件管理工作。在明确学校现有数字资源状况的基础上,建立电子文件目录体系,开展网上归档业务,方便校内各职能部门将电子文件定期或实时归档;实施电子文件前端控制与全程管理,保障电子文件的真实性、完整性与有效性;以元数据为基础,建立电子文件管理机制,实现电子文件管理与档案网站的一体化无缝衔接,方便与其他数据库的信息交换。

(3) 高校档案机构要利用网络平台积极开展编研工作。高校档案机构要加强与校内各部门单位的信息互通与交流合作,实现信息共享,为档案编研提供丰富的资源素材。编研人员要利用网站与用户互动交流,掌握用户信息需求,及时调整编研方向和内容,使编研成果更加符合用户个性化需求。同时利用现代信息技术,把各种载体如图片、影像、声音等档案材料依据其不同需要进行组合排列,制作成形式更多样、品种更多元的档案编研成果,并通过档案网站提供给用户[1]。

(4) 高校档案机构要构建特色档案栏目,凸显网站资源优势。特色档案集中体现了档案机构的库藏特殊性,对用户具有新颖性和吸引力。高校档案网站应发挥资源优势,充分利用馆藏特色档案,创办网站特色栏目,如与校史馆合作,将学校老校址和创办者的照片、搬迁等历史档案传到网上,也可与二级学院、重点实验室

等单位合作,将学校特色专业和重点实验室科研成果、获奖作品在网上展览,也是对学校多角度、全方位的展示[2]。

3. 创新技术,完善档案信息检索服务

面对用户日益多元化的信息需求,各高校档案部门应立足用户需求,着力构建高性能、高效率的信息检索工具,提升信息检索服务质量。

(1)高校档案网站应加快步伐,拓展数字化档案信息范围,将档案目录信息和全文信息上传网络,构建网上档案信息资源数据库,从源头上解决检索面窄、资源匮乏的问题。

(2)高校档案网站应丰富检索工具类型,提供如复合式检索、站外检索和站内检索等多渠道检索,从而满足用户的个性化需求,使得检索变得更加人性化。

(3)高校档案网站要提供适合用户的检索结果处理方式。每个人都有各自的需求与喜好,应根据用户的信息需求和使用习惯,提供更合适的选取方法和排序原则,使用户的多样化需求得到满足。

(4)高校档案网站要提供必要的检索实例或查询导航。对于初次使用档案检索系统的用户来说,提供检索实例能够最直接有效地帮助其在短时间内掌握查询要领,也避免新用户因不熟悉检索工具使用方法而失去浏览网站的兴趣[3]。

参考文献:

[1] 卢森林,吴丽华.基于高校档案网站平台下档案编研工作的思考[J].兰台世界,2012(4):45-46.

[2] 熊欢欢.高校档案网站信息资源建设研究[J].秘书之友,2011(5):27-29.

[3] 秦美峰.基于我国高校档案网站检索服务访问探析[J].科技经济市场,2013(2):7-8.

浅论新时期大学育人教育载体建设的展示特点
——以南京大学展览馆建设为例

姜 艳 （南京大学）

摘要： 本文从论述大学精神到建设大学展馆的价值与现时意义展开，强调当今世界已经从原来的工业化时代，走进了信息化时代，这一时代已经发展到全球化、高速化的阶段。其中，互联网的出现标志着人们掌握了传播速度更快、传送距离更远、信息含量更大的人类交际工具。以南京大学展览馆建设过程中运用多种展示手段为例，强调了通过对史料数字化、资源整合等方法，运用多种现代化的展示手段、互联网技术、展馆网站建设等达到仅以传统手段展示达不到的震撼人心的效果。

关键词： 展览馆；载体；大学文化；数字化；展示方式；网站

一、新时期大学育人教育载体建设的价值

1. 大学精神

大学精神是一所大学的灵魂，是一种文明素养和道德理想的综合反映，是大学人认同的精神价值与共同追求。她犹如一面旗帜，一张名片，是一个大学综合面貌的反映，她可以增强大学人的向心力和凝聚力，为一个大学的发展提供精神动力。大学精神是在历史发展过程中逐步形成的，具有一脉相承的连贯性，贯穿于一所大学的历史、现在和未来。

2. 大学是培养国家顶级人才的重地，意识形态教育是重中之重

当前国家对全社会意识形态领域的正确引导非常重视，大学是培养国家高端人才的重地，大学意识形态教育是重中之重，以何种方法开展大学生思想政治教育是大家关注的问题。以在校园内建设校史馆、纪念馆、专题馆等多种形式的文化场馆为育人载体的形式，对大学生进行爱国荣校的思想教育方面更加直观和有说服力，是增长学生正能量的一种好途径。笔者认为，这是当前高校建设众多文化场馆的价值所在，大学生思想政治工作的方式方法应该要多样性。但是，文化场馆建

设中展示方式与手段应该与时代共进,是建设过程中特别重要的环节。

3. 国际博物馆建设新理念与启示

国际博物馆协会将2013年"国际博物馆日"的主题定为"博物馆(记忆＋创造力)＝社会变革"[Museums(Memory＋Creativity)＝Social change]。国际博协总干事朱利安·安弗伦斯补充说:"博物馆坚信自己的存在与行动可以以建设性的方式改变社会,因此,将'保护'这一传统使命与培育创造力相结合以实现博物馆的更新和观众数量的增长,是博物馆正在追求的变化。"这一充满乐观的主题以方程式的形式动态地展开,聚合了当代有关博物馆的若干基本概念,凸显了博物馆的普世性质以及它们对社会的积极影响。

4. 南京大学育人教育载体——展览馆概述

南京大学是一所国内著名的百年老校,历史悠久,人才济济,成果众多。在新校区即将成为主校区之后,为了加强新校区的文化建设,展示南京大学校史沿革、学科发展历史、科研学术成果、学校知名学者和知名校友,展现南京大学精神及校园文化,我们在新校区建设了一座新馆——展览馆,馆舍总建筑面积近5000平方米,由哈佛大学建筑学系主任普雷斯顿·科恩亲自设计,设计风格独特,于庄重沉稳之中不乏现代明快的色彩,整个建筑现代气息非常强。展馆由校史博物馆、科技成果馆、人物与礼品馆、社科成果馆、台湾杰出校友特展馆和专题展馆6个主要展厅组成。因此,南京大学值得展示的内容太多,如何在有限的空间内,达到满意的展示效果,这是我们面临的重大难题。

二、大学育人教育载体建设的形式与手段

1. 现代展示手段及特点

南京大学展览馆作为南京大学校史校情宣传展示的窗口以档案史料结合原始实物、历史照片、影音资料以及重点科研项目的模拟实验模型和科研产品等内容,利用电视播放、环幕影片和异形触摸桌等现代化科技手段展示出来,摆脱了以往古板守旧的形象。目前,我们已经主要运用了以下信息化技术:

(1) 影像资料播放:在展览馆大厅利用LED大屏幕滚动播放南京大学宣传片。

(2) 180度大型环幕:请专业的技术团队,拍摄编辑了一部9分钟的影片,利用计算机、投影仪的操作方式,不仅让参观者可以在这短短的9分钟内了解到南京大

学一百多年来的历史进程,还给来访者带来了视觉上的艺术享受。该环幕被设计成一幅展开的画卷,充分利用整个播放厅的高度,结合180度弧形幕布设计将观众围绕在中心,超宽画面充满观众视野,给人以强烈的冲击感和震撼效果。观众可以利用触摸屏自由控制影片的播放、暂停、停止,互动性强。该环幕厅成为南京大学展览馆的一个亮点(图1)。

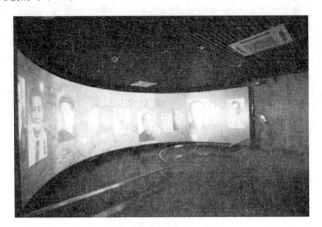

图1　南京大学展览馆环幕播放厅

(3)触摸屏技术:通过互动触摸的操作方式,以文本、图片、动画视频等多种表达方式,方便来访者获取所需展陈信息和背景资料,同时能为来访者提供亲身参与的游戏活动,以娱乐形式开展教育活动。

该触摸屏的形状是不规则的,并可以实现多点多人同时使用。触摸屏操作简单、内容丰富、界面友好、交互性强,能够加强观众参观体验感。

2. 展览馆网站建设描述

早在20世纪80年代,美国博物馆学协会在《新世纪的博物馆》(Museum of a New Century)的报告书中就明确指出:收藏是博物馆的心脏,教育则是博物馆的灵魂。随着时代的发展,现阶段高校展览馆既要保证为本校的教学科研服务,又要兼顾对外开放的原则,担负起对社会公众的教育责任。所以,为了使南京大学展览馆尽快驶入公众交流与互动的轨道,充分借助新媒体,网站建设就成为展览馆数字化建设的重要组成部分。只要网络畅通,参观者就可以自由观赏展馆展出的内容,避免了传统展览馆开馆闭馆开放时间的问题。网站的受众最大,传播面广,观赏体验方便。网站可以做到独立展出又与实体展览馆结合,具有互补的优势。

1)栏目设计

主页上设置:申请办展、地理位置、友情链接、联系我们四个栏目。首页设置:

展览、馆藏精选、新闻资讯、传播教育、交流服务、支持我们六个项目。

展览：校史博物馆、科技成果馆、社科成果馆、台湾杰出校友特展馆、专题展馆、人物和礼品馆。

新闻资讯：通知公告、新闻、焦点专题。

传播教育：教育活动、校史研究、志愿者园地。

交流服务：参观服务（馆址、开放时间、参观办法、咨询电话、仙林校区平面图、展馆平面指示图）、参观小贴士（注意事项、参观礼仪）、我馆概况、观众留言。

2）资源整合方式

（1）将展览馆的藏品实物以及校史展板、各专题展图片、重要新闻图文等数字化采集，只有这样才能做到真正的网络传播育人及互动。将藏品实物以及校史展板数字化，不能简单地理解为建立管理系统，进行计算机登录和管理而已，而是将这些内容全方位地收录，不光是其物理属性，更要包括研究成果。

（2）采访学校知名学者、校友，制作成访谈视频；收集校史人物相关材料，制作专题短片。榜样的力量是巨大的。校友，特别是知名校友能够以其高尚的品德、模范的言行、生动感人的形象对学生的言行产生深刻的影响，对学生具有巨大的教育作用和引导作用。他们的成长之路、创业过程、奋斗精神、工作业绩、人生体验是对学生进行思想教育的宝贵精神资源，是最具有说服力的活教材。对整个学校而言，校友的教育作用则表现为有助于学校形成强大的凝聚力和向心力。对外，校友就是学校形象的代言人和宣传者，具有"品牌效应"，因为他们在其岗位上的贡献和作用，体现了学校的教学水平和教学质量。

（3）展览馆是跨代人的联系纽带，南京大学展览馆维系着所有南大人的关系，延续南京大学的历史。它也是几代南大人之间对话的重要场所。因此，培养学生讲解员也非常必要。在网站上也要宣传他们和他们的讲解工作。整理和收录他们个人信息及讲解时的照片，制作成图文。

（4）请专业人员进行场景摄制，以期建设虚拟实景。

3）内容展现方式

（1）将校史人物介绍、学校知名学者和知名校友访谈、校内外知名学者讲座交流以视频形式在网络上展出。以灵活方式让大家了解和学习我校的大学精神和校园文化。制作这些视频，也是抢救遗产和征集史料的一种有效的方法。校史资料的来源相当复杂广泛，广义来讲，包括有形的资料如学校档案、校史文献、校园老建筑、校园器物等，无形的资料则有口述与音像资料等。许多涉及民生的资料分散在广大师生、校友手中，极易流失和消失，特别是年事已高的学校领导、著名教授、杰出校友等记忆之中的口述史料，亟待抢救与挖掘。

（2）以幻灯片形式展示学校展览馆藏珍品、校史展板、老照片以及各个专题展等内容。这一形式，信息量大，可以使受众者不受时间空间的限制在线了解展览馆各个主题展览内容并可以互动。

（3）将校史研究成果、校报、校友期刊、学生刊物等扫描成电子书，在一定范围内可以下载阅读。

三、结束语

南京大学展览馆作为南京大学一个重要的宣传窗口之一，在"文化即传播"的观念指导下，展览馆在策展陈列方面做了大量的传播工作，在展陈文物、展陈体系、展陈环境等方面都做了大量的工作。自出新开馆以来，接待了各地校友、国内同行和国际友人，并承担了每年本科及研究生新生入学教育，取得了各方好评。展览馆良好形象的树立，不仅可以获得公众的信任和支持，吸引了更多的观众，又可以提高展览馆及南京大学的知名度，从而吸引社会与个人的公益赞助，获得更广阔的文物校史资料的征集、校园文化及大学精神传播的途径。展览馆在推动南京大学发展方面也扮演着重要角色，对保存南京大学历史记忆和构建美好未来贡献巨大。

在新媒体语境下，展览馆形象的构建必须建立在展览馆三大功能充分发挥的基础之上，充分利用网络的功能，实现展览馆与网络的互动、网络与观众的互动，不断提高展览馆信息传播的质量和信息服务的能力，不断满足受众者的需求，从而塑造展览馆的良好形象。

在构建网站的过程中，信息资源的整合只是其中一部分工作，网站的美工设计、功能设计、数据库构建均需要系统思想的指导。网站的构建是开放性的，随着网站的不断发展，信息量越来越大，数据库的系统构建和系统管理将显得尤为重要，对未来实现数字博物馆的保存、典藏功能极为必要，也必将成为我们的发展方向。

参考文献：

[1]杨波,张琪,谢玉诚.校友——加强大学生思想政治教育的宝贵资源[J].新西部,2011(27):190,220.

安全体系

浅谈EMS转递方式对高校毕业生档案工作的影响与对策

杜 玥 （南京工程学院）

摘要：高校毕业生档案转递方式由机要通信转为EMS标准快递，对毕业生档案转递工作产生了一系列影响，本文在分析不利影响的基础上，从落实专人专管责任制、严格规范转递手续、完善继续教育机制、开设人事档案选修课等方面提出对策。

关键词：高校毕业生档案；转递；EMS；影响；对策

高校毕业生档案即高校学生人事档案，是学生毕业前家庭情况、学习成绩、政治思想表现、身体状况等情况的历史记录，是用人单位选拔、聘用毕业生的重要依据，也是干部人事档案的前身和基础。在市场经济条件下，人事档案的功能弱化是不争的事实，但是依然在转正定级、职称评定、办理养老保险、计算工龄、考研、考公务员、进入国企或事业单位工作、入团入党等方面发挥着重要作用。因此，高校毕业生档案转递工作是一项具有重要意义的工作，决不能轻视，毕业生更应妥善处理好自己的人事档案。

毕业生档案转递工作是高校在学生毕业之后，将其档案通过一定途径传递给用人单位或者新的档案主管单位的过程，由于国家对毕业生档案转递工作并没有明文规定，高校毕业生档案转递一直是参照《干部档案工作条例》，通过邮政机要通信的渠道进行转递。2007年，国家保密局、国家邮政局联合印发《关于加强国家秘密载体寄递管理的通知》（国邮发〔2007〕151号），其中明确规定："不属于国家秘密载体的不得通过机要通信寄递。"在教育部、国家保密局印发的《教育工作中国家秘密及其密级具体范围的规定》（2001年7月9日教密〔2002〕2号）中，"大学生档案"也未列入国家秘密范围当中。根据以上文件精神，中国邮政集团公司决定于2015年6月1日起停止通过邮政机要通信渠道收寄和投递大学生档案，建议广大用户选用EMS标准快递等其他方式传递。然而在实施过程中，新的转递方式却遭到了人才交流中心和高校的普遍质疑和担忧，鉴于毕业生档案转递工作的特殊性和重要性，教育部办公厅、人力资源社会保障部办公厅、国家邮政局办公室联合下发《关于高校毕业生档案转递有关事项的通知》（教学厅函〔2015〕39号），明确"2015年高等学校可通过邮政机要通信转递高校毕业生档案",同时规定"已与邮政部门签署协议的高校,毕业生档案可采用邮政 EMS 标准快递形式转递"。因此,2015 年可视为毕业生档案转递方式由机要通信转为 EMS 的过渡年,除部分涉密高校、涉密专业和到涉密单位就业的毕业生外,毕业生档案全部通过 EMS 进行转递是大势所趋。在这样的形势下,高校如何转变思维,调整工作部署,以更好地适应新的转递方式是值得探讨的问题。

一、转递方式变化对高校毕业生档案转递工作的影响

EMS 标准快递作为一种成熟的快递形式,已经运行多年且具有相对完善的管理机制和运作模式,再加上多年派送高考录取通知书的成熟经验,邮政部门也承诺并出台了相关文件保障高校毕业生转递工作的顺利进行。相信通过专用信封、邮袋和交接袋等提高大学生档案的辨识度、开辟绿色通道、用寄高考录取通知书的方式专人投递,EMS 标准快递完全可以胜任毕业生档案转递工作。EMS 标准快递与机要通信相比,具有传递速度快、查询便利等优点,登录 EMS 官方网站,输入快递单号即可实现网络实时查询和追踪,为毕业生了解档案去向、掌握档案转递动态提供了便利。转递方式变化带来的积极影响不是本文讨论的重点,在这里就不一一赘述了,本文主要论述的是转递方式变化对高校毕业生档案转递工作的不利影响,主要包括以下几点:

1. 高校毕业生档案转递的工作量增加

高校学生档案管理主要有分散分级管理和集中管理两种模式。前者即学生工作处等学生管理部门制定办法并统一组织实施管理,各院系具体管理本院系学生的档案,接受学生工作处的业务指导和监督;后者又细分为两种形式,一种是由学生工作处等学生管理部门集中管理,另一种是纳入高校综合档案管理,由档案馆统一管理。以往通过机要通信方式转递学生档案只需填写收件单位名称即可,而通过 EMS 标准快递转递大学生档案则需要按照标准快递详情单的规范要求,详细填写寄件、收件单位地址、邮政编码和联系电话。各高校的普遍做法是由各院系负责收集学生档案转递的详细地址、邮编、联系电话等信息,并按学校要求填写档案转递信息汇总表,上述转递信息一般是由学生本人提供并签字确认。实行分散分级管理的高校由各院系负责快递详情单的填写、核对和粘贴工作,集中管理的高校一般是由专职档案管理人员带领各院系负责学生档案收集和转递的相关人员统一填写快递详情单,填写后的信息核对工作往往需要进行几遍,不管是采用哪种形式,动辄几千的学生档案数量对学生档案管理者的工作都是一个不小的挑战。

2. 学生参与性增强

通过 EMS 标准快递转递大学生档案需要按照标准快递详情单的规范要求，详细填写寄件、收件单位地址、邮政编码和联系电话，各院系负责收集上述信息，并按学校要求填写档案转递信息汇总表，而转递信息一般是由学生本人提供并签字确认。大部分学生是通过网络查询获取人才中心的地址、联系电话等信息，部分学生会按照网上获取的联系方式进行电话确认。转递信息的任何一项出错，都有可能影响学生档案的投递甚至造成档案丢失，因此，毕业生必须从主观上重视档案转递工作，并确保上报的转递信息完整、准确。

3. 部分媒体的错误解读误导大众，不利于学生档案意识的培养

邮政新政出台之后，引发了媒体和大众的普遍关注，大部分媒体对其进行了真实、客观、公正的报导，但有些网络媒体的言论失之偏颇，认为"现有的学生档案管理模式，是在计划经济时代建立的，统招的大中专学生毕业后具备干部身份，会涉及工作安排、粮油票分配问题。档案中记录的信息，决定着毕业生能否有一个好的事业发展，会影响毕业生在进入机关、国企等单位工作后的成长。学生档案如此重要，所以要通过机要邮件渠道发送，或是通过专人专车派送。经过近四十年的改革开放，学生档案已经不再具有过去那样的重要性""某些高校和人才交流中心人士危言耸听"，甚至认为"毕业生档案派送方式改变的影响仅仅是神秘性降低，让负责这项工作的有关单位和人员有所失落而已"。这种不负责任的妄自揣测不仅损害了高校工作人员的形象和感情，而且会对社会档案意识薄弱的普通群众造成误导，尤其是对即将步入社会且对人事档案相关知识知之甚少的普通大学生造成严重的影响，不利于高校学生档案转递工作的开展，甚至造成更多的弃档族，损害广大高校毕业生的自身利益。

二、高校消除 EMS 转递对毕业生档案转递工作不利影响的对策

1. 重新修订学生档案管理办法，健全管理制度

鉴于转递方式变化后信息统计和核对量的增加，各高校要结合本校学生档案管理模式重新修订本校学生档案管理办法，完善和健全管理制度，从以下几个方面加强管理：

（1）落实专人专管责任制。各高校应根据学生实际数量在各院系配备 1－2

名专职学生档案管理人员,明确工作职责范围,使岗位职责制度化、规范化。

(2) 严格规范转递手续。要根据 EMS 标准快递寄递的实际要求,规范档案转递工作流程,做出工作流程图,严格按照流程图的要求开展转递工作,认真统计核对档案转递信息汇总表,在规定时限内保质保量完成标准快递详情单的填写和核对工作,并将学生档案用统一信封封装,再装入邮政部门提供的带有"高校学生档案专用"标志的统一封套,在封套表面粘贴标准快递详情单,复核之后在封口处加盖寄出单位骑缝章,同时填写邮政特快专递邮件交寄单一式两份,一份存档备查,另一份统一交给邮政快递揽收人员核对签字。

(3) 完善继续教育机制,提高专兼职档案管理人员素质。各高校学生管理部门可以会同档案部门,定期组织专兼职学生档案管理人员参加培训活动,由经验丰富的学生档案专职管理人员讲解学生档案管理注意事项及工作流程,并开展专题讨论会,交流学生档案管理和转递过程中遇到的问题和经验,集思广益,以完善学生档案管理制度。

2. 加大宣传力度,注重学生档案意识的培养

在 EMS 转递方式下,学生的主动参与成为确保毕业生档案转递工作顺利开展的重要环节,而现实情况却不容乐观。由于学校教育的缺位,绝大多数学生的档案意识相对薄弱,大部分学生不了解人事档案的内容和作用,甚至在社会上某些人"档案无用论"的影响下,并不重视档案的去向,在毕业不久之后,就有意无意地成为了弃档族,导致其在就业、评职称等环节遇到诸多不必要的困难,追悔莫及。因此,高校对学生档案意识的培养迫在眉睫。

(1) 通过多种渠道宣传人事档案基本知识和转递流程。档案意识的强弱取决于档案知识的多寡,高校对人事档案知识的宣传极为重要。在学生毕业前夕,学生管理部门可联合档案部门开展丰富多彩的宣传活动,通过各种方式宣传人事档案的内容、作用及转递流程,如开办人事档案专题知识讲座、印发毕业生须知手册、在 6 月 9 日国际档案日开展人事档案宣传周活动、举办展览、张贴海报等,还可以充分利用网络平台,在学校网站和微信公众号发布毕业生档案转递流程及注意事项、毕业生档案管理全攻略等,使学生在毕业前充分了解人事档案的重要性,在档案转递工作进行时能积极配合学校的各项要求,促进毕业生档案转递工作的顺利开展。

(2) 有条件的高校可以开设人事档案选修课。高校开设人事档案选修课不仅必要,而且可行。早在国家教委 1989 年第 6 号令《普通高等学校档案管理办法》的第七章第四十二条就规定:有条件的高校,应在高年级开设有关档案管理的选修课。在该办法基础上进行修订、于 2008 年 9 月 1 日起施行的《高等学校档案管理办法》第四章第三十五条仍明确规定:有条件的高校,应当在相关专业的高年级开

设有关档案管理的选修课。四川、山东、安徽等省市实施细则中也有相应规定。可见,将高校选修课作为一种传播档案管理知识的重要举措已在领导层达成共识,并以制度形式加以推进。开设人事档案选修课是档案知识通识教育的角度之一,且现实情况要求高校首先从这一角度切入,对毕业生的未来发展做好引导。同时,高校还具备开设人事档案选修课的基本师资力量。各高校一般具有比较完善的档案管理机构和人事档案部门,尤其是重点院校和办学历史比较悠久的一般本科院校,其档案管理人员普遍接受过档案专业教育或理论培训,专业知识扎实,工作经验丰富,其中还不乏中、高级专业技术人才,是承担档案选修课教学任务的最佳人选。因此,有条件的高校应积极开设人事档案全校公选课,面向全校各专业学生宣传人事档案基础知识,并在课程名称的设置上别出心裁,如"人事档案与弃档现象漫谈"等,以吸引更多的学生选择此课程,还可以采用案例教学等学生喜闻乐见的形式,吸引更多的学生参与,达到更好的宣传和教育作用。

参考文献:

[1] 蒋玉琼. 浅谈高校毕业生档案转递及查询工作[J]. 兰台世界,2008(21):11-12.

[2] 任文娜. 高校开设人事档案选修课探析[J]. 兰台世界,2011(12):43-44.

论高校档案数字化外包几个阶段的关节点

卞咸杰 （盐城师范学院）

> **摘要**：高校档案数字化选择外包形式是最佳的形式,但要正确把握调研、招标、过程管理和验收几个阶段要注意的事项,才能保证高校档案数字化建设的顺利进行。
>
> **关键词**：高校档案；档案数字化；外包

进入21世纪以来,我国各级政府、企业、事业单位的档案信息化意识得到大力加强,其中就包括对浩如烟海的实体档案进行数字化,以提供准确、快速、实时的网络化信息服务。实施实体档案数字化需要具备相当规模的专业化团队、大量的扫描等数字化专业设备、高效的数字化加工业务管理软件系统以及严密的项目管理制度体系等条件。对于高校而言,受人力、设备等条件的限制,选择外包方式完成档案数字化是最佳的选择。但是,要做好高校档案数字化外包需要把握几个阶段的关节点,才能保证档案数字化建设的顺利进行。

一、调研阶段

1. 高校档案数字化外包前,要明确档案数字化的经费、形式、范围

1) 数字化经费

在高校档案数字化前期准备工作中,经费预算很重要。为了保证档案数字化的顺利进行,这一环节的工作不可缺少。无论是档案馆自行组织人员进行数字化还是外包都要确定经费,根据学校下达的经费来选择档案数字化的形式和范围。档案馆应在档案数字化之前,向校领导汇报并申请档案数字化专项经费,高校把档案数字化专项经费列入计划后,档案数字化项目实施才有保障。专项经费要充分考虑是否包括档案管理软件、设备和数字化经费等,其中档案管理软件是沿用原来的还是重新购置(或自行开发),设备指是否购买扫描仪、电脑等。

2）数字化形式

档案数字化的形式有多种，一种是档案馆组织人员对档案进行数字化，一种是外包。前者涉及的档案数量不多，或自身数字化力量强大，不需要外包。后者主要是档案数字化的数量较多，难度较大，自身力量不足等。数字化形式的选择一定要慎重，档案馆组织人员对档案进行数字化牵涉到设备投入、人员培训等问题。如果外包，就牵涉到经费、招标、与外包单位的对接等一系列需要协调解决的问题。

3）数字化范围

根据教育部制定的《普通高等学校档案管理办法》规定，高校档案分为党群、行政、教学、科研等十个类别，除其中的"学生类"档案要随着学生的毕业而变动外，其他类别的档案按照保管期限的要求保存在档案馆库房。这些档案中，哪些类别的档案要数字化，哪些保管期限的档案数字化，这些都要在档案数字化外包前确定。一般情况下，具有长期（或30年）及其以上保管期限的档案要进行数字化。但要根据高校档案的保存和利用等实际情况而定，如有些高校在经费允许的情况下，所有的档案都可以进行数字化。有些高校受经费限制只能将利用率高且具有长期（或30年）及其以上保管期限的档案进行数字化。

2. 确定外包要对档案数字化公司进行资质、业绩等方面的调研

1）资质调研

档案数字化公司的资质调研要考察其是否具备"四个专业化"：一是团队是否专业化，即是否具有档案数字化加工处理所必需的众多稳定、专业的业务骨干团队；二是设备是否专业化，即是否具有专业高端的文档扫描、图纸扫描、书刊扫描设备；三是系统是否专业化，即是否具有项目管理、流程管理、人员绩效管理、图像处理、OCR、双层PDF文件转化、全文检索于一体的数字化加工业务管理系统；四是管理专业化，即是否从需求调研、质量标准、计划安排、客户分工、现场管理、流程质量管理到安全保密管理方面均建立起严密的项目管理体系。

2）业绩调研

重点考察档案数字化公司是否具有地、市级国家档案馆、高校以及大型企业档案数字化加工的经验和业绩。我国目前档案数字化公司众多，水平参差不齐。而高校档案的类别较多，各个类别的档案数字化都能满足标的要求并不是每个档案数字化公司都能做到的。业绩的要求就成为调研考察的重要内容，缺少高校档案数字化业绩会影响高校档案数字化的质量和效率。

3. 调研的方式

1）实地调研

高校档案馆应会同纪委、招标办、信息技术中心等部门的有关人员组成考察组赴附近高校进行实地调研考察。考察的对象主要有两个方面：一是正在进行档案数字化的高校，主要考察数字化公司对项目的执行力；二是已经完成档案数字化的高校，主要考察档案数字化中标单位、中标价格以及档案数字化质量和运行状态等。通过实地调研，加强感性认识，提高招标阶段的判断能力。

2）通讯调研

除了实地调研外，还可以通过网络、电话、信函、QQ等通讯形式进行调研。一是通过上述途径调研有哪些档案数字化公司；二是对一些有影响、实力较强的档案数字化公司的业绩进行调研。通讯调研的好处是调研成本低，调研的范围大，选择的调研路径宽，但缺少感性认识，直观感不强。

二、招标阶段

1. 选择招标方式

1）公开招标

在高校校园网、校报或其他媒体上刊登档案数字化招标公告，邀请不特定的档案数字化公司投标。这种招标方式又称之为竞争性招标，能够吸引众多档案数字化公司参加投标竞争，高校从中择优选择中标单位的余地比较大。缺点是由于高校校园网、校报的覆盖面不大，会出现流标，即投标的档案数字化公司过少导致无法开标。

2）邀请招标

邀请招标又称之为有限竞争招标，在前期调研的基础上，高校选择一定数量的档案数字化公司，向其发出投标邀请，由被邀请的档案数字化公司投标竞争，高校对其进行资格预审后再从中选定中标者。这种招标形式的特点是：不使用公开的公告形式，接受邀请的档案数字化公司才是合格投标人，参与投标的档案数字化公司数量有限，但能够保证档案数字化招标工作的顺利进行。

3）谈判招标

谈判招标又称之为议标，亦称为非公开的、非竞争性招标或指定性招标。这种方式是高校物色一至多家档案数字化公司来直接协商谈判。实际上是一种合同谈判的形式。这种方式适用于档案数字化数量不大、工期较紧、专业性强的档案数字化工程。其优点是可以节省时间，容易达成协议，迅速展开档案数字化工作。缺点是无法获得有竞争力的报价。

2. 确定招标范围

1）整体招标

档案数字化建设工程是一个系统工程，不能简单理解为档案扫描加工。硬件（电脑、服务器）、管理软件、网站等属于档案数字化的内容之一。整体招标既可以由购买硬件（电脑、服务器）、档案扫描加工、购买档案管理软件、建立档案网站等组成，也可以由其中的几项指标组成。但不管如何组合，作为整体招标，必须有档案扫描加工和提供档案管理软件。整体招标的最大益处就是解决档案扫描后数据挂接和利用的问题，杜绝档案数字化公司与软件供应商相互扯皮的现象。

2）单体招标

对硬件（电脑、服务器）、扫描加工、管理软件、网站等进行分段招标，即单体招标，即对其中的一项进行招标，也可以对其中的多项分段招标。对于硬件齐全、软件功能强大的高校，不必整体招标，只要对其中的档案扫描加工进行招标即可。

3. 起草招标文件

1）招标内容及要求

要明确馆藏档案数字化建设内容及工作量，属于整体招标，对提供档案管理软件、硬件（电脑、服务器）、档案扫描加工、目录数据录入、数据挂接、数据刻录光盘等招标的范围要界定清晰。同时，对档案数字化加工的图像扫描、分类、检索的要求均需符合《纸质档案数字化技术规范》（DA/T31—2005）、《ISO19005－1 文件管理－电子文件长期保存格式 第一部分 PDF 的使用（PDF/A－1）》《电子文件归档与管理规范》（GB/T18894—2002）、《归档文件整理规则》（DA/T22—2000）等要求。对档案管理软件的招标要求要达到与 OA 系统无缝衔接的接口功能，提供档案的查（借）阅、统计、编研、销毁、保管、数据录入、数据管理、报表输出、检索查询等完整的档案业务功能，将数据采集、录入、查询、基于内容的全文检索等所需功能全部涵盖，数据录入满足项目、案卷、卷内目录、全文的自动关联等。

2）提供资质材料

资质材料主要包括投标人的营业执照副本复印件、税务登记证副本复印件（加盖投标人公章)，投标人的法人授权委托书原件，被委托人的身份证原件、复印件，投标人承接的地、市级国家档案馆，高校以及大型企业档案数字化加工的单份合同原件等。

3）投标报价

报价应为完成招标项目范围内的档案数字化建设直至项目通过验收所需的全部费用。其中在履行合同的过程中产生的食宿费、交通费等各种费应注明由谁承担。属于整体招标的要注明总投标价、分块投标价和免费项目。投标人提供的优惠条件须在投标文件中作书面说明和承诺。在扫描加工方面，不同型号的纸张、照片、图纸、报纸的价格要确定，如党群、行政、教学、科研、出版、外事、设备等类别的档案与工程图纸、照片的扫描报价是否有区别，实物与录像带、录音带的数字化如何报价，案卷目录、卷内文件目录数据录入与数据挂接、扫描数据刻录光盘是否包含在报价范围内，等等。

4）工期要求与付款方式

档案数字化招标范围内的各项内容要求自合同签订之日起的工作日内要注明是否包含节假日在内。付款的阶段和比例要明确，需要注意的是必须留一定比例的余款作为保证金，作为从验收合格之日起至1年后档案数字化正常运行的保障费用，如没有故障需全部付清。

4. 评标与定标

1）组成评标小组

高校招标办要组织由审计、档案馆、现代信息中心等部门的专家形成评标小组进行评标，也可以通过地方招标办抽取其他单位的档案数字化专家参加评标，同时邀请高校纪委派人现场监督。

2）确定评分办法

档案数字化评分办法应包括评分内容、指标、得分标准等项目。评标小组按照评分办法，对各投标人的投标进行综合评分，并按得分高低分别给投标人的得分排名，最终根据投标人得分排名情况确定中标人。在评标期间，评标小组有权要求投标人对其投标文件进行书面澄清、说明，投标人应派授权代表按评标小组通知的时间、地点接受询标。

3）签订合同

中标单位确定后，高校要与中标的档案数字化公司签订合同。合同是做好和验收档案数字化项目的依据，要综合招标文件和投标文件的内容，明确双方项目实施前、实施后的权责,明确合同争议的解决措施、标的技术要求和验收标准等。合同签订前,双方需共同审阅,仔细研读每一个条款,必要时请律师把关。

三、过程管理阶段

1. 做好后勤保障

1) 提供数字化加工现场

档案数字化扫描加工要有一个相对独立的场所,其位置不能离档案库房太远,防止提档不便。加工现场要符合国家规定的档案保管场所的要求,配置相应的桌、椅,符合档案数字化扫描加工的要求。

2) 保证网络畅通

对分内外网的高校,要给数字化公司临时提供独立的网络用户名,供其在数字化期间正常使用网络。在档案数字化建设工程结束后,要取消临时提供的网络用户名。

2. 组织数字化公司进场

1) 加强人员培训

高校档案相对于其他专业档案有其自身的特点,根据教育部和国家档案局的规定,高校档案分类有行业的独立性。档案数字化公司的从业人员对高校档案的分类体系并不完全熟悉,对各个历史时期的高校档案特点缺少了解。高校要对中标的档案数字化公司从业人员加强业务培训,使其尽快适应高校档案数字化加工需要。

2) 签订保密协议

签订保密协议应变事先列入合同条款。数字化公司在进场之后,为在档案数字化项目实施期间保证档案原件安全和项目实施期间以及实施完成以后保守档案信息秘密等有关事项的需要,高校必须和档案数字化公司签订保密协议。其内容要求数字化公司人员不论何时何地要保证对高校实体档案及其信息保守机密,不得以任何方式带出工作场所或向外泄露。未经高校同意,不得以泄露、告知、公布、发布、出版、传授、转让或者其他任何方式向对第三方泄露档案信息。任何一方违约,另一方均有权向人民法院提起诉讼,追究其刑事责任。

3. 办理档案进出库房手续

1) 核对档案进出库房数量

高校档案归档的形式有两种,一是以卷归档,二是以件归档。无论哪一种形式,档案进出库房时都要认真核对数量,对重要档案不仅要核对卷数和件数,还要核对页数。

2）填写档案进出库房单

档案出库房前和档案进库房前都要填写进出库房单,其内容包括进出库房的时间、档案类别、保管期限、数量以及双方责任人等。需要注意的是出库房单要与进库房单的档案类别、保管期限、数量等完全一致。

3）档案归位

对完成扫描加工任务的档案要按照原来的存放位置及时归位保管,防止错乱和影响实体档案的统计和利用。实体档案归档不能等所有档案全部数字化结束后再归位,事先要计划好,原则上按全宗、类别、年代、保管期限等结合起来考虑。

4. 加强数字化过程监督指导

1）安排专人管理档案数字化外包

档案数字化外包后,高校的过程监督指导工作要紧紧跟上,要安排专人负责答疑和协调有关问题。安排人员管理的形式有两种,一是安排专门人员负责管理档案数字化外包工作;二是安排人员分段负责管理,即在不同全宗或不同类别安排不同的人员专门负责管理档案数字化外包工作。通过档案工作人员常态性检查、指导,保证档案数字化后完整无缺和整理有序,及时解决在档案数字化过程中发现的各种问题,保证档案数字化项目的有序进行。

2）制定合理的数字化业务流程

与数字化公司共同商定档案数字化的业务流程,使提卷、登记、检查档案、拆卷、组卷、编页码、拟示题、核标题、整理、扫描、图像处理、数据挂接、扫描数据质检、修改、二次质检、著录标引、打印目录、装订(装盒)、还归、登记、归档、备份、抽检等各个业务流程有效衔接,确保各环节设计缜密。[1]

3）落实合同中的奖惩制度

与外包的档案数字化公司签订合同有利于约束双方的行为。在档案数字化过程中,高校要按照合同的要求检查档案数字化每一个环节的质量,减少后续验收的工作量。对于合同中的漏项部分,要想办法与数字化公司协商解决。对于档案数字化公司在数字化过程中出现的问题要依据合同进行奖惩,"以引起对外包方进行激励或是告诫的作用"[2]。通过奖惩建立起数字化公司人员的责任心。

四、验收阶段

1. 确定验收人员

1)验收人员组成

档案数字化项目完成后,高校要及时组织人员加强验收。验收人员的组成应包括三方:一方是专家,聘请地方档案馆和企事业单位有关档案数字化方面专家参与验收;一方是高校纪委、审计、现代信息中心和档案馆等有关部门人员;一方是数字化公司的项目经理、技术人员。

2)验收依据

三方人员依据合同的约定,根据档案数字化数据的质量主观评价和客观评价原则,进行最终验收工作,以保证验收的公正性、客观性、准确性和科学性。

2. 确定验收方式

1)全检

对照合同要求和招投标文件的约定,对所有数字化的档案进行质量检查。这项工作的好处是能够确保档案数字化工程的整体质量达标,使"质量控制深入到档案数字化加工的每一个环节、每一个细节"[3]。但缺点是工作量太大,人手不够,事实上没有必要也不可能。

2)抽检

选取不同全宗、不同年代、不同类别、不同保管期限、不同载体的档案样本进行抽检。验收小组对档案数字化成品数据进行一定的百分比抽查验收,抽验时主要对图像数据的亮度、歪斜、错页、重页等质量方面进行检查,确保图像合格率、影像(索引)数据匹配准确率、索引数据录入合格率等达到一定的比例。验收时做好记录,签署验收证明,最后项目资料要归档。

3. 确定验收内容

1)是否满足合同要求

对照合同要求逐项验收,检查档案数字化加工规范、标的技术等方面的每一个环节、每一项指标有没有到达合同约定的要求。对于未达标项目应予重新处理,直至达标为止。

2) 软件的运行情况

对于档案数字化整体招标的高校不仅要验收档案数字化扫描加工的质量,还要验收软件的运行情况。重点检查软件具备与OA系统无缝衔接的接口功能,软件对多格式数据的容载能力,软件提供的数据转换功能可支持多种数据库,等等。

3) 硬件的满足情况

硬件主要考虑服务器的配置情况,其技术指标验收的对象为品牌、CPU、内存、磁盘容量、网络及存储接口、操作系统和C语言开发包等项目。服务器的配置要有一定的前瞻性,预留足够的存储空间和满足后续指标升级需求。

4) 扫描的质量与数量

从质量上来看,检查数字化加工过程有没有按照严格的质量控制规范进行,档案整理、档案扫描、图像处理、著录过程、数据挂接、数据校对、光盘刻录、档案还原等有没有执行操作规范和质量标准,对图像黑边、歪斜、修补、调整亮度等处理有没有到位。从数量上来看,有没有出现漏项或重项的现象,漏项即难扫描的页数"隔开",重项即易扫描的页数重复操作。

总之,外包只是高校进行档案数字化的一种形式,并不是惟一选择。各高校要根据自身的实际情况,选择合适的形式进行档案数字化,使"档案信息资源准确、方便、快捷地提供利用,使可以公开的档案信息资源得到共享,以满足社会对档案利用的需求"[4]。在选择外包时,抓住调研、招标、过程管理和验收几个阶段的关节点,能少走弯路,提高档案数字化的效率和质量,顺利完成档案数字化建设的目标。

参考文献:

[1] 钟国文,童霞.提高档案数字化外包质量的策略探析[J].机电兵船档案,2012(1):48-50.

[2] 赵延杰.档案信息数字化业务外包研究[D].保定:河北大学,2011:29.

[3] 周玮,杨崇.高校档案数字化外包过程管理探析[J].兰台世界,2012(17):49-50.

[4] 国家档案局.中华人民共和国档案行业标准纸质档案数字化技术规范(DA/T31—2005)[J].中国档案,2006(3):17-19.

高校封闭全宗数据迁移时数据审核问题的解析

章小四 柳群英 王玉秋 杜 玥 （南京工程学院）

摘要：本文着重分析高校封闭全宗档案进行数据迁移时数据审核出现的问题，结合南京工程学院三个封闭全宗数据迁移的实际情况，提出从数据有效性、一致性及分布审核三个方面确保迁移工作的质量，从而促进档案的长期保存及数字档案资源的开发利用。

关键词：高校封闭全宗；数据迁移；数据审核；长期保存；开发利用

随着信息技术的不断发展，将数字档案信息资源转移到更优的系统中进行存储，是实现档案长期保存的一项重要工作。作为教育与科研辅助型机构的高校档案馆，其馆藏的数字资源更是信息时代国家数据资源的重要构成。而一些合并高校因合并办学的特殊性，往往出现同一全宗的档案保存在不同的档案管理系统中。由此合并高校纷纷选择将合并前全宗进行数据迁移，并同步开展对应的数据审核工作，从而不断推进档案资源信息化建设工作。

一、高校封闭全宗的内涵及特征

根据教育部和国家档案局制定的《高等学校档案管理办法》及国家档案局发布的《高等学校档案实体分类法》的规定：一个学校应为一个独立全宗；对因学校撤销或合并，其撤销或合并的档案，应本着集中保管、方便利用的原则，经协议由一校或合并后的学校档案部门统一保存。其中，各个被撤销学校形成的所有档案即可视为一个已完结全宗或封闭全宗。由此可见，高校封闭全宗至少需具备两个特征：第一，它是一个独立全宗；第二，该全宗不再产生新的档案。而合并组建而成的高校，遵循"不同全宗不能分散、同一全宗不能混淆"的原则，应对并入的各个学校单独设立全宗，由此其档案部门则至少保存有两个及以上全宗，当中非合并后高校的档案即属封闭全宗。

二、南京工程学院封闭全宗数据迁移的工作基础

前身追溯至1915年创建的同济医工学堂附设机师科的南京工程学院,于2000年6月由原两所国家示范性高等工程专科学校——南京机械高等专科学校、南京电力高等专科学校合并组建而成;2001年3月,原核工业部的南京工业学校并入其中。由此形成除"南京工程学院"以外的三个全宗,依次为"南京机械高等专科学校"(简称"机专")、"南京电力高等专科学校"(简称"电专")及"南京工业学校"(简称"工业学校"),该三个全宗含各类档案总数共计1万余卷,其中民国时期档案23卷。

2013年,南京工程学院档案馆引进新的数字档案管理综合平台,并配以专门的档案管理系统服务器、数台专门的计算机设备,以及其他网络设备。截至2015年,馆藏档案的数据迁移工作基本完成,包括合并前三个学校的全宗。由于新旧数字档案管理系统的差异,导致这三个全宗的数据库出现不同程度数据的缺失、无效或不一致等一系列问题。同年,档案馆全面开展三个全宗的数据迁移及审核工作,并同步实施数据审核监管制度、档案信息系统安全与数据网络安全防范等辅助工作。

三、南京工程学院封闭全宗数据审核存在的问题

数据审核主要分为有效性审核、一致性审核及分布审核三类,南京工程学院合并前三个学校的全宗在数据迁移过程中,数据有效性与一致性审核主要检查迁移后的全引目录及案卷目录是否有效、电子文件内容与对应档案是否一致等问题,一般可同时进行;而其分布审核则主要完成三个全宗案卷数量及档案类型分布的审核。

1. 数据有效性与一致性审核存在的问题

(1)当档案进行数据迁移时,由于新旧数字档案管理系统的差异,使得档案在不同系统中的文件格式不尽相同,故检查数据是否完整、准确且有效,是数据迁移有效性审核的重要内容。以电专全宗目录著录为例,其大部分著录项都可从旧系统中直接或间接导入,但如"分类号""档号"等项,只能通过手动修改或添加才能补充完整,具体著录项对应关系,见图1、图2。

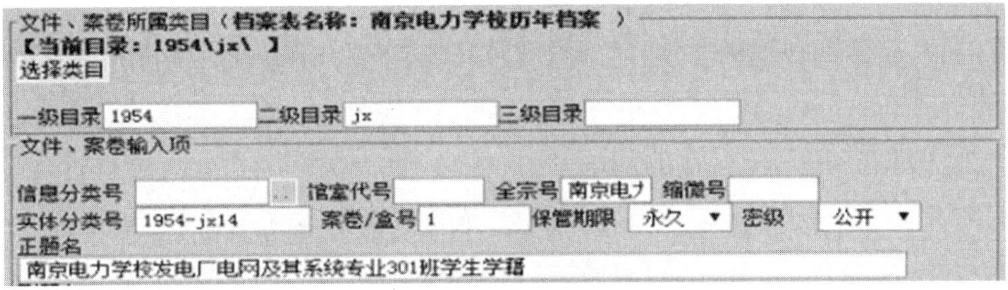

高校封闭全宗数据迁移时数据审核问题的解析

图1 旧系统案卷著录界面

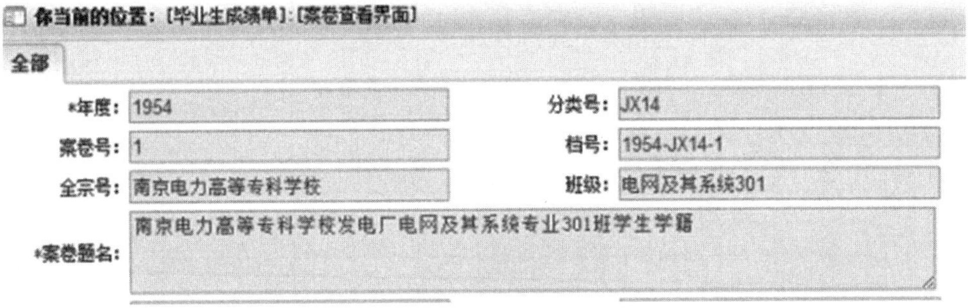

图2 新系统案卷著录界面

此外，由于早期该全宗的"年度""分类号"等著录项不同于目前的规范，如下图3所示，按照档案实录的原则，工作人员只能在新系统中重新设置数据表，再以纸质目录为依据，逐份录入，操作繁琐。

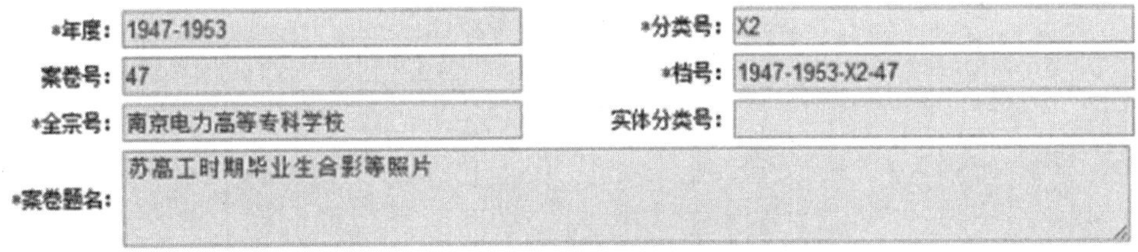

图3 "年度""分类号"在新系统中显示

（2）数据迁移时，数据一致性审核在于检查电子文件是否与所在档案内容一致，包括电子文件数量及电子文件内容两方面。一般数据迁移采用一次迁移、分次迁移与定期迁移等相结合的方式，迁移时电子文件会多次合并，出现一份档案重复关联同一份电子文件的现象。同时，由于数据按既定顺序在不同电子文件间同步迁移，而不同文件切换速度有差异，就可能导致与某一份档案对应的电子文件关联了另一份档案。以学籍档案数据库为例，为核实每一个学生的"新生录取名册""毕业生成绩单""学籍卡"等,档案管理人员要逐份检查每一份文件关联的电子文件数量,以及文件内容是否匹配,确保"新生录取名册""毕业生成绩单""学籍卡"等文件的唯一性。

2. 数据分布审核存在的问题

机专、电专及工业学校三个全宗所包含档案类型多、案卷总量大。鉴于机专、电专及工业学校成立各自的学校档案室时间较长,三个学校的办学特色各不相同,且档案信息化推行的时间也较早,因此,在进行新旧数据库数据迁移时,三个全宗案卷数量及各类型档案统计的工作量就比较大,各类档案大致分布如表1所示(按永久、长期、短期来分,以案卷为单位统计)。

表1 三个全宗各类档案分布情况

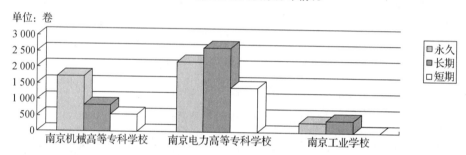

对各个学校每一种类型档案数量的统计,可能出现重复或遗漏等偏差。以机专全宗为例,需审核档案类型见表2。

表2 机专全宗数量统计

保管期限	档案类型	DQ党群	XZ行政	教学综合	新生录取名册	毕业生成绩单	KY科学研究	CP产品生产与科技开发	JJ基本建设	SB仪器设备	CB出版	WS外事	CK财会	SX声像	总计
永久		—													
长期		—	—												
短期		—													
合计		—	—												

若上述数据审核不细致,势必会导致后期系统的检全率及检准率有较大误差,

为避免这些问题,需逐一排查,其工作量不言而喻。

四、南京工程学院封闭全宗数据审核工作的实施

数据在新旧系统中进行迁移时,要依据数据的完整性原则,检查各个阶段数据的有效性、一致性及分布是否完全,体现为数据传递过程的审核、迁移进新系统时的复查及后期利用的定期检查等,其在数据管理中的表现如图4所示。

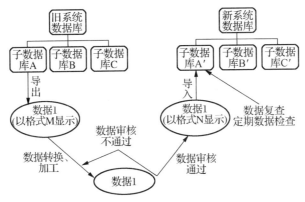

图4 数据审核在数据管理中的体现

1. 数据分布审核的实施

当合并前全宗数据由旧系统导入新系统后,可利用专门设计的统计软件,在选定不同门类后,再设置"条件字段",如"保管期限""档案类型"等,核查导入新系统各全宗的案卷数量是否完整、档案类型是否缺失。若出现案卷或档案类型数量前后不一致的情况,可直接锁定该部分数据,再重新比对旧系统中对应全宗的案卷数量或某类型档案数量,确保数据准确无误,从而快速有效地完成数据迁移时全宗数据的分布审核。

2. 数据有效性审核的实施

高校已完结全宗数据迁移时,可根据新系统的结构及特性,设定案卷目录及卷内文件目录数据表结构、字符集及数据类型等,目录数据表大部分数据字段设定如表3所示。具体数据审核可通过设定字段类型判断字段是否符合规定、字段是否为必填项判断案卷关键著录项是否遗漏、字段是否空值判断目录著录是否完整等,其中卷内文件目录数据表还应包含表名"T_FILE_DAG_JN_T125.WENHAO"的必填字段"文号"。当导入的数据不符合数据表字段的限定条件时,数据审核会显

示数据错误,并列出错误类型及所在位置,据此工作人员实施数据的有效性审核。

表3 新系统案卷目录数据表结构

字段 名称	表 名	字段 类型	是否为必填
档号	T_FILE_DAG_AJ_T83. DANGHAO	文本	是
案卷题名	T_FILE_DAG_AJ_T83. ANJUANTIMING	文本	是
年度	T_FILE_DAG_AJ_T83. NIANDU	日期	
分类号	T_FILE_DAG_AJ_T83. FENLEIHAO	文本	
全宗号	T_FILE_DAG_AJ_T83. QUANZONGHAO	文本	
责任者	T_FILE_DAG_JN_T60. ZERENREN	文本	
起始日期	T_FILE_DAG_AJ_T60. QISHIRIQI	日期	
终止日期	T_FILE_DAG_AJ_T60. ZHONGZHIRIQI	日期	
卷内件数	T_FILE_DAG_AJ_T60. JUANNEIJIANSHU	数字	
总页数	T_FILE_DAG_AJ_T60. ZONGYESHU	数字	
归档单位	T_FILE_DAG_AJ_T60. LIJUANBUMEN	文本	
……	……	……	……

若显示错误为普遍错误时,如工业学校全宗1984年至1991年文书档案按"永""长""短"划分,形成诸如分类号"长"案卷,此类案卷数据迁移时,会出现分类号转换为"null"的错误,审核人员可通过软件直接批量修改。而当显示错误类型为个别错误时,如机专全宗文号"宁机专外(88)07"卷内文件,数据迁移时,文号可能转换成"宁机专外",此时审核人员只能根据错误位置索引,结合原存纸质全引目录进行逐条修改,直至数据完全正确。

3. 数据一致性审核的实施

档案工作人员对电子文件数量及电子文件内容的审核,可用系统程序语言设计的审核电子文件的小程序来完成。审核过程有:①先判断档案关联的电子文件是否存在;②再通过文件名是否重复判断电子文件是否重复,如若重复,则进行相应的操作。这种数据审核的小程序,能快速有效地批量完成系统电子文件的一致性审核,确保导入新系统的电子文件数量精准无误,档案与关联电子文件一一对应。

4. 审核辅助工作的实施

已完结全宗数据审核辅助工作的实施:①首先是通过落实数据审核监管制度,

监管工作人员参照建立的数字档案信息数据标准,在审核过程中及审核阶段性结束期间,不间断对已录入系统数据进行核实把关,工作人员责任到位,不断修正各项数据,从而确保数据质量;②其次是在数据审核过程中,充分应用信息系统安全与数据网络安全防范技术,档案工作人员通过系统服务器定期更新数据,并对专门的计算机设置防病毒、防火墙技术,再对交换机、路由器及光纤等网络设备进行安全监管,从而确保网络设备环境的安全可靠,整个网络信息系统的安全有效。

五、南京工程学院封闭全宗数据审核工作的意义

1. 数据审核是维护档案信息长期保存的基础

不论是将档案数字化还是直接将电子文件作为档案保存,都先要涉及数据库系统构建、数据管理、数据存储、元数据管理等多项数字档案长期保存技术,而这些技术的工作基础就是数据库系统当中的各项数据。伴随着信息技术的不断发展,保存数字档案信息资源的软硬件环境随之变化,当数据库及其他配套软件升级时,尤其是发生数据迁移时,系统中的数据则需相应以新的存储格式来变换或存储,出现数据的输入、输出、传递等环节,每一个环节的数据处理,都会直接或间接影响整个数据库系统的运作,进而决定保存在系统中的数字档案信息资源是否能被识别、检索,及至利用。由此,档案工作人员须对数据处理的每个环节不间断进行数据重新审核、监管,确保数字档案资源的长期保存。

2. 数据审核是确保档案信息资源有效开发的关键

实现档案信息资源的开发利用,要先完成档案信息资源的数字化建设,即实现纸质等载体档案的数字化及电子文件的归档。其中判断档案信息数字化的一项重要指标就是制定数字档案的数据标准,包括一般数据标准及元数据标准等。虽然目前国际上还未形成统一的数据标准规范,但国内档案管理系统中编码档案描述方案(即档案信息资源描述方式)却大致相同,均含档案目录、数据模型及文件定义类型等,它们在系统中都以数据单元的形式呈现。编码档案描述方案作为一种为适应档案馆及数据库的需要而开发的资源描述方式,为保证数据的长期有效,构建过程中档案工作人员必须要进行数据审核,确保其各项组成部分能利用软件控制系统文件的结构化显示、查询及检索,从而提供数字档案开发利用的渠道。

六、结束语

数据审核是保障数据迁移工作质量必不可少的环节,它会直接影响档案信息的长期保存及开发利用。正如南京工程学院虽并校近二十年,但为促进合并前三个已完结全宗的检索利用,学校档案馆在引进新的数字档案管理系统的同时,特开展了已完结全宗档案的信息化建设,积极推进合并前全宗档案信息的数据迁移。在整个迁移过程中,档案技术人员更是对所有案卷级和文件级目录格式、电子文件等都进行了全面的审核,并对照核实纸质目录及馆藏档案,确保了这些数据的唯一性。这种保质保量的迁移工作,才是维护档案信息长期保存的基础,更是确保档案信息资源有效开发的关键。

参考文献:

[1] 南京工程学院历史沿革[EB/OL]. http://www.njit.edu.cn/xxgk/lsyg.htm.

[2] 南京工程学院档案馆简介[EB/OL]. http://dag.njit.edu.cn/bggk/bgjj.htm.

[3] 蓝庆洪. 高校数字档案数据采集研究与应用[J]. 中国档案,2015(10):50-51.

[4] 冯洁. 电子文件迁移研究[D]. 苏州:苏州大学,2012.

[5] 杨来青,崔玉华,王晓华. 数字档案馆数据质量控制方法研究[J]. 中国档案,2016(1):66-67.

[6] 杨达. 电子文件迁移是数字档案信息长久保存和有效利用的重要保障[C]//中共沈阳市委员会,沈阳市人民政府,中国科学院沈阳分院. 第十届沈阳科学学术年会论文集(经济管理与人文科学分册). 中共沈阳市委员会,沈阳市人民政府,中国科学院沈阳分院,2013:5.

[7] 那一沙,杨庆胜,杜修平. 高校信息建设过程中的数据整合[J]. 技术与创新管理,2010(2):225-227.

[8] 李志星. 非结构化数据迁移工具的设计与实现[J]. 电脑知识与技术,2013(9):2117-2121.

[9] 周庆林. CNMARC数据校验工具的设计和实现[J]. 现代情报,2005(5):159-160.

数字档案安全保障研究

邱 立 （南通大学）

摘要：随着科学技术水平的不断提高，数字档案这一便捷的档案存储形式得到了广泛应用，但是在具体的开放利用过程中存在一定的安全隐患，为加强数字档案管理的安全性，本文对当前数字档案面临的安全问题进行了简要分析，并结合发现的问题提出一些有效的安全保障策略。

关键词：数字档案；安全；保障

随着科学技术水平的不断提高，信息技术进步尤为明显，数字化管理日渐成为人们进行档案管理的首选方法。关于数字档案，我们可将其看作电子文件，它同传统纸质档案的区别是在记录信息的时候使用的载体为数字编码，而非纸张等传统载体。也就是说，数字档案真正实现了信息的独立及自由，不仅输出形式多种多样，而且还可以实现借助网络载体将信息传递给不同的使用者，使档案管理更方便、更快捷，但也正是由于这种便捷的档案存储形式，使得数字档案存在一定的安全隐患。为此，我们分析了数字档案在开发利用过程中存在的问题，并提出一些有效的安全保障策略。

一、数字档案的概念

通常情况下，我们将数字档案分为广义和狭义两种。所谓广义的数字档案，其实指的是新型档案信息的形态。具体地说，随着科学技术（网络技术、数字摄影技术、存储技术以及扫描技术和多媒体技术等）水平的不断提高，对于不同载体的档案资源，档案都以数字化形式进行存储，并借助网络实现互相连接，以实现统一管理，进而实现资源共享。广义的数字档案包括三方面内容，分别是档案管理规范化、档案保存数字化及档案使用信息化。所谓狭义的数字档案，其实就是借助现代信息技术，对传统的档案进行数字化处理并归档，这样形成的信息资源不仅可以被计算机进行识别和管理，还可以在网络环境下使用。[1]狭义的数字档案包括三方面内容，分别是档案信息化的组织前提、档案信息化的技术前提和档案信息化的处理对象。

二、数字档案存在的安全问题

就数字档案而言,其在开放利用的过程中,存在诸多安全漏洞,主要体现在如下三个方面,存储载体、技术及管理[2]。

1. 存储载体不够安全

对存储载体来说,数字档案的要求要更高一些,不论是在搜集信息、传播信息环节,还是在携带信息、管理信息环节,数字档案存储载体都较传统档案存储载体便捷,但是数字档案存储载体本身具有脆弱性,也正是这样,才为数字档案带来了安全隐患。

1) 存储载体保管不当

对于数字档案来说,一旦存储载体保管不当,那么其中的信息也必然遭受安全危机。就现代信息存储而言,信息量呈现庞大且储存密度高的特点,这在带给人们方便快捷的同时,也留下了安全隐患,遭受着复制危机以及转移危机。如果不小心弄丢一张存储大量数据的小光盘,那么损失的很可能是整个档案信息博物馆。

2) 存储介质发生故障

一旦数字档案的存储介质出现故障,那么就会使原有的信息发生丢失。随着计算机技术的不断发展,计算机为数字化信息提供了强有力的保障。具体地说,包括图像、声音以及视频和文本等在内的数字化信息所依靠的载体无非是磁介质、光盘和胶片等,这些先进的介质很容易随着外界条件的变化而变化,如消磁、划痕损伤等。一旦存储介质发生意外,那么就无法对数字化信息进行读取等操作,进而使得数字化信息丢失。

3) 设备及软件进行淘汰更新

我们都知道,数字信息本身无法进行处理,需借助相应的设备或者软件来完成,随着科学技术水平的不断进步,设备软件也需进行频繁的升级,这就导致数据不能及时进行转换,即便数据本身是完整的,也难以使其为我们服务。

2. 技术不够成熟

数字档案的出现,主要得益于信息技术和计算机网络技术的出现。同传统的档案相比,数字档案虽然在管理上有一定的优越性,但往往技术受限,存在种种缺陷及漏洞。当前我国的信息技术和计算机网络技术还不够成熟,不论是软件安全、硬件安全,还是网络系统安全,都亟待改善,数字档案经常会遇到计算机故障、或者计算机病毒,以及黑客侵袭等意外状况。此外,对于企业来说,往往因为资金投入不足而导致设施落后,难以适应数字档案信息化发展的进程。在管理电子文件的时候,管理系统不够完善,无法保证数字档案的真实性,未真正起到限制修改的作用。与此同时,在文件真伪性方面,亦存在弊端,在传递数字档案的过程中,缺乏一定的鉴定技术,虽然支持打开文件,但却缺乏必要的真伪鉴定,不如传统纸质档案的安全性高。

3. 管理不够完善

对数字档案来说,其安全性在很大程度上取决于档案管理工作者,一旦操作不当,那么就会危及其安全。当前,数字档案管理不够完善,恶意的违规操作不在少数,这样不仅可以对信息进行窃取,还会对软件造成破坏,故此,数字档案管理者不仅应提高安全意识,还应规范操作,要实现这一目的,可因地制宜地开展一些评估工作,对风险管理和安全进行具体的分析。此外,数字档案管理工作者的岗位职责操作权限不够明晰,这在一定程度上导致计算机软件管理混乱,系统常常因这些无用的软件而瘫痪。最后,计算机密码存在一定的安全隐患,长时间使用同一密码,或者所设置的密码过于简单,都会为非操作人员留下作案空间,如对数据进行篡改,或者删除等操作。

三、数字档案安全保障策略

要保证数字档案的安全,我们可从基础制度、监理机制、技术水平、专业技术人才和基础设施等方面入手[3],具体如下:

1. 完善基础制度建设

对于数字档案来说,要使其安全性得到保证,就应以档案管理制度为基础,只有基础制度完善了,档案管理工作才能规范有序。具体地说,应建立健全法律法规的支持策略,对于数字档案来说,其工程颇为庞大,要规范数字档案,打造安全的档案信息环境,离不开健全的规章制度。首先,应建立数字档案信息传输环境的法律法规,并进行完善,这样我们就可以以法规的相关规定(如行为规范、普遍约束和稳定实施以及强制执行等)为依据,对网络安全进行全方位的维护;其次,应对数字档案信息安全的立法工作进行完善。有了规章制度,我们就可以很好地将业务和法制建设结合到一起,进而将监督和指导结合起来,最终实现立法和执法二者的统一,为数字档案的安全保驾护航。还有一点需要说明,那就是在数字档案管理过程中,应严格将规章制度作为标准,严格限制使用权限,不可对数字档案进行越级使用。举个例子,对于高管而言,可以对数字档案的所有内容进行阅览,对于中层管理者而言,则需阅览重要文件外的文件,对于基层工作人员,则只能对高管下发的文件和通知等进行阅览。这样一来,设置了不同的权限,就便于对数字档案进行管理,进而为其安全性提供根本保证。

2. 引入监理机制

对于数字档案管理而言,要想做到有效控制,那么监理机制是必不可少的,引入监理机制后,不仅可以监督工作效率,还可以对工作进度进行跟进,进而理顺数字档案管理的工作流程,并全面控制文件处理等环节的工作,以保证在处理文件的过程中,文件始终处于安全状态。具体地说,在储存文档的每个环节中,都应引入监理机制,以审核文件存储的相关信息,如级别、格式和方式等,以保证数字档案存储的规范性。除此之外,引入监理机制,还可以对文件在处理及传输过程中存在的问题进行检验,并给予提示信息,在一定程度上规避工作人员的失误,最大程度保证数字档案在处理过程中的安全性。需要说明的是,引入监理机制,还可以有效分析数字档案管理过程中遇到的问题,并提出合理建议,以解决问题,最终实现数字档案的安全性、可行性及稳定性。

3. 提高技术水平

数字档案的安全离不开技术的安全,在具体的数字化工作中,应不断进行技术研究,采用最新的技术来保障数字档案的安全[4],具体如下:

1) 信息加密技术

之所以进行信息加密,目的非常简单,那就是对网络内的信息,如文件、口令以及数据等给予保护,进而对网络传输中的数字档案进行保护。加密技术的工作原理如下:对信息进行编码或者变换,从而对原来的机密敏感信息进行加密,使其变成复杂难懂的乱码信息,最终实现数据的安全。

2) 数字签名技术

之所以进行数字签名,就是为了便于辨认、验证电子文件。简单地说,它就是模拟手写签名,这样就方便用户认证电子形式的消息。有一点需要说明,那就是要实现数字签名,需要数据加密技术予以支持。

3) 防火墙技术

所谓防火墙,不仅包括计算机硬件,还包括软件。防火墙在网络的网关服务器上运行,这样就可以在内部网络和公共网络这二者之间建立起安全网关,进而对私有的网络资源起到有效的保护作用,远离其他网络使用者的入侵。

4）操作系统安全内核技术

要保证数字档案系统的安全性，就应在系统内核中剔除所有存在安全隐患的部分，此时可借助操作系统安全内核技术和数据库安全技术完成。这里所提的操作系统平台的安全措施，不仅包括操作系统，还包括操作系统的安全配置，以及对操作系统存在的漏洞进行检查等。

5）入侵检测技术

所谓入侵检测，其实指的就是识别和响应计算机及网络资源恶意使用的过程。有了入侵检测技术，不仅可以应对网络攻击，还可以对系统管理员的安全管理能力起到一定的提升作用，进而保证数字档案安全基础结构的完整性。

6）生物识别技术

同传统的身份验证机制相比，生物识别技术具有明显的优势，它借助人体的身体特征进行身份验证，因为人体特征是独一无二的，具备不可复制的特性，所以生物识别技术可在很大程度上保证数字档案的安全性。

4. 引进专业技术人才

在管理数字档案的过程中，需要用到大量的计算机专业知识，所以，应有针对性地引进计算机专业人才，因为相对于单纯的档案管理人员来说，计算机专业人才在认识数字档案及数字管理方面更深刻、更全面，且拥有过硬的技能，这样可以在很大程度上避免病毒的侵袭，还可以迅速地整理信息，并对其归类。也就是说，在数字档案管理过程中引入计算机专业人才，可以很好地将数字档案管理和计算机知识进行巧妙地融合，从根本上防止重要文件发生丢失或者泄露的意外，进而为数字档案管理系统运行的安全性和稳定性提供保障。

5. 提高安全意识

要保证数字档案信息安全，档案管理人员的安全意识尤为重要，故此，应提高档案管理人员的安全意识，并对其进行职业道德培训，以培养从业者的责任感，进而在实际工作中确保数字档案的安全性、真实性。要提高从业者的安全意识，可从如下方面做起：首先，对网络安全知识进行大力宣传，向数字档案管理员普及安全常识；其次，开展座谈会或讲座，举办知识问答竞赛，向数字档案从业者普及安全常识；再次，对数字档案信息进行分类，明确所属类型，然后对数字档案进行权限设置，实现不同级别的人员拥有不同等级的权限；最后，加强对数字档案管理人员的培养，努力将其培养成复合型的多功能人才，这样可以很好地将安全意识教育和技术培养结合到一起，便于档案管理人员对数字档案信息的保护，便于建立防火墙，远离病毒侵袭。

6. 加大基础设施资金投入

在数字档案运行初期,很多企业都属于探索、尝试的阶段,以体验数字档案能否提高工作效率、能否保障档案安全,处在这个阶段的企业往往采取的都是观望的态度,并没有投入大量的资金,也没有足够完善的设备,这对于数字档案的安全来说是不利的,无法保证其运行的安全性和稳定性。随着科学技术的不断进步,一些设备的安全性应引起企业的足够重视,只有硬件支撑了,才能保障数字档案的安全。对于企业的高层管理者来说,应与时俱进,并尽快转变思路,同时应加大对数字档案所需的基础设施的资金投入,这里所提的基础设施,不仅包括设备,还包括软件,以使其满足数字化时代的要求,最终实现为数字档案安全提供根本性保护。

社会在不断发展,技术在不断进步,数字档案在带给人们方便快捷的同时,也存在一定的安全隐患,要保证数字档案管理安全,不仅需要数字档案从业者的共同努力,也需要企业乃至社会各界的支持与帮助。我们明晰了影响数字档案安全的因素,并有针对性地提出了一些安全保障策略,希望可以最大程度发挥数字档案的作用,并为数字档案安全提供根本保障。

参考文献:

[1] 吴春梅.浅谈网络化时代的数字档案管理[J].职业时空,2011(6):16-17.

[2] 王芗馨.数字档案信息安全防护策略分析[J].档案天地,2015(3):40-41.

[3] 王梅林.如何应对档案数字化管理后保密与泄密工作[J].办公室业务,2015(3):44.

[4] 向立文.档案数字化建设中若干问题的研究[D].湘潭:湘潭大学,2004.

从美国"电邮门"谈我国电子邮件归档安全管理的启示

卞咸杰 （盐城师范学院）

摘要：通过梳理近年来频发的美国国会中国经济与安全审查委员会、国家安全局、前国务卿希拉里·克林顿、总统奥巴马"电邮门"事件，得出六点启示：在电子邮件归档中，安全意识不能纸上谈兵，"法规遵从"不能束之高阁，流程规范不能熟视无睹，内控管理不能流于形式，数据加密不能置之不理，技术防范不能坐而论道。

关键词：电邮门；电子邮件；归档；安全管理

在移动互联网时代，电子邮件已经成为网络中最为广泛、最受欢迎的交流方式之一。电子邮件系统以其便捷的特点而成为了人们进行信息交流的重要工具，并被越来越多地应用于企业商务信息交流和政府网上公务流转等活动和管理决策的信息沟通。截至2015年6月，电子邮件用户达24 511万，占网民使用率的36.7%，手机邮件用户14 228万，占网民的24.2%，比2014年增长1.3%[1]。此外，据中国互联网络信息中心第35次中国互联网络发展状况统计报告（2015年1月）显示，2014年，在企业开展的互联网应用中，电子邮件作为最基本的互联网沟通类应用，普及率最高，达83.0%[2]。由此可见，电子邮件已成为电子政务、电子商务中重要的信息载体，为提高管理效率起到了巨大的带动作用，成为企业信息化和电子政务的重要基础。保护电子邮件安全不仅仅是网络管理员的职责，也是归档部门的重要责任，尤其是美国近年来频发的"电邮门"事件表明，忽视电子邮件的安全性已经成为档案信息安全的最大隐患。

一、美国频发的"电邮门"事件

2012年以来，美国频频发生"电邮门"事件，美国国会中国经济与安全审查委员会、总统奥巴马、国务院的电子邮件被黑客侵入，美国国家安全局搜集美国公民私人电子邮件等通讯记录，美国前国务卿希拉里·克林顿、佛罗里达前州长杰布·布什使用私人邮箱处理公务邮件，导致邮件泄密，等等。"电邮门"不仅引发了美国电子邮件的"安全隐患"，也成为民主党和共和党相互攻击对方的把柄，尤其是民主党成员指责杰布·布什为避开公众监督使用个人邮箱"不够光明磊落"。同时,"电邮门"也给我国电子邮件归档的安全敲响了警钟。

1. 美国国会中国经济与安全审查委员会"电邮门"

路透社2012年1月9日报道,美国国会中国经济与安全审查委员会(US-China Economic and Security Review Commission)电子邮件泄密事件,电脑黑客在网上公布了一份据称是印度军事情报机构从事网络间谍活动的文件,该文件计划利用西方手机制造商提供的技术来监视美中经济与安全评估委员会。文件还附带了一些据称是该委员会的几位委员之间互相往来的电邮副本。美国当局就印度政府间谍部门破译美国美中经济安全审查委员会的邮件的说法进行调查,该委员会监控美国和中国之间的经济和安全联系,包括互联网安全问题[3]。

2. 美国国家安全局"电邮门"

2013年8月21日,美国国家情报总监詹姆斯·克拉珀下令解密的3份美国外国情报监控法庭的机密显示,美国国家安全局(National Security Agency)曾于2008年至2011年间每年搜集5.6万封与恐怖主义毫无关系的美国公民私人电子邮件等通讯记录。国家安全局称,在针对外国目标的情报监控中,该机构搜集到大量电子邮件等通讯记录,但未能有效过滤掉美国公民之间的普通记录,预计由此每年"误收"几万封私人的电子邮件等。对此,白宫发言人乔希·欧内斯特否认国家安全局存在针对美国公民的网络监控项目,称此类项目监控目标严格"对外",而国内情报只是"偶然"被截取而已[4]。

3. 美国前国务卿希拉里·克林顿"电邮门"

《纽约时报》2015年3月2日报道,希拉里·克林顿(Hillary Clinton)被指在2009年至2013年担任美国国务卿期间一直使用位于自己家中的私人邮箱、私人服务器(域名为Clintonemail.com)处理公务邮件,而没有用指定的美国国务院的公务邮箱,助手也未及时归档通信内容,而且并没有使用政府提供的专用黑莓手机(以处理邮件著称),涉嫌违反《联邦档案法》关于保存官方通信记录的规定[5]。随着"电邮门"持续发酵,美国国务院5月22日把前国务卿希拉里·克林顿私人电子邮箱的296封电子邮件公之于众。邮件中的部分内容在撰写时并非保密信息,但现在已被美国联邦调查局"调整"为保密信息并被屏蔽。美国务院在社交网站推特开设的官方账户发布消息说,这些公布的邮件是希拉里在美国驻利比亚班加西领事馆遇袭事件发生后所发送和接收的[6]。

4. 美国佛罗里达前州长杰布·布什"电邮门"

据路透社 2015 年 3 月 15 日报道,美国共和党总统候选人之一的杰布·布什(Jeb Bush)也因为个人电子邮箱使用不当惹上麻烦,在其担任佛罗里达州长期间,用个人电子邮箱讨论军队部署、核电站保护措施等高度涉密信息,引发"安全隐患"[7]。

5. 美国总统贝拉克·侯赛因·奥巴马"电邮门"

2015 年 4 月 26 日,根据《纽约时报》报道,俄罗斯黑客在 2014 年侵入白宫的非加密计算机系统,读取了美国总统贝拉克·侯赛因·奥巴马(Barack Hussein Obama)的电子邮件。这些黑客也同时侵入了美国国务院的未加密系统,不过他们并未能攻破奥巴马及其助手用于通信的黑莓服务。对此事进行调查的美国官员表示,黑客获得了白宫内部人员的电子邮件存档。他们还有可能获得了奥巴马常常与之通信的某些白宫外部人士的电子邮件存档。通过这些人的电子邮件记录,黑客可能读取了奥巴马收发的某些邮件[8]。

二、"电邮门"对电子邮件归档安全管理的启示

美国近年来频发的"电邮门"告诉我们:互联网频发的电子邮件被攻击泄密、窃听事件,存在不少局限,已经难以适应诸如邮件 APT 攻击、邮件内容传输和存储泄密、智能终端木马盗取等各种新型的安全态势。反观我国电子邮件归档安全管理的现状,2005 年国家档案局正式颁布实施《公务电子邮件归档与管理规则》,2006 年 2 月原信息产业部颁布了《互联网电子邮件服务管理办法》,但目前电子邮件的安全管理并不乐观,政府部门和企事业单位对公务电子邮件、商务电子邮件归档的安全管理重视程度不均衡;恶意病毒、网页木马程序、特制木马程序以及利用软件漏洞的邮件木马在互联网上泛滥成灾。美国并不缺少电子邮件归档安全管理的意识、法规、技术等,但仍然出现政界要人、政府机构的"电邮门事件",其原因值得深思,对我国加强电子邮件归档的安全管理有一定的启示。

1. 启示之一——安全意识不能纸上谈兵

美国国安局每年"误收"几万封私人的电子邮件说明,安全意识应落在实处。"预防第一"应成为电子邮件归档安全管理的首要原则。树立电子邮件安全风险意识比任何事后的补救措施都有效。对于不请自来、陌生人发送的邮件,或者邮件标题和发送地址不同于寻常的邮件,在归档过程中特别需要注意审核。如果发现是

垃圾邮件的,及时报告给网络管理员或者邮件服务提供商。在社交网络上,尽量不要透露个人隐私信息,注册账号可以使用额外单独的邮箱,从希拉里·克林顿、杰布·布什使用私人处理公务导致邮件泄密中吸取教训,公私分开使用邮箱。个人邮箱和工作邮箱可以单独设置不同的账号名和密码。对电子邮件管理软件要及时更新操作系统漏洞补丁,安装杀毒软件和防火墙,及时更新病毒库,设立安全checklist。通过树立风险意识,尽量消除电子邮件归档的安全隐患。

2. 启示之二——"法规遵从"不能束之高阁

美国制定的电子邮件安全管理的政策、法规并不少,如早在 1974 年美国就颁布《隐私法》,其一方面承认并保护公民对其个人信息存在的重要利益,另一方面也宣称政府为了执法而使用个人信息的必要性;1986 年《美国电子通讯隐私法》强调对储存在电脑上的讯息的保护;2003 年推出了《反垃圾邮件法》,针对垃圾电子邮件进行了各种规定;2014 年通过《联邦档案责任法案》,禁止政务工作人员(甚至包括总统、副总统)及顾问使用非公务电子邮件系统发送电子邮件;2015 年,美国众议院通过 CISPA 安全法的修正案,要求互联网服务商与政府共享信息,包括电子邮件。这些都表明电子邮件作为常用的通讯工具,其安全性引起了美国政府、服务提供商、用户的高度重视,甚至立法要求细化相关的管理。为什么美国出现了那么多的"电邮门"呢?其根本原因就在于"法规遵从"原则没有在电子邮件归档中得到真正体现。在我国,电子邮件的"法规遵从"原则也得到一定程度的发展,尽管国家档案局 2005 年发布的行业标准《公务电子邮件归档与管理规则》,对电子邮件著录和归档进行了指导,但遗憾的是对于机构如何保证电子邮件的真实性、完整性和安全性没有涉及。国家发展和改革委员会在 2013 年信息安全专项文件中指出:"综合利用基于标识技术的国家商用密码 SM9 专用算法加密,结合国家信息安全权威机构定点监测,建设安全邮箱服务平台,面向政务部门、团体组织和个人提供可靠的安全加密邮件与移动终端电子邮件消息加密推送等运营服务。"2015 年,国家信息安全专项名单公布,国家信息中心基于标识密码技术的安全电子邮箱试点示范项目、中国信息安全测评中心基于公网的跨域电子邮箱安全保密试点示范项目均为专门解决邮件安全的示范项目。

3. 启示之三——流程规范不能熟视无睹

美国近年频发的"邮件"泄密的原因很大程度上是没有遵守邮件归档的规范流程,如美国 Osterman Research 公司于 2003 年 7 月 3 日公布的关于企业电子邮件管理的调查结果显示,"超过一半的调查对象企业并没有针对需要长期保存的信息采取防止用户删除的对策"[9]。根据美国相关规定,除一些极为敏感的文件或机密文件,所有由政府官员发送及接收的书信、邮件都需要被记录在案,私人账号只能在非常紧急的事件时才可以使用,比如机构的计算机服务器无法正常运行,但事后也应当将通信内容及时上传国务院服务器[10]。希拉里·克林顿用私人邮箱处理机密信息,就是没有遵守邮件归档的规范流程,违反了政府机密信息的基本规则,严重的话将会损害国家利益。随着时间的推移,政府部门和企事业单位产生了日益增多的电子邮件信息量,在过去的几年中,电子邮件信息数据呈指数级增长。目前的存储方法和流程已逐渐适应这类涌现的数据。确保监控的警惕性和数据采集的最好方法是,进一步规范电子邮件归档的流程,通过单一的虚拟存储库捕获并存储所有类型设备的电子邮件数据——不管是归档还是备份,不管是公共云还是私有云。有了这样的存储库,就可以从单一位置进行全面搜索和重复数据删除。通过归档和获取所有的业务数据,可以从单一位置全面搜索存储库和重复数据删除,从而更好地控制应用程序、流程和数据工作流。

4. 启示之四——内控管理不能流于形式

希拉里·克林顿和杰布·布什的"电邮门"表明,他们违背邮件内控管理的规定:公务邮件不得使用个人邮箱,因为个人邮件系统很容易遭黑客入侵,远不如政府提供的加密邮箱安全。随着越来越多的企业采用"自带设备"(BYOD),在信息管理策略加入终端数据保护比以往任何时候都重要。IDC预计,60%的重要商业信息存储在电子邮件中,而大部分邮件存在了U盘或个人设备里。无处不在的设备(以及自带的访问商业电子邮件的能力)带来了数据管理失误的可能性。通过保护可访问重要商务信息的所有终端设备——从企业设备到个人设备,企业可以实现更成功的信息管理。员工的一个过失就可造成信息曝光,如果没有一个合适的计划来管理这些设备,一旦访问业务电子邮件的笔记本电脑或手机丢失和被盗,就可能泄露私人业务信息。

5. 启示之五——数据加密不能置之不理

对归档的电子邮件数据加密并不代表电子邮件在安全管理上万无一失,但至少像黑客读取美国总统奥巴马的电子邮件和侵入美国国务院的未加密系统的事件就不会发生或减少发生。可靠的数据保护策略应该是政府机关和企事业单位更大的信息管理计划的一部分,即使有安全的设备和备份数据,仍存在敏感信息被暴露的可能性。必须设置额外的防线,覆盖加密、门控文档、电子邮件安全措施和双因素身份验证。据证券公司 Venafi 报告称,曾经有三个月,希拉里·克林顿在国务院的电子邮件、网络活动和设备基本上是不安全的,根本没有加密。在此期间,希拉里·克林顿访问了中国、埃及、以色列、韩国以及其他地方。直到三个月后,她使用的浏览器、智能手机和平板电脑才可以加密支持 Clintonemail.com[11]。虽然"电邮门"的政治后果和动机仍将处于漩涡之中,但所有深陷其中的机构,都须进一步仔细审视自己的信息收集、保留、保护和访问行为。

6. 启示之六——技术防范不能坐而论道

从"电邮门"事件的报道中分析,美国政府公务员邮件也采用了"特殊的加密措施";此外,美国公司的邮件加密如 HP、微软都使用标识密码算法(IBC)对邮件数据进行加密处理;著名的邮件加密专家 Philip Zimmermann 很早就在互联网上提供免费加密的 PGP 邮件加密工具。尽管如此,美国国会中国经济与安全审查委员会电子邮件被印度军事情报机构黑客窃取、奥巴马的电子邮件被俄罗斯黑客通过侵入白宫的非加密计算机系统而读取。这表明技术防范并不是完美无缺的。目前的计算机技术并不能确保电子邮件百分之百的安全,黑客攻击、病毒入侵已成为电子邮件安全管理的主要对象。技术防范的手段和策略不可忽视,在一定程度上仍然可以保证电子邮件的安全性,如通过设置虚拟网不定期公布安全使用提示,监测内部网络,协调移动网络和传统网络的安全管理。国内的邮件安全技术和解决方案也不断成熟,如国家密码管理局组织了 IBC 标识密码算法相关标准的编写,颁发了国家 SM9 算法,该加密算法非常适合电子邮件保护。相关单位也在组织安全电子邮件的标准编写。此外,中央网信办组织的网络安全宣传周活动,也在宣传电子邮件的使用和防范的安全知识。电子邮件作为一个生命力极强的互联网应用,只有不断推出各种安全技术手段,以使得其安全性和便捷性逐渐融合。

当然,"电邮门"事件并非美国独有。如 2009 年 12 月,黑客进入英国东英吉利大学气候研究部门计算机系统,盗取了 1000 余封往来于多位世界顶级气候学家讨论气候问题的邮件和其他 3000 多份相关文件。时隔 2 年,轰动世界的"电邮门"事件再次上演"续集",又一批东英吉利大学气候研究小组的电子邮件及其他文档再遭黑客泄密,其内容均到互联网上公开[12]。"电邮门"事件告诉我们,电子邮件已经成为日常生活和政务活动和商务活动中不可缺少的一部分。如何对归档的电子邮件数据进行安全保存和避免黑客攻击、病毒入侵、非法窃取、操作失误、硬件故障等造成的电子邮件数据丢失,是电子邮件归档的重要任务。目前在我国,虽然也出现了一些商家针对电子邮件归档安全性提出了解决方案,但是由于技术不够成熟,推广力度不大,还没有得到广泛的应用。可以预测,在一定时期内电子邮件作为政务活动、商务活动中交流和传递信息的工具不会被淘汰。因此,吸取"电邮门"教训,加强电子邮件归档的安全管理是档案信息资源管理中一项重要的课题,其研究具有一定的理论意义和实践意义。

参考文献：

[1] 中国互联网络信息中心.第36次中国互联网络发展状况统计报告(2015年7月)[EB/OL].[2015-07-27].http://cnnic.cn/hlwfzyj/hlwxzbg/hlwtjbg/201507/P020150723549500667087.pdf.

[2] 中国互联网络信息中心.第35次中国互联网络发展状况统计报告(2015年1月)[EB/OL].[2015-02-03].http://cac.gov.cn/2015-02/03/c_1114222357.htm.

[3] Mark Hosenball.美国调查美中经济安全审查委员会邮件泄密案[EB/OL].[2015-07-18].http://roll.sohu.com/20120110/n331725095.shtml.

[4] 美国家安全局承认曾搜集大量美国人电子邮件[N].成都日报,2013-08-23.

[5] 赵欣欣.希拉里的"电邮门"风波与领导人形象塑造[J].公关世界,2015(5):58-61.

[6] 希拉里296封私人邮件被曝光[EB/OL].[2015-07-18].http://www.chinanews.com/gj/2015/05-25/7298833.shtml.

[7] 刘皓然.杰布·布什也陷"电邮门"引发美国"安全隐患"[EB/OL].[2015-07-18].http://world.huanqiu.com/exclusive/2015-03/5916989.html.

[8] 俄黑客去年入侵白宫电脑查看奥巴马邮件[N].郑州晚报,2015-04-27.

[9] 多数美国企业没能履行保存电子邮件的义务[EB/OL].[2015-06-18].http://www.c114.net/news/52/a60219.html.

[10] "电邮门"背后的安全隐患[EB/OL].[2015-07-18].http://soft.aizhan.com/wzzx/84870.html.

[11] Emily Wojcik.从"邮件门"谈数据管理的三点启示[J].软件和信息服务,2015(5):12.

[12] 张梦然."气候门"事件又掀波澜 5000余邮件遭黑客泄密[EB/OL].[2015-06-18].http://www.chinanews.com/gj/2011/11-24/3484747.shtml.http://cnnic.cn/hlwfzyj/hlwxzbg/hlwtjbg/201502/P020150203548852631921.pdf.

云计算环境下电子文件管理可靠性研究

毕建新 （东南大学）

> **摘要**：本文将可靠性理论引入电子文件管理的研究中，分析了云计算环境下电子文件管理对可靠性的特殊要求。从制度可靠性、环境可靠性、系统可靠性和业务可靠性等四方面对云计算环境下电子文件管理可靠性影响因素进行分析，并提出了对应的可靠性保障策略。
>
> **关键词**：云计算；电子文件；可靠性

一、引言

学术界和商业界对云计算的讨论如火如荼,它具有低成本、虚拟化、存储能力强、弹性服务、资源池化、按需服务、服务可计费、泛在接入的特点,而电子文件管理的各项要求与云计算的特点几乎完全吻合,目前电子文件管理中所存在的问题绝大部分也能够由云计算来解决,可以说云计算是目前解决电子文件管理困境的最佳选择。虽然云计算对于电子文件管理有着诸多优势,但作为一项新技术的应用,云计算环境下电子文件管理的可靠性尚存争议。本文尝试将可靠性理论引入到电子文件管理中来,从工程学角度分析云计算环境下电子文件管理可靠性的影响因素及保障策略。

二、云计算环境下电子文件管理的可靠性要求

1. 可靠性理论的引入

可靠性是指产品在规定的条件下和规定的时间内完成规定功能的能力,它是产品的内在质量特性,体现的是产品非功能属性要求[1]。可靠性概念最早源自军用航空领域,经过几十年的发展,尤其是随着信息技术的进步,使可靠性研究从重视产品性能、轻视可靠性的观念转变为可靠性、性能与费用同等重要的观念;从电

子设备研究对象扩展为非电子设备；从硬件可靠性逐渐向软件及服务可靠性的研究发展；从单个可靠性指标参数的简单分析到多维参数指标的综合分析等。可靠性成为现代质量观的核心，以可靠性为核心的质量观关注全系统、全过程、全特性的质量管理，重视质量特性的形成过程，运用可靠性技术来强化质量设计，确保产品好用管用、经久耐用[2]。从这个角度看，可靠性理论与文件生命周期理论及前端控制思想的精髓是一致的，而且还具有更强的操作性。云计算环境下电子文件管理的可靠性同样可以从规定条件、规定时间和规定功能三方面来分析。规定条件包括电子文件管理的环境条件和工作条件。环境条件主要是指云计算环境，主要包括 IaaS（基础设施即服务，简称 IaaS）、PaaS（平台即服务，简称 PaaS）和 SaaS（软件即服务，简称 SaaS）等三个核心服务层以及以服务质量保证和安全保证为核心的服务管理环境。工作条件主要是电子文件管理体制机制、规章制度和业务标准规范等。规定时间包含两个层面，一方面是指电子文件管理从系统设计、文件生成、捕获到最终归宿的全生命周期，另一方面是指云计算环境本身的生存周期。规定功能是指电子文件在其生命周期内所具备和完成的功能和技术指标。

2. 电子文件管理对可靠性的要求

电子文件及其管理系统的技术性能指标仅从一个方面反映了电子文件的管理质量，却不能反映其全貌。如果电子文件管理的可靠性不高，即使其技术性能再好，电子文件的效能也无法得到发挥。因此，有必要将可靠性作为电子文件管理的重要质量指标加以考核和检验。

1）现有标准规范的要求

我国于 2003 年和 2010 年分别颁布了国家标准《电子文件归档与管理规范 GB/T 18894—2002》（简称《规范》）和《电子文件管理暂行办法》（简称《办法》）。其中虽未直接出现"可靠性"字样，但都对电子文件的可靠性作出了详细的要求。如，《规范》对电子文件的真实性、完整性和有效性从制度、工作程序和技术措施三个层面加以保证，要求"建立规范的制度和工作程序并结合相应的技术措施，从电子文件形成开始不间断地对有关处理操作进行管理登记，保证电子文件的产生、处理过程符合规范"。在电子文件的收集和积累阶段，要求"采取严格的安全措施，保证电子文件不被非正常改动"，对不同类型的电子文件规定了通用格式，并定期制作电子文件的备份。在电子文件归档阶段，"应对归档电子文件的基本技术条件进行检测，检测内容包括：硬件环境的有效性，软件环境的有效性及其信息记录格式、有无病毒感染等"。在电子文件保管阶段，在保管环境、设备环境更新、载体转存也均提出了具体要求。《办法》中也多次提到与《规范》相似的可靠性问题。随着信息技术的发展,学术界对于电子文件可靠性的认识越来越深刻,《电子文件管理装备规范》《电子文件管理系统通用功能要求》《电子文件存储与交换格式 文书类版式文档》《电子文件存储与交换格式 文书类流式文档》《电子文件元数据基本集》《电子文件归档与电子档案管理规范》以及《文书类电子文件长期保存格式规范》等一批涉及电子文件可靠性保障的标准规范也已撰写完毕待批。这些标准规范对电子文件管理所涉及的硬件设备和系统、管理系统功能架构、存储与交换格式、元数据基本集、管理流程等做出了详细的规定,对于未来大幅提高电子文件管理的可靠性具有十分重要的意义。

2)云计算环境下的特殊要求

云计算将大规模的共享虚拟计算资源以服务的方式提供给用户,其表现形式就是一系列服务的集合。服务的超大规模性、高复杂性、失效类型多样性、虚拟化管理和资源动态变化等特性,使得传统的可靠性保证技术难以适应云服务的新特点和新需求[3]。这就要求将可靠性融入到云计算环境搭建和电子文件管理系统设计阶段。这使得电子文件管理系统的设计框架从传统的"软件=程序+数据+文档"模式转变成为"软件=服务(集)+工作流+数据",系统开发方法已经由传统的面向产品转变成面向服务,其运行环境由封闭、静态、可控逐步转变为开放、动态、多变。云计算环境下软硬件系统呈现出松耦合的特点,允许网络中满足功能的软硬件组件加入,而这些新加入组件的可靠性将直接影响到电子文件管理的整体可靠性。传统的提供冗余备份以及通过测试、动态替换软硬件组件等方式提高系统可靠性的方法已无法适应云计算环境的要求,如果不对软硬件组件的可靠性进行把关,未来在电子文件管理过程中所产生的软硬件维护费用之高将成为不堪忍受的负担[4]。

综上所述,目前电子文件管理可靠性还处于"事后把关"模式,即从制度设计、工作程序和技术措施等几个层面分别进行风险评估以确认电子文件可能出现的风险并设计处置预案。如,目前学界对电子文件管理系统的通用功能做了大量的研究,但并未在设计阶段考虑系统的可靠性,也未给出具体的实施细则及系统测试的方法。在电子文件管理经过近二十年的发展后,特别是在云计算环境下,对电子文件可靠性问题如果仍然坚持"事后把关"的处理模式,其可靠性保障将难以得到进一步提升。这就要求把可靠性作为设计特性,将其融入到电子文件管理生命周期及所处环境的前期设计中,使可靠性的技术跟踪与分析评价贯穿于电子文件管理的全生命周期。

三、云计算环境下电子文件管理可靠性影响因素分析

云计算环境下电子文件管理可靠性是一种综合可靠性,由制度可靠性、环境可

靠性、系统可靠性和业务可靠性等四个方面构成,如图1所示。要提升电子文件管理的综合可靠性,就必须从上述四个方面分析电子文件管理可靠性的影响因素,并理解其影响机制及危害性。本文采用可靠性研究中常用的故障模式、影响及危害性分析(Failure Mode,Effect and Criticality Analysis,FMECA)方法,对云计算环境下可能影响电子文件管理可靠性的关键因素进行统计,并对其产生的影响及危害进行分析。这是一种从局部到整体的分析方法,通过这种分析方法可以发现云计算环境下电子文件管理过程中的薄弱环节、主要故障模式及原因,能有针对性提出改进措施,进而提高电子文件管理的可靠性。

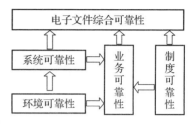

图1 电子文件管理综合可靠性构成

1. 制度层影响因素

本文所述的制度层包含了电子文件管理体制机制、规章制度和业务标准规范等。电子文件管理体制机制是指电子文件管理职责在机构中的分布,其对电子文件管理的影响表现为各类管理职能、责任和权利不能有效的衔接;电子文件管理规章制度是指电子文件管理者需要共同遵守的规章和准则,规章制度不完善主要表现为不健全、不配套、不合理、不执行[5];电子文件管理标准规范是用于指导电子文件管理取得最佳效果经一致协商制定的共同使用和重复使用的规范性文件,标准规范的不足会严重影响电子文件管理质量。目前电子文件管理体制机制、规章制度尚处于初建阶段,一些管理体制机制还处于磨合期,部分规章制度还不能对电子文件管理起到实质性的约束作用,电子文件管理标准规范也多是针对文书类电子文件和声像类电子文件,较少涉及完整的流程规范和业务规范,还谈不上针对云计算环境进行专门的制度设计。缺乏科学合理的电子文件管理体制机制,就会造成电子文件管理的决策失误,而导致战略性失误;规章制度和业务标准规范的缺失则会导致电子文件管理的技术性失误和执行失误,而导致战术性失误。由此可见,制度层影响因素是导致电子文件管理可靠性问题的深层次原因。

2. 环境层影响因素

环境层主要是指电子文件管理所处的云计算环境,即IaaS层、PaaS层和服务管理层,环境层可靠性的缺乏会对电子文件管理和服务造成不可估量的损失。云计算环境可靠性与网络环境密切相关。云环境中软硬件具有松耦合性特点,网络中的软硬件组件可以自由加入,云计算服务提供商基于降低成本的考虑,会部分采用廉价或者可靠性不高的硬件设备,从而导致硬件节点故障的发生。如果是关键节点,如数据中心、计算节点发生故障,电子文件管理将面临崩溃的危险。云计算 PaaS 层的可靠性是环境可靠性的关键环节,PaaS 层是否可靠很大程度上决定了电子文件的可靠性。云计算环境下电子文件的数量以 TB 和 PB 级持续增长,所涉及的电子文件应用的拓扑结构也日益复杂,其状态和性能也处于不断的变化之中。如果缺乏对海量电子文件科学的数据存储与处理技术、资源管理与调度策略,电子文件的可靠性与可用性将大打折扣。云计算服务管理层对核心服务层的可用性、可靠性和安全性提供保障,包括服务质量保证和安全管理等。云计算平台规模庞大且结构复杂,很难完全满足用户的服务质量保证需求,此时,是否有针对性地制定服务水平协议和安全与隐私保护技术,就成为云计算能否广泛应用于电子文件管理的关键。

3. 系统层影响因素

系统层主要包含业务系统、电子文件管理系统和电子文件长期保存系统等云计算应用,这些应用面向电子文件管理终端用户,构成了云计算环境的 SaaS 层。系统层对电子文件管理可靠性的影响实质上是软件系统可靠性的问题。云计算环境下 SaaS 层的各类应用呈现出规模庞大、复杂程度高、数据异构性的特点,科学的软件工程方法与管理就成为保证电子文件管理应用可靠性的基本手段。在遵循云计算环境下统一的电子文件元数据标准、编码标准和接口标准的前提下,应充分考虑各类电子文件管理应用开发过程中的避错设计、错误校验、错误兼容。待系统开发完毕,软件测试会尽可能地找出系统中存在的缺陷和错误,并进行改正。而测试方法的不同、测试覆盖面的差异、测试阶段投入工作量的大小都直接影响着测试结果。实践证明,测试方法得当、覆盖面广泛、测试投入充分的系统,其可靠性必然高,反之其可靠性必然相对较低。是否采取有针对性的提高软件可靠性的设计、测试方法与技术,会对系统可靠性产生重要的影响。值得一提的是,软件生命周期中从需求分析,到系统设计、编码开发,再到测试,到最后的投入使用及维护,都离不开开发人员。从事系统设计、管理、开发、测试相关人员的能力、经验、素质也是影响系统可靠性的重要方面[6]。

4. 业务层影响因素

业务层是指电子文件从机构业务系统中产生开始直至进入长期保存系统的流转过程。电子文件在不同的业务流程中呈现出不同的流转特征。业务流程的可靠性同样也影响着电子文件管理的可靠性。传统电子文件管理流程仅仅是对纸质文件管理流程的简单电子化,虽然可靠性较高,但对于提升文件管理效率作用有限。计算环境下电子文件管理要达到管理效率和管理可靠性的大幅提升,就需要构建一种适应云计算环境的具有自适应性的柔性业务流程。这种流程能够面向云计算规模庞大、结构复杂、服务动态的特性,自动地调整文件管理流程和电子文件的流转。因此,在业务层必须要综合考虑电子文件管理的业务类型、业务场景、业务流程、业务对象以及对业务对象的操作。电子文件业务流程在具有自适应的柔性特征的同时,还应当具有相当的健壮性,即不易被不合理因素干扰而导致业务流程的中断,使电子文件无法按要求完成流转。这涉及业务流程的合理性以及不同业务流程之间的依赖性和衔接性。

综上可绘制出一张电子文件管理可靠性影响因素表格,如表1所示。表中包含了影响因素类型、影响因素、危害性及原因,表格比较直观地体现了云计算环境下电子文件管理可靠性影响因素。

表1 电子文件管理可靠性影响因素表

影响因素类型	影响因素	危害性	原因
制度层影响因素	管理体制机制	决策失误、战略性失误	管理职能、责任和权利未能有效衔接
	规章制度	执行失误、战术性失误	规章制度不健全、不配套、不合理、不执行
	业务标准规范	技术失误、战术性失误	标准规范不健全
环境层影响因素	云计算IaaS层	节点故障频发	硬件设施低成本、低可靠性
	云计算PaaS层	危及电子文件可靠性与可用性	缺乏科学的数据存储、处理技术和资源管理与调度策略
	云计算服务管理层	电子文件完整性、安全性无法保障	缺乏服务水平协议和安全与隐私保护技术
系统层影响因素	各类电子文件应用开发	系统避错、容错、纠错能力弱	未采取科学的软件工程方法与管理
	软件测试	应用存在大量错误	测试方法不科学、覆盖面不足、投入不足
	应用开发人员		能力、经验、素质不足
业务层影响因素	电子文件管理业务流程	管理效率低下	业务流程简单电子化
		业务流程遭遇干扰	业务流程健壮性不足

四、云计算环境下电子文件管理可靠性保障策略

可靠性作为现代质量观的核心,关注的是全系统、全过程、全特性的质量管理,重视质量特性的形成过程,强调将可靠性作为设计特性,将其融入到前期设计中。

因此,电子文件管理也要将可靠性融入到电子文件管理的前期设计中,并将可靠性的技术跟踪与分析评价贯穿于电子文件管理的全生命周期。

1. 制度可靠性设计

制度可靠性主要是从管理体制机制、规章制度、标准体系层面对云计算环境下电子文件管理作出约束和规范。科学的管理体制机制、规章制度和标准体系,可以营造出电子文件可靠管理的制度环境,给予电子文件管理科学的指导。在管理体制机制上,应当逐步建立健全国家－省－市三级电子文件管理协调机构,对电子文件管理工作进行组织协调和监督检查。在此基础上进一步完善电子文件形成单位与档案部门管理职责,建立文秘、业务、档案、信息化建设和安全保密等部门协同配合的日常管理机制,指导归档电子文件管理工作。在规章制度上,完善电子文件全程管理的规章制度、电子文件管理与现有文件档案管理有机衔接的管理办法等;制定电子文件管理系统和设备的管理制度,对电子文件管理系统和设备的认证测评、风险评估、设备采购、规范使用提出要求。在业务标准规范上,完善电子文件管理标准规范体系,对电子文件管理全生命周期提出管理与技术规范。

2. 云服务可靠性设计

云服务可靠性由可靠云基础设施服务、可靠云平台服务及可靠云应用服务构成。云基础设施服务为电子文件管理提供可靠的网络、数据中心、计算等虚拟化资源服务,是电子文件管理可靠性的基础;可靠云平台服务属于云基础软件服务层,为电子文件管理提供平台支撑,是支撑电子文件管理的重要手段;可靠云应用服务,即电子文件管理应用,与用户的可靠性需求紧密结合,是云服务可靠性的直接体现。

可靠云基础设施服务的目标是建立具有高可靠性和高容错能力的网络、大规模存储设施和高性能计算节点。其中,网络可靠性主要取决于网络设计的可靠性和设备可靠性,这两者构成了网络的固有可靠性。在网络设计上,一方面要考虑主干网络技术的发展,采取适度超前的技术和设备,使设计的网络能够适应当前和未来电子文件管理的发展趋势,确保网络具有较长的生命周期,最大限度地满足电子文件管理的需要;另一方面又要保持一定继承性,降低风险,使网络的设计具备良好的兼容和扩充能力,能够实现高可靠网络的平滑升级。在组网设备选择上,应当选择质量优秀、有良好声誉的网络设备,并且所用的网络设备都应满足可靠性设计指标要求,严格遵守网络的相关规范,所有设备及子系统均需满足最新、最高的标准规范。网络组织与维护的有效性构成了网络的工作可靠性。科学合理的网络维护和管理,可以减少网络故障和过负荷等的影响,提高网络的运行效率和可靠性。

冗余设计技术是提高存储可靠性和计算节点可靠性的一种有效的方法。冗余设计技术,是指产品所包含的为完成规定功能所必不可少的组成部分的额外附加成分[7]。云计算环境下关键的计算节点,通常采用多服务器作为并行计算节点,当某个计算节点出现故障时,其他节点能够实时自动接替其计算任务,使整个系统仍能正常工作,从而提高计算节点的整体可靠性。同样,数据存储也采用冗余技术的分布式存储技术以提高其存储可靠性。

可靠云平台服务面临着电子文件数据规模的日益庞大,亟须解决PaaS层的海量数据存储与处理技术,以及基于这些技术的资源管理与调度策略。云计算环境下电子文件的存储虽然采用了分布式存储技术,但存储节点失败和错误导致存储数据丢失的现象仍然存在。为了进一步提高数据存储的可靠性和可恢复性,基于网络编码技术的分布式数据存储方法应运而生。网络编码技术的使用可以大幅提升网络的健壮性和数据的可恢复性,再配合有效的副本机制、任务调度算法和任务容错机制,不但可以降低数据丢失的风险,而且能优化作业完成时间[8]。

对于业务系统、电子文件管理系统和电子文件长期保存系统等电子文件应用而言,在系统开发前就需进行软件可靠性评估,分析传统网络环境下系统可靠性影响因素,收集详细的可靠性数据,并分析在云计算环境下可靠性影响因素的变化,使系统在设计阶段的可靠性水平就处于受控状态。在系统设计开发时,需充分运用避错设计、查错设计、改错设计和容错设计的方法,将以预防为主的思想贯穿于设计的全过程,同时开发故障监控与诊断专家模块,以便对系统运行状态进行监控,并实时收集系统运行过程中的失效数据进行可靠性评估,也为系统的改进提供参考[3]。在系统开发完成后,要完善和优化系统测试方案,对系统进行完整、详尽、可靠的测试,争取在系统上线之前发现其内部缺陷、故障等,以便快速排除故障,降低系统的失效率,达到提高系统可靠性的目的。

3. 业务流程可靠性设计

云计算环境下电子文件管理业务流程与传统网络环境下电子文件管理业务流程存在着较大的区别。传统网络环境下,电子文件的流转呈现出实时、一体化、线性的流转特征,电子文件在整个管理流程中虽然管理效率较以往纸质文件管理有大幅提升,但总体而言,整个管理流程还是对传统文件管理的电子化模拟,还不能满足海量电子文件协同管理的要求。在云计算环境下,电子文件管理从一开始就确立了"分布""集成"管理的理念,电子文件从产生到流转直至永久保存或销毁,始终存在于"云端",虽然用户不知道电子文件流转到何处、最终存储在何地,但电子文件数据流始终受到PaaS层数据管理与调度模型的控制,整个管理流程呈现出高度实时性、高度集成性、网状协同的特征。云计算环境下电子文件管理流程需要针对云计算的特点加以再造,其流程再造必须以业务流为主线,结合电子文件管理机制体制的创新,摆脱原有组织结构的束缚,对现有的电子文件办理流程、利用流程、归档流程及档案管理流程重新设计和优化。需要从业务流程角度分析电子文件管理工作,包括对电子文件的来源和管理业务流程进行分析;根据云计算环境下业务流程的需要来变革电子文件管理的组织结构模式并整合管理机构,使电子文件管理的管理部门扁平化、业务部门集成化,并在此基础上构建基于协同理论的电子文件管理系统,实现电子文件管理与业务流程的有效集成,这样才能够实现业务流程的可靠性。

五、结束语

云计算环境下电子文件可靠性保障是一项复杂环境下的系统工程,必须综合运用多种手段对电子文件管理进行全系统、全过程、全特性的质量管理。只有确保电子文件管理的高度可靠性,云计算才有可能在电子文件管理中得到广泛运用。

参考文献:

[1] 刘维信.机械可靠性设计[M].北京:清华大学出版社,1996.

[2] 可靠性是"中国创造"的倍增器——访北京航空航天大学可靠性工程研究所所长王自力[EB/OL].[2013-6-6]. http://www.cqn.com.cn/news/zgzlb/diyi/722679.html.

[3] 梁员宁.云服务可靠性评估模型及关键技术研究[D].南京:解放军信息工程大学,2012.

[4] 何国伟.软件可靠性的现状及展望[J].电子科技导报,1994(1):6-9.

[5] 冯惠玲,王健,张正强,等.电子文件风险管理[M].北京:中国人民大学出版社,2008.

[6] 张静.软件可靠性模型研究[D].西安:西安电子科技大学,2012.

[7] 孙怀义.冗余设计技术的有效性研究[J]. 自动化与仪器仪表,2007(6):3-5.

[8] 罗军舟,金嘉晖,宋爱波,等.云计算:体系架构与关键技术[J].通信学报,2011(7):3-21.

构筑数据平台 规范数据管理

凌玉华 缪红菊 袁月珍 （南京师范大学）

摘要：干部信息系统建设的一个重要内容是数据建设,数据建设的关键是数据管理。借助《干部信息系统网络版》《档案信息系统网络版》《原件管理》《领导查询》四套软件的科学利用,在构筑数据平台规范数据资源建设方面应注意:强化数据意识,创新工作氛围;抓好顶层设计,合理规划数据;力从源头抓起,规范数据采集;采取多种措施,检查维护数据;开发数据资源,拓展数据应用;加强数据防护,确保数据安全。以此提高档案工作人员的软件应用水平,提升高校干部人事档案的现代化管理能力,全面推进高校干部人事档案信息系统建设。

关键词：人事档案数据;数据平台;数据建设和管理

干部信息系统建设的一个重要内容是数据建设,数据建设的关键是数据管理。只有加强数据建设,规范数据管理,才能打造出成功高效的数据平台,以全面推进高校干部人事档案信息系统建设。1997年我校开始使用《全国组织干部人事管理信息系统》及省委组织部《干部人事档案管理信息系统》（单机版）。2007年5月,江苏省委组织部又向全省高校推广《干部信息系统网络版》《档案信息系统网络版》《原件管理》《领导查询》四套软件,我校被推荐为试用单位。经过近20年的努力,我们建立了目录数据库和人员基本信息数据库。如何发挥这四套软件的科学利用功能,提高档案工作人员的应用水平,提升高校干部人事档案工作现代化管理能力,在加强数据建设与规范数据管理方面应注意以下几个问题。

一、强化数据意识,创新工作氛围

高质量的干部人事档案数据,是数据资源发挥应有功能、创造应有效益的保证。为了切实提高档案员的数据意识,保证数据质量,在数据建设过程中,我们就数据管理的目的和意义进行了广泛的宣传和培训。数据管理是干部人事档案信息系统建设的保障,是对整个数据计划、设计、使用与维护的全面管理。没有精确有效的数据管理,就没有成功高效的数据处理,更无法建立干部人事档案信息系统。我们还将数据管理工作纳入正常的业务考核范围,使每个档案员及录入人员充分认识到数据质量的重要性和数据管理的必要性。随着宣传的不断深入和有关制度的相继制订、推行,档案员数据意识有了明显提高,重视数据质量的氛围基本形成。

二、抓好顶层设计,合理规划数据

干部人事档案数据是人事系统信息化的核心和基础,必须采取有效的措施,保证人事数据建设效率和质量。人事系统信息化建设是一项系统工程,涉及面广,技术性强,对采集的信息数据要统一分类、统一标准、统一采集、统一录入,有计划、有步骤、分层次地推进。干部人事档案数据建设过程中,如果不能提出工程总目标、子目标和当前工程要执行的任务,就会造成工程缺少计划性,想到哪干到哪,到处打补丁、补漏洞。施工周期被不断拖延,构筑的干部人事档案数据平台就成了"虎头蛇尾工程"。因此,构筑干部人事档案数据平台一定要明确工作流程,明确流程的每一步,明确每年输入档案数据的计划。我们首先用4年时间,建立全校干部人事档案目录5 908卷,数据501 260条;用8年时间,建立全校干部人事档案简历4 000卷;用2年时间,对1995年以来干部任免文件、职称文件进行了全方位核对;用1年时间,收集核对硕博导、博士后材料;用2年时间,对整个干部人事档案数据信息进行了全面的梳理工作。

三、力从源头抓起,规范数据采集

干部人事档案日常工作中要求数据库信息与纸质档案信息保持一致,主要是确保录入的数据信息准确无误。构筑高效的数据平台必须从数据源头抓起,而数据源头就是严格依靠纸质档案采集的数据。为了规范数据采集,我们遵循"谁接收""谁录入""谁检查"的原则,从两个方面对人事档案数据采集进行规范。一方面从业务上对数据采集进行规范,明确界定数据采集的途径、程序、标准、职责;具体规定采集数据的内容、格式,审查字段的数据形式是否正确,字段长度与确定的结构长度是否符合,各种标识符号是否有误等。要求每个录入人员按照职责分工采集数据,对自己职责范围内的数据按时、准确、完整地录入,并做到定时检查,对非自己职责范围内数据决不越权采集。另一方面在软件上对数据采集进行规范。在软件设计时,对数据的一致性、关联性及业务规范作了充分考虑,增加了一些数据项之间的判断功能,并通过软件对数据采集进行规范,确保一数一源;对一些规范用语的数据项在软件中做好固定选项,供档案员选择,减少录入的随意性,如职务、职级、职称、学历、学位等名称按国家标准进行选入;对必须录入的内容设置为必录项,如果不录入此内容就无法继续操作。这样既能减少工作人员的录入量,提高工作效率,又能保证数据准确性。通过业务和软件两个方面对数据采集的规范,从源头上控制和保证了数据质量。

四、采取多措并举,检查维护数据

我们从源头上对数据质量进行了控制,但是数据难免会存在这样或那样的问题。为了及时发现数据库中存在的问题,确保数据真实、准确、可靠、有用,我们采用多种措施对干部人事档案数据进行检查维护。第一,在日常干部人事档案数据应用中对数据进行检查。档案员在日常业务工作中,将数据库中查询出来的数据与纸质档案数据相比对,认真核对相关信息,及时发现数据问题,及时纠正错误的数据。第二,根据统计结果对数据进行检查。通过各种途径收集组织部、人事处的各种数据,与软件自动生成的数据进行横向比对,对一些敏感数据如年龄、参加工作时间、任现职级时间、职称聘任时间格外留意,找出误差,分析异常,查清问题,及时修订。第三,通过数据项检查对数据进行检查。数据项就是数据结构中的最小单位,是数据记录中最基本的、不可分的有名数据单位。对录入数据以数据项为单位逐项检查,对录入数据中存在的重复数据、空数据以及逻辑错误数据进行检查,对数据检查结果进行认真分析研究,分析数据质量中存在的问题,查找问题产生的原因,制定切实可行的整改措施,使得错误数据能得到及时维护,又可避免同类的错误再次发生,从而确保数据库的数据质量。

五、开发数据资源,拓展数据应用

构筑数据平台的目的是为了利用,在如何开发数据资源,拓展数据利用上,我们进行了积极的尝试和探索:

第一,使用《干部信息系统网络版》《档案信息系统网络版》管理的明显优势,不仅涵盖了整个干部人事档案管理工作,还包括通过数据的逻辑关联关系,自动排列组合,生成综合的统计数据和批量查询数据,以最短的时间、最快的速度、最简单的操作,提供干部人事档案利用服务。在生成综合数据同时,提供多种方式的人员信息查询、目录检索、数据汇总、统计分析等利用服务功能,还可以自动生成各类统计图、统计报表、人员花名册、批量查询、高级报表等,能以多种形式输出,提供利用服务。

项 目		合计	女	博士	硕士	学 历					年 龄				
						研究生	本科	专科	中专中技	高中及以下	30岁以下	31-40	41-50	51-59	60岁以上
人员总数		3183	1402	1058	1001	1976	728	254	28	176	199	1057	1257	604	66
其中：女		1402	1402	371	541	856	367	129	14	27	124	562	549	159	8
1、管理岗位人员总数		791	321	143	280	419	270	86	3	10	31	221	344	177	18
职务职级	正 省														
	副 省														
	正 厅	2		1	1	2								1	1
	副 厅	12	1	9	2	10	2						3	9	
	正 处	112	16	45	23	70	33	7		1		1	59	46	6
	副 处	177	47	52	56	107	60	8	1	1		42	93	40	2
	正 科	327	189	11	140	145	134	40	2	6	9	133	134	51	
	副 科	18	10		8	8	7	3			4	8	6		
	科员及以下	143	58	25	50	77	34	28		3	18	37	49	30	9
2、专业技术人员总数		2228	1013	1014	739	1669	427	111	8	5	164	800	827	380	57
其中：在管理岗位工作的		136	13	99	20	114	16	6				5	70	50	11
专业技术职务	正 高	513	114	388	55	437	61	13				25	260	177	51
	副 高	708	311	370	154	494	184	26	1		3	226	323	151	5
	中 级	557	319	168	249	396	108	44	4	4	46	355	124	32	
	初 级	378	228	49	252	275	72	26	3		73	167	117	20	1
	未 评	72	41	39	29	67	2	2		1	42	27	3		
3、工人岗位人数		299	80		2		47	63	17	161	3	41	156	97	2
技术等级	高级技师	4						3		1				3	
	技 师	28	4				2	5		19			10	18	
	高 级 工	219	62		1		25	42	12	135		26	122	70	1
	中 级 工	23	9				7	7	4	3	2	13	7	1	

图1 年龄结构分布

第二，应用《领导查询》《原件查询》软件，通过内部局域网向外延伸，为学校领导、组织人事部门提供实时的信息利用服务，使利用者足不出户，通过网络检索到人员基本信息、个人简历、职务、职称、学历学位、培训、奖励、年度考核、导师、博士后等情况，并做好网络的推送服务，如职务、职级、职称、学历学位、年龄等结构性花名册，统计分析表及统计分析图形。这样保证利用者安全可靠、方便快捷、纵观全局地分析人员结构和层次情况（如图1），使干部人事档案利用服务得以进一步深化和拓展。

第三，《干部信息系统网络版》软件的应用，延伸了干部人事档案的利用范围。长期以来，表格的制作一直困扰着组织部、人事处管理人员。一批任免文下来，必须调出相关人员的纸质档案，《干部任免审批表》中的信息数据必须与纸质档案相一致，表格与档案核对后，逐项逐条用手工来填写，一不留神就得重抄，费时费力效率低。在这种情况下导致组织部、人事处管理人员不愿意做表格材料；档案员天天催要材料，日复一日，年复一年，仍然无法催回所要材料，人事档案管理工作只停留在形式上，档案信息数据无法真实、完整、动态、鲜活地表现出来。《干部信息系统网络版》软件不仅能自动生成《干部任免审批表》，还能生成《三龄一历》《普通高校调动登记表》《引进人员基本情况初审表》《干部信简要息表》等表格。表格依托干部人事档案数据平台自动生成和制作，可以把组织部、人事处管理人员从烦琐的手工劳动中解放出来,既方便快捷、优质高效,又能从源头抓起,规范归档材料的填写,统一标准,提高档案数据的准确性。

六、加强数据防护,确保数据安全

数据的安全问题是数据建设和管理过程中一个不容忽视的问题,数据是否安全决定了系统能否正常运行。为保护数据免受病毒、非法操作、黑客攻击、故意破坏篡改、误操作、自然灾害等不安全因素的影响,保证数据安全,我们分别从管理和技术两方面对数据进行防护。

在管理方面,我们专门制定了《系统安全管理制度》,对安全管理职责作了明确规定,并对制度落实情况进行定期和不定期检查,且将检查结果进行通报,充分地激发档案员安全保护意识。

在技术方面,我们通过对数据安全风险和隐患的分析,确定了整体数据防护方案:第一,实行内外网物理隔离,将不安全的外部访问隔离在内部网络之外,内、外网的访问之没有直接和间接的连接,达到安全防护的最高等级。第二,在不同的网络入口处放置防火墙,对所有进出网络的服务请求和数据交换进行控制,根据实际需要开放授权用户和限定服务的访问,对网络的各种攻击进行积极防御,拒敌于系统之外。第三,对内部网络的所有主机安装网络防病毒软件,并定时定期更新病毒码,防止隐藏在正常文件交换中的计算机病毒进入内部系统。第四,对系统实时访问要求比较高的内部核心业务系统配置双机,系统出现故障时自动切换,保证系统的可用性。第五,按时备份数据库,对数据库每一天进行定时定点完全备份,保证数据库发生故障时,能以最快的速度最大限度恢复系统。第六,对系统进行了全面升级,对客户端设置了统一的安全策略,屏蔽了USB插口、软区、光驱;对所有的PC机和服务器实施了统一的局域管理策略;对系统各类用户依照权限进行了分级,客户端对服务器的访问必须经过系统的授权和认证,杜绝非法访问,保证了网络稳定运行。

通过管理和技术两方面的有机结合,我们对数据进行了较好的防护,保证了数据的安全,同时也提升了数据质量和数据利用的服务水平。

总之,构筑数据平台,加强数据建设和管理是一项系统工程,只有强化数据意识,加强数据建设,规范数据管理,创新数据应用,重视数据防护,才能真正地发挥数据平台的优势,全面推进高校干部人事档案信息系统建设。

参考文献：

[1] 朱庆华,杨坚.信息法教程[M].北京:高校教育出版社,2001:35-215.

[2] 张姬雯,钱濯明,赵明富.档案信息化工作实用手册[M].南京:南京师范大学出版社,2006:280.

[3] 杨公之.档案信息化建设实务[M].北京:中国档案出版社,2003:212-281.

[4] 潘稚巧.论档案信息化建设中的档案信息服务[J].档案学通讯,2008(1):41.

[5] 任凤仙,张志军.试论高校信息化建设中存在的问题及实施策略[J].档案学通讯,2008(6):63.

[6] 刘畅.提升档案馆公共服务能力,推进"两个体系"建设[C]//中国档案学会.档案事业发展与青年档案工作者的责任.北京:中国档案出版社,2010:13-17.

体制机制

独立学院档案管理发展分析、问题及应对策略
——以南京航空航天大学金城学院为例

万水根 （南京航空航天大学金城学院）

摘要：本文通过对独立学院档案管理发展分析，提出了在新的发展形势下，如何加强和重视独立学院的档案管理方法，特别是独立学院在办学时间短、管理机制多元化、档案工作不健全的情况下，如何按照上级文件要求，遵循档案管理的全宗理论和立卷原则，结合独立学院档案工作实际，认真研究，破解难题，切实采取有效措施，大力推进独立学院档案管理，使档案更好地为学院建设发展、人才培养、科学研究和社会服务，真正成为独立学院建设发展和各项工作不可或缺的重要信息资源。

关键词：独立学院；档案管理；方法

一、独立学院档案管理发展分析

我国民办高校独立学院是指实施本科以上学历教育的普通高等学校与国家机构以外的社会组织或者个人合作，利用非国家财政性经费举办的实施本科学历教育的民办高等学校。民办高校独立学院(简称独立学院)产生于20世纪90年代末期，是我国高等教育领域一种新兴的办学形式。其档案管理与学院的建设发展一样，经历了三个不同的历史发展阶段。

1. 第一阶段：借助母体高校办学的"依附期"(1999—2003年)

独立学院在创办初期，称为"××大学二级学院""公有民办二级学院"或"独立二级学院"，对申办高校的"依附性"是它们与生俱来的特点，其主要表现在：(1)办学目标服务于申办高校的整体利益；(2)不具有独立的办学主体资格；(3)办学条件不足以支撑其独力运行。因此，此时的独立学院是借助在母体高校办学的"依附期"内，学院不是完全独立的办学法人，没有独立的人事任免权、文件制发权和财务报表编制权，学院档案的产生、积累、整理和归档管理，依照上级文件要求和档案管

理全宗理论和立卷原则,形成的全部文件材料隶属母体高校的档案全宗体,归属申办高校的档案部门进行收集整理、立卷归档、集中管理。

2. 第二阶段:自主办学的"独立发展期"(2004—2008年)

独立学院在2004年后进入自主办学的"独立发展期",其有三大特点:(1)实行新的机制办学。独立学院从性质上确立为独立的民办高校,其投入主要由合作方承担或者以民办机制共同筹措,收费标准也按照国家关于民办高校招生收费的相关政策制定。(2)实行新的办学模式。在办学和管理突出了一个"独"字:独立学院具有独立的校园和基本办学设施,实施相对独立的教学组织和管理,独立进行招生,独立颁发学历证书,独立进行财务核算,具有独立法人资格,能独立承担民事责任。独立学院还应按国家教育部有关教育事业统计工作的规定,独立填报《高等教育基层统计报表》。(3)实行新的管理体制。独立学院的管理体制度是由申办者和合作者共同商定,双方的责、权、利关系是通过签署具有法律效力的协议来规范、体现。另外,独立学院是实行董事会领导下的院长负责制,学校董会的组成及人选由双方商定,院长由申办者推荐、学校董事会选举,此时的独立学院已经具备民办高校应有的独立办学条件,具有独立法人资格和独立承担民事责任。这个阶段的独立学院在办学活动中所产生、形成的文件材料和档案,依据《江苏省高校档案管理办法》第三十九条之规定:"普通高校举办的独立学院的档案管理由独立学院自行负责。"按照档案管理全宗原则和文书立卷理论,此时期的独立学院已经成为真正独立的档案全宗和文书立卷单位,所产生形成的全部文件材料和档案应列为独立学院的独立档案全宗,归属学院档案部门统一收集整理立卷保存、集中管理和提供利用。

3. 第三阶段:独立学院发展新阶段(2008年—现在)

2008年教育部下发《独立学院设置与管理办法》(教育部令第26号),文件详细提出了独立学院改革思路及发展要求,进一步明确了独立学院的性质、独立学院的权益、申办高校的权益和参与举办者的权益,使独立学院获得了新的发展基点,使发展前景更加清晰、明朗,标志着我国独立学院的建设已进入了一个新的发展阶段。在独立学院建设发展以来,其发展迅速,如今全国已经有300多所独立学院,其中江苏就有26所。独立学院的快速发展成为保证中国高等教育今后持续健康发展的一项重大举措,成为中国高等教育发展的重要组成部分和今后我国高等教育发展的一大新亮点,对提高我国高等教育毛入学率起到了十分重要的作用。近年来,随着我国高等教育体制改革的不断深化,独立学院教育教学质量和水平得到不断提升,学院的各项管理工作更加规范,原先只因忙于办学,而不被关注和重视的学院档案管理工作,伴随着上级教育主管部门对民办高校独立学院学科专业、毕业论文的抽检和学位授予权评估等各项教学质量监管措施力度的加大、强化,尤其是近几年办学过程中维权意识的提高,档案材料在各项工作中发挥的重要作用日益突显,档案管理工作滞后于学院建设发展的矛盾更加突现。在独立学院新的发展形势下,如何关心、重视和加强学院的档案管理,特别是在独立学院办学时间短、档案意识弱、档案管理机制尚不健全的情况下,如何遵循档案管理发展规律,结合独立学院档案工作实际,认真研究、破解难题,切实采取积极有效的管理措施,大力推进和有效推动独立学院档案管理,使档案信息更好地为独立学院建设发展服务,为广大师生服务,为学院人才培养、科学研究及社会服务,已成为摆在独立学院档案工作者面前的一项紧迫任务,值得很好探索、认真研究的重要课题。

二、独立学院档案管理当前面临的问题

通过上述对独立学院档案管理发展阶段的分析,我们可以得知独立学院是在特定情况和特定条件下成立起来的办学组织,与公办大学下属的二级学院有着本质的区别,重要的区分就在于独立学院教育教学、经费投入、管理形式的独立性。所以,独立学院不同于以往普通高校按照公办机制、模式建立的带有公办民助的性质的下属二级学院、分校或其他类似的二级办学机构。因此独立学院的档案管理与公办大学的档案管理从实际情况来看,的确有许多不一样的地方,存在着许多的差异。独立学院的档案管理既有时代的特征,又因自身的问题具有特殊性。通过实践观察、电话调研及与同行的交谈,发现当前独立学院档案管理面临以下问题:

1. 档案管理经费投入较少

独立学院档案管理基本上依附在学院办公室内(也有在图书馆),属办公室主任领导,好一点的独立学院可能是院办下面的一个科室,而有些独立学院档案管理仅可能是一项附带的工作。由于独立学院办事做事特别强调省人、省事、省钱,希望每一个人都要身兼数职,天天是忙忙碌碌、马不停蹄,就像是个典型的"消防员",哪里有需求就要哪里去"救火",一年到头根本就无时间、无精力,静不下心来真正做档案管理的事。档案材料长期处在工作无人管,立卷归档无人问,办完事无文件材料保存的状态。有的独立学院甚至连学院自发的文件都不归档,文件档案流失十分严重。再加上独立学院合作人投资方强调的是短期的"合理回报"及投资效益的最大化,而档案管理是一个短期感觉不出来,长期积累才能见效的工作,因此不愿在此投入。所以造成档案管理变为学院的"三无"工作(无专人负责、无专柜保存、无专门的办公室和库房),成为被遗忘的角落,与上级管理部门对学校档案管理

的规范要求相差甚远。

2. 档案管理主体意识不强

独立学院建院历史较短,又在办学中经历了三个不同的历史发展阶段,学院许多领导至今对档案管理的意识还停留在建院初期的"依附期",档案管理完全依赖母体高校的档案部门,基本无时间、无精力来顾及和关心学院档案工作的事。另外,学院档案管理工作与学院建设发展主体结合及融合的认识程度不深,以及在实际工作中,独立学院的院级领导变动频繁,人员流动很快,不少干部档案管理意识方面比较薄弱,没有从根本上认识独立学院档案工作的重要性,没有把独立学院档案管理工作摆上学院领导的责任和议事日程,未能给予档案工作足够的关心和重视,使得档案工作时而会出现许多怪现象:如由于平时不注意档案管理和建设,在上级部门来评估时候就搞突击,即"做材料"。不仅如此,独立学院机关职能处室、系(部)以及文件材料产生、形成的有关人员,对档案工作的重要性缺乏足够认识,认为自己把自己分内工作完成就够了,保存历史、传承文化不是自己的事,不需要什么档案管理,只需把眼前的事情做好就行,有时最多向申办方的档案部门提供一些相关材料就可以了事,缺乏一种独立学院的档案主体意识。

3. 档案人员业务素质不高

独立学院专兼档案管理人员的现有状况为"学历层次高、档案业务弱",而且大多数都为兼职档案员。这种兼职档案员往往都是身兼多职,也很少有机会走出去接受档案专业培训,工作起来往往就是分身乏术。甚至有的部门兼职档案人员更是形同虚设,不能严格履行档案工作职责。再加上独立学院管理工作人员的结构特点是人员流动快、换岗比例高,许多兼职档案人员变动非常频繁,部门人员青黄不接、档案岗位新手不断,而每个新到岗的兼职档案人员对所从事的档案业务工作还要熟悉一段时间,这在客观上对独立学院文件材料归档工作造成很大影响,严重影响了归档进度及归档质量,严重制约了独立学院档案管理和归档工作的顺利、有序开展。

4. 档案管理制度不够健全

目前,独立学院档案建设与管理普遍存在的问题是,文件材料的立卷归档和档案利用制度不健全。有些独立学院没有及时将在教学、科研、管理等活动中产生的所有文件材料实行统一归档、集中管理。文件材料分散保存,致使档案材料收集不及时,文件材料残缺不全,不能及时地立卷和归档。有些领导干部或教职工为了自己使用方便,将应该归档的文件材料长期锁在自己抽屉中,使档案管理人员无法收集。还有些系(部)兼职档案人员总是强调客观原因,以本部门承担着许多其他工作,难以抽出时间为由,把此项工作向后排、往后拖,未能及时将档案材料收集起来,向学院档案部门集中移交、统一归档,以致学院机关职能部门的许多有保存价值的档案材料丢失,给档案管理工作造成无法弥补的损失。产生上述问题的原因归根到底就是由于没有建立健全的档案归档制度和归档机制。

5. 档案归档内在质量不高

长期以来,由于独立学院档案部门没有配备专职的档案管理人员,特别是学院系(部)的教学档案材料收集工作基本上都是由教务员或教学秘书所兼,而他们平时又忙于日常繁杂事务,很容易错过教学文件材料收集时间,导致教学档案的收集不全,造成许多重要的教学文件材料流失、归档材料质量不高、缺乏文件材料完整性。有的独立学院虽然建立了学院档案室或资料室,甚至配有专职档案人员,但因档案归档任务不明确,管理制度不规范,甚至有的系(部)教务人员为查阅使用方便,就把自己经手承办的文件材料据为己有,不愿拿出来归档移交。有的独立学院系(部)教学秘书不想将教学档案归入学院档案室,文件材料零乱、随意堆放,没有集中统一管理,不仅影响了教师教学水平的发挥、教学质量的提高,也影响着教学改革的稳步推进、协调发展,给教学评估工作带来许多不良影响。上述这些问题的存在与许多教职工对学院档案管理的重要性认识不够有关。近些年来,随着独立学院办学规模的不断扩大,其办学质量和层次得到大力提升,使得独立学院广大教师的教学、科研任务非常繁重。由于教学工作任务、科研任务较多、压力较大,对于学院档案管理要求的归档文件材料等,教师往往不能自觉地、及时地提交归档。另一方面,许多教职工对独立学院档案管理意识相对薄弱,许多人都认为教师的本职工作就是做好教学和科研,档案管理和建设是学院档案部门和学院办公室的事,各种相关档案材料是否需要归档保存,不是自己职责范围内的事。在这种被动情况下,有许多教师也就为应付差事,往往临时突击、草率整理、敷衍了事,造成教学、科研档案中的文件材料收集不齐全、归档不完整,档案内在质量不高。

三、独立学院档案管理应对策略

1. 强化档案管理主体意识

从独立学院办学历程来看,学院走过刚开始完全依靠母体高校的办学过程,因此作为独立学院的档案管理工作中,始终存在一种依靠或依赖母体高校档案部门的思想,忽视和淡化了独立学院档案管理中需要自己立卷归档、独立建档的档案管理主体意识。首先,独立学院的领导要转变依靠或依赖的思想观念,重视和加强对学院档案业务建设和管理工作的领导，要把独立学院的档案工作作为衡量学院教学质量和管理水平的一个重要尺度。学院要成立以院长、书记挂帅，各部门一把手参加的档案工作委员会，签订档案责任书，落实档案工作责任制。独立学院领导应将档案工作摆上议事日程，列入学院整体发展计划和长远发展规划，并在学院管理制度、工作程序等方面采取强有力措施，切实帮助解决档案工作中存在的困难和问题。其次，要强化整个独立学院全体教职工的档案意识，通过学院的各种工作会议、业务交流、学习讨论、宣传栏、学院网站和微信、业务培训班等多种形式广泛宣传档案工作，使学院的广大教职工充分认识档案管理工作的重要性、必要性和紧迫性。

2. 做好档案管理顶层设计

做好独立学院档案管理工作，首先就是要依据档案管理全宗理论，尊重来源原则、尊重全宗的完整性、尊重全宗内的文件整理体系，遵循档案材料形成规律，遵循档案管理发展规律，按照上级主管部门对高校档案工作的规定要求，结合独立学院档案管理工作实际和特点，做好学院档案管理工作的顶层设计。这个顶层设计内容包括：学院档案体系建立、档案类别区分、管理制度制定、工作流程确定和有序化整理等。如档案类别区分，通过对独立学院档案管理工作的调研，根据独立学院收文少、批文少、上级文件少的特点，可以从独立学院档案管理顶层来划分，以董事会为主线（纲），将其下属管理单位分成院办、党群、人力资源、教学、科研、财务、后勤等十二个模块，每个模块采用一个代码，用以简化独立学院档案管理中的文件材料分类，文件材料以件为单位保存，文件集合体以盒为保管单元，每盒标注形成年代和分类代号，这样一看就简明扼要、一目了然。对于学院建设过程中产生、形成的专门类档案，如教学、科研、财会、设备、基建档案，则按照国家专业档案的管理规定要求进行分类整理、立卷归档。

3. 建立档案管理工作体系

独立学院档案部门应该根据教育部高校档案工作规范要求，建立与学院工作职能相适应的独立学院档案工作体系，健全与学院工作部门相适应的独立学院档案工作队伍，使独立学院档案管理逐步制度化、规范化、科学化。学院档案管理工作程序化、制度化是做好学院档案工作的关键所在，要在规章制度建设中做到"三个纳入"，切实将独立学院档案工作纳入管理制度、纳入工作计划、纳入教师的工作职责范围。切实做到"四个同步"，在下达工作任务与提出文件材料的归档同步，检查计划进度与检查文件材料形成同步，验收、鉴定成果与验收、鉴定档案同步，上报和评审成果与检查档案归档情况同步。实现档案管理工作在学院教学、科研和管理工作中的全过程渗透,使档案管理工作与独立学院各项工作相互促进、相互依存、深度融合,并结合独立学院中心工作和办学特点,着力构建、逐步完善独立学院的档案管理工作体系。

4. 提升档案人员业务水平

做好独立学院档案工作,迫切需要建立一支结构合理、素质精良的专兼职档案管理人员队伍。档案管理工作水平的高低、档案内在质量的优劣,很大程度上取决于档案工作人员的素质。提升独立学院档案管理水平,重要的是要增强独立学院专职档案管理员和兼职档案管理员的责任意识、使命意识、奉献精神和敬业精神。要通过"走出去、请进来"的学习方式,引导他们用发展的眼光去审视、收集材料,及时了解、认真掌握学院发展各个时期的中心工作,最大限度地利用各种机会,积极主动地做好档案工作,充分拓延和丰富档案的价值。要通过"三勤(嘴勤、腿勤、手勤)",使档案管理工作变被动等待为主动适应,尽可能为学院建设发展和教职工的教学科研工作多做贡献,更好地为学院教学、科研、管理等工作服务。为此,独立学院档案管理部门要积极创造条件,采取有效措施,加强档案管理人员的岗位培训和继续教育,创造更多的学习机会,提高他们的档案业务水平。同时还要建立健全形式多样的档案管理工作检查、评比、考核制度,要针对独立学院档案管理人员和教务人员岗位不稳定和流动性大的特点,尤其要强化"短、平、快"的档案业务定期培训和平时不定期的业务指导。此外,独立学院领导要关心、理解档案管理人员的工作,在年终评优、职务晋升、职称评定等方面给予政策倾斜,激发起独立学院专职兼职档案管理人员工作积极性和上进心。

5. 健全档案立卷归档制度

健全档案立卷归档制度,一是要进一步健全和完善档案材料收集制度,加大档案材料的收集力度。独立学院档案管理部门作为学院档案收集归档的职能部门,应成为学院联系机关、系(部)和广大教职工进行档案收集和档案业务指导的纽带。如何及时收集到学院重要的、有保存价值的档案材料,是独立学院档案管理工作的重中之重。这就要求独立学院档案部门尽快建立健全各类档案材料的收集归档制度,并对收集范围、收集程序、收集途径和奖惩要求等做出明确规定,以确保收集渠道的畅通。二是要强化学院专兼职档案人员管理,建立档案管理人员的岗位责任制,明确分工,使学院机关职能部门和系(部)专、兼职档案人员各自负责相应的文件材料收集、整理和立卷归档工作。三是要加大学院档案经费投入,确保档案工作的顺利进行。学院应列出档案专项经费,凡档案管理涉及的专用装具、数码设备和录音带、录像带等不同档案载体的各项开支,经学院分管档案工作领导审核后,可直接到学院财务部门办理报销。四是要加强对独立学院档案工作人员的监督检查，及时了解归档文件的收集、整理和管理情况，使学院档案工作逐步走向制度化、规范化、科学化轨道。

6. 拓展档案管理服务功能

2008年以来，随着教育部《独立学院设置与管理办法》（教育部令第26号）的下发，独立学院教育教学质量和管理水平得到不断提高，学院发展前景更加清晰，各项工作更加规范，独立学院已进入了一个新的发展阶段。作为独立学院重要基础工作之一的档案管理，将迎来一个建设发展的新机遇期。学院档案管理部门应很好地抓住这个建设发展新机遇期，以服务求生存、以创新谋发展，走档案管理创新发展之路。学院档案部门要以学院建设发展需要为工作目标，拓展档案管理服务功能，争当学院的"管家"。例如：按照档案管理学全宗理论和集中统一管理原则，将学院教职工档案、学生档案、文书档案、教学档案、科研档案、基建档案、设备档案、财务档案等所有档案的管理权，所有重要证件证书（法人、组织机构、办学许可、社会保险、房地产、荣誉等）的保管权全部纳入档案部门的统一保存管理，使档案部门成为学院的各项重大活动、重要决策、校史展览、项目申报、重要评估等各项工作离不开的部门。另外，再想方设法增加一些学生成绩单、学位学历证、荣誉证书翻译、学历学位认证、出具档案证明等服务项目，使学院广大学生和教职工也离不开档案部门，让档案部门关不了门、缺不了岗、少不了"位"。这样一来，尽管档案部门事情多了、工作忙了、压力大了，但档案部门在学院的位置就有了。

7. 提高档案信息管理水平

随着信息化社会的到来，现代大学的档案管理正在进入信息化、智能化和数字化的新时代，作为国家高等教育重要组成部分的独立学院档案管理部门，应当与时俱进、适应和跟上新时代高校档案建设发展要求，逐步实现独立学院档案管理的现代化。如充分运用现代信息技术，积极推行学院档案工作网络化、服务在线化、管理智能化和存贮数字化。首先要在独立学院校园网上建立档案管理信息平台，充分利用校园网络对各项工作、各个部门产生和形成的档案材料进行收集、整理、归档，要以全新的工作模式和有效的工作方法及时、准确、全面地为学院广大师生提供全方位、深层次、多角度、宽领域的档案信息服务。其次是充分认识独立学院属高校教学科研单位，也是高校档案管理和建设的最基层单位，独立学院档案建设和管理水平是衡量学校管理工作水平的一把重要尺子。再次是当前独立学院的档案管理仍不能很好地适应现代高校教育教学和改革发展的需要，只有提高档案意识，转变传统观念，创新发展模式，切实采取积极有效措施，大力提升独立学院档案建设发展和管理水平,才能更好地适应现代高校独立学院自身建设发展的需要,更好地为学院广大师生服务、为社会服务,更好地发挥档案信息在学院的人才培养、科学研究和社会服务三大功能中的作用。

参考文献:

[1] 独立学院设置与管理办法.2008年教育部第26号令.

[2] 高等学校档案管理办法.2008年教育部第27号令.

[3] 江苏省高校档案管理办法.苏教规〔2012〕5号.

[4] 高强.民办高校档案工作的思考与探索[J].兰台世界,2008(12):34.

[5] 王磊.民办高校档案规范化管理的问题与对策[J].城建档案,2013(6):80-81.

[6] 陈楠.中国民办高校发展研究[D].广州:广东工业大学,2002.

[7] 曾祥志.1978年后民办高校和公办高校发展的比较研究[D].长沙:湖南师范大学,2006.

[8] 肖江淑.独立学院管理中的问题及对策研究[D].长沙:湖南师范大学,2006.

试析高校档案机构职能延伸的困境及对策

鲍芳芳 （南京航空航天大学）

摘要：本文通过对高校档案机构职能的定位，指出新时期背景下拓展和延伸高校档案机构职能的必要性和紧迫性。着重分析了高校档案机构职能延伸面临的困境，并在此基础上提出相应的对策，从高校档案机构的管理服务理念、馆藏资源建设、档案信息化建设以及校史馆建设等几个方面阐述了高校档案机构职能延伸的有效途径。

关键词：高校档案机构；职能；困境；对策

一、高校档案机构基本职能的定位

1. 高校档案机构职能的演变

自1088年意大利创立世界上第一所高等教育机构——博罗尼亚大学以来，高校便具备了人才培养的第一职能，该职能也成了各高校各个时期最基本的职能。工业革命后，人类社会对技术的追求使得科学研究成为高校继人才培养后的第二大职能。20世纪30年代后，高校服务社会的职能也越来越受到社会的关注。在目前社会主义核心价值体系建设和中国特色社会主义文化建设的背景下，大学更是被赋予了文化传承创新的职能。

作为高校必不可少的职能部门之一，档案机构的职能随着高校职能的演变和扩展也在不断拓展。从1983年《档案馆工作通则》提出的"一个基地，一个中心"（即永久保管档案的基地，是科学研究和各方面工作利用档案史料的中心）到2000年全国档案馆工作会议提出的"两个基地，一个中心"（即党和国家重要档案永久保管的基地、各方面利用档案的中心和爱国主义教育的基地），再到2004年全国档案局长馆长会议提出的"两个基地，两个中心"（即档案安全保管基地、爱国主义教育基地、已公开现行文件集中向社会提供利用的中心和档案信息服务中心），又到2009年的全国档案馆工作会议提出的"两个基地，三个中心"（即档案安全保管基地、爱国主义教育基地、档案利用中心、政府信息查阅中心、电子文件中心），这说明档案馆的职能是时代的产物，受政府、公众需求以及科学技术的推动。1989年颁布的《普通高等学校档案管理办法》以"基本任务"的名义规定了大学档案机构具有"执行政策、规划指导、管理、利用、开发、信息交流、培训、宣传教育、研究、工作交流"等职能。2008年颁布的《高等学校档案管理办法》以"管理职责"的名义强调了高校档案机构的"文化教育功能"，并指出：有条件的高校档案机构，可以申请创设爱国主义教育基地。强调高校档案机构的"文化教育功能"，一是说明高校档案馆（室）具有文化性，要利用"文化性"开展教育，从"文化教育功能"到爱国主义教育基地，是对高校档案机构教育对象延伸的要求，即从校内扩展到校内校外，更加凸显高校档案机构的社会性，使高校档案机构兼具了机关档案室和国家档案室的双重性质。

2. 新时期高校档案机构职能的延伸

教育部2008年27号令《高等学校档案管理办法》中明确指出："高校档案机构是保存和提供利用学校档案的专门机构。"它既是学校档案工作的职能管理部门，又是永久保存和提供利用本校档案的科学文化事业机构。它和一般的档案馆一样具有三项职能：一是保存历史的职能，二是服务职能，三是管理职能，其中存史是基础，服务是档案馆价值的实现手段，管理是存史、服务的保证条件。除此之外，作为高校档案馆又具有自身的一些特性。首先，高校是一种学术性组织，其历史的积淀在高校发展中具有十分重要的作用。高校的历史越长，其生命力也就越强。故而，在保存的档案内容上，高校档案馆应尽力收集最为完全的反映大学发展进程的历史记录。其次，在服务对象上，主要针对学校各职能部门、广大在校师生员工及毕业生。因此高校档案馆在高校这一特定环境中，如何较好地发挥作用，实现快速发展，就要找准定位。综合高校档案馆的功能作用，其科学定位应是高校的"三个基地、三个中心"，即：永久保存档案的基地、校史研究基地、爱国荣校的教育基地、档案信息服务中心、学历文凭认证中心、社会资本培育中心。而这"三个基地、三个中心"，也是高校职能延伸的基础和方向。

二、高校档案机构职能延伸的困境

1. 高校档案机构的本位性

对于高校档案机构的性质，教育部27号令第二章第七条明确规定："高校档案机构是保存和提供利用学校档案的专门机构。"其实质也承认了高校档案机构既是高校的内部组织机构又是永久保管本校档案的机构。但是在实际工作中，高校档案机构实际上是处于边缘化地位的,大部分高校将档案机构归入附属单位即是明证,这也与高校以教学和科研为主要职能的事实相符。作为高校的内部组织机构,高校档案机构的管理和运行必须要在学校整体发展规划之下进行,而身处边缘化地位的高校档案机构,决定了其在资源利用方面的劣势地位。目前,绝大多数高校档案机构依然遵循的是以传统的"收、管、用"为主的工作机制,职能延伸所需的条件尚不能完全满足。

此外,由于档案机构隶属于行政部门,较之高校图书馆,它的公众服务性则远远落后。美国著名档案学家谢伦伯格在论述文件的双重价值论中指出,文件档案除了具有原机关的原始价值即第一价值外,还存在其从属价值即第二价值。前者主要体现其行政价值,后者体现其情报价值。而档案馆以特定的部门、机构作为服务的对象,提供特定的服务,主要体现其第一价值。长期以来的行政隶属管理体制使得档案在很大程度上只发挥了行政价值,情报价值很少被人重视。这就使得档案较之于图书、情报的服务范围和服务对象受到了很大的限制。

2. 高校档案机构的主体性

高校档案机构的服务对象有四类,"一是代表所在单位前来档案馆查阅档案的教职工和学生;二是为解决个人问题的教职工(包括离退休人员);三是学生,包括在校学生和毕业生;四是其他社会人员"。目前大部分高校都实现了网络检索和查询,而针对不同的用户群体设置不同的权限成为其有效管理手段。由于每一类用户所需查阅的档案类型不同,如第一类用户主要查阅的是行政、党群、基建等档案,第二类用户主要查阅的是财会档案,第三类用户主要查阅教学档案中的学籍档案,第四类用户需要的是历史档案等,针对每一类用户的特点和需求设置利用权限,既能提高工作效率,又满足了保密的要求。但是其缺点也是显而易见的,那就是限制了用户的利用范围,不利于提高利用率。比如第四类用户,其一般而言是校外的利用者,由于局域网乃至利用权限的限制,很少能够充分接触到高校档案机构馆藏档案的资源信息。

此外,目前高校档案机构的主要服务方式依然是被动服务,即坐等用户上门。由于对用户本身来说,其大部分利用需求本来就是被动的,即因为办理某些事情或手续,相关机构需要其开具相应的档案证明或出具档案材料,用户才不得不登门拜访。利用行为结束后,除非再有急需,用户一般不会主动再次利用档案。如此一来,高校档案机构的用户群体就不可能扩大。档案不能够发挥作用实现其价值,高校档案机构的职能就得不到充分发挥,更遑论职能延伸了。

3. 高校档案机构的客体性

由于高校档案机构兼具国家档案馆永久保存档案的性质，它可以永久保管本学校档案，因此对其划定的密级和保管期限就自然成为它们终其一生的组成要素。而不同的密级和保管期限又会影响到它们被提供利用。尤为重要的是，高校档案的形成单位对其形成和移交的档案实际上拥有优先使用权和监督权，即其他单位和个人如果需要利用本单位形成的档案需要得到本单位的审批，如此一来就为高校档案的提供利用又套上了一层枷锁。档案作为高校教学、科研和培养人才等各种活动的原始记录，与学校的改革发展、重要科技成果的保密以及师生员工的隐私权保护密切相关。这些内容也是高校档案保密的重要内容，如有不慎泄露将给学校发展以及师生员工带来严重后果。特别在高科技信息技术条件下，窃密技术和手段越来越高，这大大增加了档案利用中信息保密的难度。

三、高校档案机构职能延伸的对策

1. 树立以人为本与信息共享的管理理念

随着高校教学、科研工作的发展，高校师生利用档案信息与挖掘知识信息需求的能力不断提高，档案信息需求也在日益增长，这些都客观要求高校档案机构信息服务的出发点与落脚点，都必须坚持以人为本、树立信息共享的理念，在开展档案信息服务中，注重解决利用者问题、满足师生信息需求，发挥校园网络环境优势，达到信息资源共享的基本要求。

文化无处不在，特别是作为全社会先进文化发动的高校，其文化弥足珍贵，因此，高校档案机构在积极参与学校主导的学生活动、教师活动，为其活动提供档案支持，实现文化育人的同时，要主动做好活动的记录以及记录的收集、整理和保管。配合学校的主流行为，联合相关部门如校史馆、博物馆在校内举办相关展览。在积极服务高校活动中与高校各管理部门、师生实现互动，密切联系，以扩充档案来源。高校的人才培养、科学研究、社会服务、文化传承创新职能不具有严格意义上的四个"分水岭"，在很多情况下，一个职能活动可能覆盖两到三个职能，因此要抓住职能活动主线，理清头绪，以较高效益地收集、管理、保管档案。

虽然《高等学校档案管理办法》（2008）认定高校档案机构设置为高校自主行为，取消了高校设立档案馆报批制度，只要符合条件，即可自主设置档案馆，但也在"档案的公布与利用"章节中要求高校档案必须开放服务，提出高校档案机构应当为社会利用档案创造便利条件，首次赋予高校档案服务社会的新职能，明确指出高校档案机构应充分挖掘档案资源,"采取多种形式(如举办档案展览、陈列、建设档案网站等),积极开展档案宣传工作",以丰富高校文化和精神文明建设的内涵,对"有条件的高校档案机构,可以申请创设爱国主义教育基地"的强调更是体现了拓宽了高校档案工作服务辐射面的迫切性。因此,高校档案机构在履行文化传承创新职能过程中,要像高校为社会培养人才、提供科学技术支持、提供多元服务一样,向社会传播高校先进的文化、创新的文化,在向社会传播文化的过程中,也支持了大学的人才培养、科学研究、社会服务三大职能。

2. 加强档案库藏资源建设与扩展服务领域

拓展与创新高校档案机构职能,注意既要不断丰富库藏档案信息资源,完善档案机构基础业务建设工作,又要充分利用信息化的优势、整合高校内部各种形式的档案信息资源,夯实档案信息开发利用的工作基础,为创新高校档案机构职能的实践开辟有利途径。同时,各高校还要重视和加大经费投入的力度,努力改变对高校档案机构经费投入偏少、开展业务建设工作举步维艰的窘迫境况。形成重视、支持高校档案机构职能创新的良好氛围,制定政策措施、形成制度体系,确保对高校档案机构的经费投入及时到位,为拓展与创新高校档案机构职能提供硬件保障。

据统计,2010年各高校档案学专业教师总数为314人,分布于全国32所开设了档案学专业的高校中,这远远不能满足档案学专业教育和职业教育的需求。教育部27号令第四章第三十五条规定:"有条件的高校,应当在相关专业的高年级开设有关档案管理的选修课。"而且据笔者所知,许多高校文秘等相关专业的教学也有档案学辅助教学的需求,这就为高校档案机构中既有理论水平又有实践经验的工作人员提供了施展才华的舞台。而实际工作中,确实有相当一部分高校档案工作人员在兼职教学且供不应求。与学院派的教师不同,高校档案机构的工作者往往具有丰富的实践经验和高度的责任感,更为重要的是,他们具有学院派教师不具备的便利条件———可以将高校档案机构作为教学的第二课堂,使学生可以亲临实境,切实接触到实际的档案和档案工作。高校档案机构应充分发挥其得天独厚的有利条件,积极鼓励有能力的工作人员走出去参与相关教学任务。在以教学和科研为主要职能的高等院校,高校档案机构建立教育基地、参与学校相关教学任务,不仅可以进一步提高其地位,而且在传授知识的同时,传播档案学的理念和模式,从而实现其职能延伸的目的。

3. 大力推进高校档案信息化建设

高校档案信息化建设包括馆藏档案数字化和档案网站建设两个方面。馆藏档案数字化是档案信息化建设的基础,是信息化条件下有效利用馆藏纸质档案信息的关键环节。馆藏纸质档案数字化程度,直接影响着档案信息资源的可利用性和共享性。馆藏档案数字化的任务十分艰巨,工作量大,技术要求高,要加大人力、物力、财力保障,采用先进的信息技术和办公手段,对馆藏的纸制档案、磁带档案、照片档案等实物档案进行数字化,形成电子档案数据存入数据库,加强各类数据库建设。通过档案网站建设,馆藏档案的数字化工作,提高档案的利用率,逐步实现档案馆信息化建设的目标。

高校档案网站是高校档案机构依托校园网建立的,集服务功能、宣传功能、交流功能三位一体的专业信息网站。服务功能是高校档案网站的首要功能,通过网站开放利用高校档案信息资源是高校档案机构变被动服务为主动服务的重要途径。目前,高校档案网站主要以提供高校档案目录信息为主,随着高校档案数字化工作的推进,很多学校将数字化档案上传网站提供利用。但是由于校园局域网的局限和档案保密的考虑,上传的数字化档案只有在高校档案机构的专用计算机上才可以下载利用。笔者认为,响应国家档案局开放鉴定档案的号召,将可以开放的高校档案数字化后上传网站,将利用权限设置为"公开",使校园以外的利用者可以足不出户方便利用,是高校档案机构扩展其职能的一个机遇。

4. 积极参与校史馆建设和管理

为总结办学经验,凝练学校精神,近年来,许多高校都以校庆、更名、评估、申博等重大事件为契机,建设了高水平的校史展览馆。高校档案机构是保存和提供利用学校档案的专门机构,是学校史料的存放中心,与校史展览有着千丝万缕的联系。部分高校校史展览馆就是由档案部门牵头建设和负责管理的,如上海交通大学校史博物馆等。如何建设好、利用好校史馆,把校史展览工作与档案工作结合起来,拓宽高校档案工作领域,值得深入研究并付诸实践。

从档案工作角度来看,校史展览是繁杂、枯燥、平实的档案工作的"化蛹成蝶",增加了档案工作的显示度,是档案工作的一个展示平台。要以校史展览这个档案工作展示新平台让师生了解档案工作、宣传档案工作,让师生员工知道档案部门在做些什么,有事会想到档案部门,有事来找档案部门,帮助师生员工树立"没有平实的档案工作就没有美轮美奂的校史展览,越是有价值的东西越应该归档保管,存档管理的物品远比放在自己手中可靠和安全"等基本的档案意识,认识到档案工作的重要性。

建设高校校史馆,高校档案机构应当发挥牵头和主导的作用,因为它是校史资料的主要提供者。而实践也已证明,高校档案机构在校史馆修建的过程中确实大有可为,许多高校校史馆建成之后都划归高校档案机构管辖。高校档案机构应该积极主动地参与校史馆的建设,除了为其提供必要的校史资料外,还应努力争取参与或主导校史馆管理的权利。一方面可以通过参与校史馆的建设和管理扩大高校档案机构的影响力,提高其在高校的地位;更为重要的是,作为校园文化展示和传承的重要窗口和平台,校史馆完全可以托付起高校档案机构职能延伸的臂膀,这是当下高校档案机构职能延伸最切实可靠且行之有效的途径。

参考文献:

[1] 张长海.大学档案机构职能延伸——基于高等教育文化传承职能的分析[J].档案学通讯,2012(4):87-89.

[2] 张丽平.一体化形势下高校档案数字化滞后原因探析[J].山西档案,2009(5):3-4.

[3] 宗培岭.新时期应当强化档案馆的研究职能——兼谈档案馆的职能与功能[J].档案学研究,2003(4):20-23,44.

[4] 陈忠海.档案馆职能和功能定位与建设研究述评[J].档案管理,2010(1):59-62.

新媒体环境下档案馆宣传工作的现状与发展策略
——以江苏省档案馆微博微信公众平台为例

周 露 （南京航空航天大学）

摘要：采用定量研究、对比分析的方法，对国内新媒体在档案学领域的研究论文以及微博、微信公众平台在档案馆的应用现状进行研究，提出新媒体环境下档案馆资源与服务在宣传推广中存在的问题，进而提出可行的发展策略，试图为升级优化档案馆的宣传推广提供一些参考。

关键词：新媒体；档案馆；现状；发展策略

中国互联网络信息中心（CNNIC）在京发布第39次《中国互联网络发展状况统计报告》显示，截至2016年12月，中国网民规模达7.31亿，互联网普及率达到53.2%，手机网民占比95.1%[1]。根据腾讯公司公布的数据显示，截止到2016年底，微信和WeChat的合并月活跃账户数达到8.89亿[2]。人们对网络技术的接纳程度超乎想象，新媒体更是深入渗透到我们的日常生活中。

随着互联网的高度普及，新媒体刷新了我们对信息获取方式的认知，它是相对传统媒体而言的一种媒体形式，互联网、社交网络、微信、微博、论坛、网络电视、电子书等均为新媒体典型代表。在大环境催生下，新媒体技术在档案馆中的研究和应用也应运而生，为档案宣传工作提供了新的契机和挑战。

一、新媒体技术在档案学领域研究现状

关键词是学术论文核心内容的提炼，是文章主题的高度概括，而频次高的关键词常被用来确定一个研究领域的热点问题[3]。笔者在中国知网中，以"新媒体"且"档案"为关键词进行主题检索，共检索出223篇文献，其中包括硕博士论文28篇，学术会议论文6篇，报纸3篇。

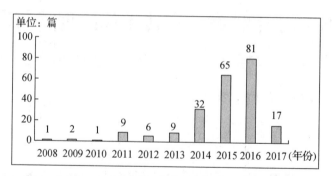

图 1　2008—2017 年新媒体在档案学研究中相关论文数

如图 1 所示，2008—2013 年相关研究文献很少，新媒体概念刚刚兴起，将其与档案馆结合起来的研究思路处于探索阶段。2014 年 5 月，中共中央办公厅、国务院办公厅印发《关于加强和改进新形势下档案工作的意见》第二十三条明确提出，加强档案宣传工作，"充分利用新闻媒体""创新宣传形式"。自 2014 年开始，新媒体与档案相结合的研究成果迅猛增长，这在一定程度上反映了新媒体作为档案学领域的新兴研究点，正处在蓬勃发展的阶段。

使用陈超美博士开发的信息可视化软件 CiteSpaceⅢ对 223 篇学术论文进行关键词分析，通过显示高频词确定新媒体在档案学近几年的研究热点（图 2）。

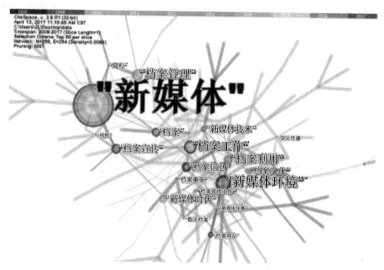

图 2　新媒体在档案学领域研究主题图谱

剔除高频词及噪声词新媒体、新媒体环境、档案工作、新媒体时代等，频次最高的 10 个关键词见表 1：

表1 新媒体在档案学领域研究论文频次前10的关键词

序号	1	2	3	4	5	6	7	8	9	10
关键词	档案管理	档案利用	档案宣传	档案文化	档案宣传工作	档案网站	数字档案	文化传播	新媒体传播	手机媒体
频次	20	19	16	14	9	8	7	7	7	6

从关键词中不难看出,新媒体技术在档案学领域的主要研究点在档案宣传、传播、利用方面。施瑞婷[4]、宋鑫娜[5]、古攀云[6]、周永军[7]等人均对新媒体环境下档案馆微信、微博平台应用现状及模式进行探索研究;尹宝君提出在大数据时代将新媒体与纸媒体融合的思路[8];刘英捷、王芹则利用实证分析法对江苏省档案部门新媒体应用情况进行分析[9];夏素华[10]等人[11][12]均以新媒体为契机,为档案的宣传工作提出创新性转型方式或新的模式。

二、新媒体技术在档案馆宣传服务中的应用现状

《江苏统计年鉴2016》数据显示,全省档案馆共164个,档案室(处、科)共3 301个。为揭示江苏省档案馆在宣传工作中应用新媒体技术的状况,本文以微博微信公众平台为例,选取了一批具有代表性的档案馆进行实证考察,其发展基本可以体现江苏省各类档案馆应用新媒体技术作宣传推广的现状。

1. 新浪微博在档案馆宣传中的应用

在新浪微博找人功能中,输入"档案"或"兰台",选择"江苏""机构认证",经过筛选共找出27个经过认证的档案馆官方微博,占江苏省档案馆总数16.4%。我们发现,在27个官微中没有一个高校档案馆,详细指标见表2(截止日期2017年4月24日):

表2 27所档案馆官微详细指标

级别	用户名	开通天数(天)	发文量(篇)	日均发文量(篇)	关注(次)	粉丝(人)
省级	江苏档案	1 306	3 226	2.47	482	27 818
市级	南京档案	1 210	1 537	1.27	1 391	9 196
	苏州市档案馆	1 861	98	0.05	48	1 232
	宿迁档案	1 347	614	0.46	382	5 229
	徐州档案	1 326	2 341	1.77	35	512
	连云港档案	846	154	0.18	333	150

续表

级别	用户名	开通天数(天)	发文量(篇)	日均发文量(篇)	关注(次)	粉丝(人)
县级	张家港档案	1 850	19	0.01	61	172
	太仓档案2012	1 596	101	0.07	98	193
	仪征市档案馆	1 859	4	0.002	30	280
	海门兰台	2 073	84	0.04	23	61
	金湖档案	1 151	221	0.19	142	209
县级	新沂档案	1 133	43	0.04	20	39
	沭阳县档案馆	1 196	15	0.01	133	148
	泗洪档案2014	1 090	478	0.44	32	57
	pxdaj(沛县)		0		61	4
	灌云档案		0		1	1
	玄武档案	1 183	2 392	2.02	117	123
	雨花档案	1 146	49	0.04	87	55
	南京栖霞档案-方志	1 140	2 676	2.35	205	736
	南京建邺档案	1 154	1 229	1.06	116	160
	浦口档案史志	1 951	2 402	1.23	262	537
	南京鼓楼档案	1 197	3 452	2.88	180	221
	高淳档案	1 470	383	0.26	111	138
	梁溪档案	1 546	40	0.03	83	171
	铜山区-档案	1 260	5	0.004	50	42
	云龙区档案馆	1 280	5	0.004	20	46
	宿豫档案2015	622	1	0.002	6	6

由表2可见,档案馆的官微开通情况具有比较明显的地域性,其中9所档案馆均在南京,而且这9所档案馆的各项指数都比较靠前,鼓楼档案日均发文量2.88,江苏档案粉丝数27 818。在这27个官微中没有常州、镇江、泰州、盐城这四个地级市的,其中徐州、宿迁、淮安市虽然有几个官微,但是更新慢或者没有更新,内容也很单一。其中海门兰台是最早开通官微的,说明紧跟时代发展的敏感度很强,但日均发文量才0.04,辐射面也是极小的。

2. 微信公众号在档案馆宣传中的应用

由于微信载体的特殊性,许多数据只有账号开通者才能获得。本文利用中国新媒体大数据权威平台"清博指数"[13],获取微信公众号相关指标。在微信搜索公众号中输入"档案"或"兰台",选取了10个档案馆微信公众号对其一周内微信内容进行分析,见表3(2017年4月16日至22日数据)所示。

表3 10所档案馆微信公众号相关指数

级别	用户名	发布/篇	总阅读数	最高阅读数	总点赞数	最高WCI	7日平均WCI
省级	江苏档案	7	1 427	314	176	330.63	285.18
市级	南京档案	1	939	939	71	461.05	65.86
市级	苏州档案	2	809	555	67	389.36	100.01
市级	宿迁档案	5	66	30	11	100.99	18.90
县级	张家港档案	3	2 231	1 066	113	444.43	166.44
县级	金湖档案馆	0	0	0	0	0	0
县级	沛县档案局	0	0	0	0	0	0
县级	南京鼓楼档案	1	199	199	34	292.14	41.73
高校	南京大学档案馆	2	26	14	4	81.41	23.26
高校	扬州大学档案馆	0	0	0	0	0	0

WCI(微信传播指数),是通过微信公众号推送文章的传播度、覆盖度及账号的成熟度和影响力来反映其整体热度[14],其数值高低从一方面可以反映微信公众平台的受欢迎程度。在对江苏省综合及高校档案馆进行微信实证时发现不少开通了官微的档案馆没有开通微信公众号,而且大部分公众号活跃度很低。其中值得一提的是,张家港档案馆每周均有3—4篇档案动态或者档案文化信息推送,图文并茂,数据显示的最高阅读数超过了江苏省档案局,值得其他档案馆借鉴。江苏高校档案馆仅有几所开通了微信公众号,南京工程学院、扬州大学等虽有开通,但更新很少或很久没有更新。

三、新媒体环境下档案馆宣传服务中存在的问题

1. 理论研究过于浅显

从国内新媒体在档案学领域研究论文中可以看出,相关研究成果数量明显不

足,而且研究内容也不够深入。当前大部分学者还仅是把目光停留在新媒体技术在档案馆的应用现状、方式、策略等基础理论的研究,而深入探究档案数字资源管理、新媒体在档案领域的开发等技术层面的文章则凤毛麟角。

2. 新媒体技术应用浮于表面

档案馆应用新媒体技术在时间上是相对滞后的,而且利用也是极其有限的,可能仅仅满足于有了这样一个空架子的平台,造成资源的闲置浪费。从上述的数据中我们可以看出,不管是地方综合档案馆还是高校档案馆对新媒体技术的利用大多浮于表面化,没有真正将其与档案馆的宣传工作结合起来。

3. 新媒体技术在档案宣传中的作用并不明显

我们从上述全省开通微博、微信公众号的档案馆数量可见一斑,地域差异明显,而且为数不多的档案馆公众号的用户关注度不高,辐射面很小,信息推送频率普遍较低,推送内容以宣教模式为主,宣传效果并不理想。甚至可以说,只是档案部门圈子里的自娱自乐,没有跟用户的利用需求和喜欢的利用方式有机结合起来。

四、新媒体环境下档案馆宣传服务建议

1. 深化开发新媒体技术

深化档案馆在微博、微信等公众平台上内容、功能和资源等方面的开发与研究。国内一些图书馆已经实现了根据用户在图书馆网页、微信等应用上活动产生的"痕迹",从中提取用户的专业、性别、年龄等个人信息,还可获取用户的借阅及检索记录等信息。利用大数据分析技术,从中得出用户对信息资源的需求,在新媒体平台上为用户提供个性化、专业化、学科化的信息推送服务[15]。另外,很多图书馆都开发了移动图书馆客户端,这也可以成为档案馆未来所思考和实现的方向。

2. 强化内容管理

利用新媒体进行档案宣传并非越密集越好,发布高质量的内容是提高档案馆宣传影响力的关键,贴近生活、图文并茂、具有原创性的信息才更加博得粉丝的眼球。而且要跳出眼前的一亩三分地,放眼世界,紧跟潮流,让用户参与到主题的选择中来,聆听用户的"声音",知晓用户的"口味"。设立专门的网络发言人团队,对推送内容精心策划,确保信息推送的规律性、稳定性。

3. 丰富推广模式

"等客上门"的服务方式已经是过去式了,一成不变的服务模式只会让用户"审美疲劳",主动出击才是生存之道。借助如"6·9国际档案日"这样一些重大活动或者相关政策出台的契机,大力宣传推广。可以建立一套互动激励机制,鼓励用户主动参与到"微信、微博转发""在线意见征集"这样的线上活动,以活跃档案馆新媒体平台,同时提高用户对活动的关注度和对档案馆的认知度。

五、结语

档案宣传工作是整个档案事业不可分割的一部分,是提升档案意识并进行舆论导向和舆论监督的重要手段。新媒体时代,人们获取信息的方式从"纸间"走向了"指尖",微博、微信等作为一种新兴的低成本而高社会化的媒体,在信息传播方面有着自己独特的优势。我们需要在新媒体这个大环境中继续探索,让其真正成为档案宣传服务工作新的窗口,而不是"与时俱进"中造出的"噱头"。

参考文献:

[1] 中国互联网络信息中心(CNNIC).第39次中国互联网络发展状况统计报告[EB/OL].[2017-1-22]. http://www.cnnic.cn/gywm/xwzx/rdxw/20172017/201701/t20170122_66448.htm.

[2] 腾讯公布2016年第四季度及全年业绩[EB/OL].[2017-3-22]. https://www.tencent.com/zh-cn/articles/8003411490172512.pdf.

[3] 张凌.基于CiteSpace的竞争情报研究的可视化分析[J].图书情报工作网刊,2011(10):1-8.

[4] 施瑞婷.国家综合档案馆"官微"传播行为分析——基于新浪微博和微信平台的实证研究[J].档案学研究,2015(2):80-88.

[5] 宋鑫娜.档案公众微信平台应用模式探析[J].中国档案,2014(11):34-35.

[6] 古攀云,陈昊琳.高校档案馆微博发展状况分析——以新浪微博为例[J].档案管理,2014(5):50-51.

[7] 周永军,洪梅.浅谈"微博"对档案信息化工作的影响[J].云南档案,2011(11):44-45.

[8] 尹宝君.大数据时代档案管理中新媒体与传统纸媒的融合研究[J].兰台世界,2015(8):114-115.

[9]刘英捷,王芹.档案政务新媒体应用研究——以江苏省为例[J].档案学研究,2016(1):86-90.

[10]夏素华.新媒体时代我国档案宣传工作探析[D].济南:山东大学,2013.

[11]陈显龙.新媒体时代我国档案宣传的工作模式[J].科技传播,2016(5):136-137.

[12]王楠.新媒体视阈下档案宣传工作路径探析[J].兰台世界,2017(2):20-22.

[13]清博大数据[EB/OL].[2017.4.24].http://home.gsdata.cn/index.html.

[14]黄国凡,张钰梅.图书馆微信公众号内容营销策略:基于微信传播指数WCI的分析[J].图书馆杂志,2015(9):91-96.

[15]张玲.新媒体技术环境下图书馆宣传推广策略[J].图书情报工作,2015,59(1):78-81.

依法治国背景下照片档案利用中的权利关系研究

徐云鹏 （苏州大学）

摘要：照片档案由于其自身的特殊性，在实际利用过程中涉及的各项权利关系比较复杂，比如著作权、所有权、肖像权等内容。随着档案信息传播数字化、网络化的不断发展，照片档案的管理和利用工作中侵权违法行为时有发生。在依法治国大背景下，这一情况日益受到社会的重视。本文通过围绕照片档案具体的权利主体、利用行为、权利内容等方面展开分析研究，总结了在照片档案利用中的常见问题，并针对这些问题提出了具体对策。

关键词：照片档案；权利关系；依法治国

照片档案由于其具有直观生动、形象具体的特点，越来越受到利用者的认可，利用频率与日俱增，利用范围越来越广。但在实际利用过程中，由于管理者和利用者对于专门的法律知识掌握水平有限，侵权事件时有发生，影响了利用效果，长此以往势必阻碍照片档案正常的开发利用，影响档案工作的社会形象和地位，破坏我国档案事业可持续发展的"生态环境"。党的十八届四中全会通过了《中共中央关于全面推进依法治国若干重大问题的决定》，档案事业作为我国经济社会发展的重要基础，加强档案法制建设是今后全国档案工作的重要任务。依法管理和利用照片档案必须引起我们的重视。本文对照片档案利用中的各项权利关系进行了分析，以期社会对其能有更清晰的认识。

一、照片档案权利主体分析

1. 照片的作者

照片的作者是指照片的拍摄者、创作者，一般是指自然人。但是法律条也文明确表示，如果由法人或者其他组织主持，代表法人或者其他组织意志进行拍摄、创作，并由法人或其他组织承担责任的照片，法人或其他组织也被视为照片的作者。根据法律规定，照片的作者享有所有权、著作权等法定权利，依法受到保护，任何人不得侵犯。

2. 照片档案的所有者

国家、法人、其他组织以及自然人都可以成为照片档案的所有者。这些主体通过拍摄、创作、继承、受赠、买卖、转让等法定形式获得照片档案。所有者依法拥有对照片档案的占有、使用、收益、处置等权利。

3. 照片档案保管部门

照片档案由于载体特殊性,对于保管条件有很高的要求,应该设立专门的保管场所。在我国,各级各类档案馆、档案室是照片档案的法定管理单位,相应的档案部门依法对属于国家、法人及其他组织所有的照片档案拥有保存、管理、开发利用等权利。个人所有的照片档案可以通过寄存等方式由档案部门、博物馆、纪念馆等机构代为保管,且在保管过程中不得侵犯照片档案所有者的权利。

4. 照片内容所涉及的人与物

照片档案可以分为记录性照片和艺术性照片,其影像一般包括事件类、人物类、景物类等内容。[1]486 在利用照片档案时,必须维护照片所反映的影像的有关权利,比如照片中人物的肖像权、人文景观的著作权,以及科技照片档案的保密要求等。

5. 照片档案的开发与利用者

各级各类档案部门和档案工作者是档案开发利用工作的法定主体。此外,根据档案法律法规的规定,我国公民和组织持有合法证明,可以利用已开放的照片档案。机关、团体、企事业单位和其他组织以及公民根据需要,可以按照相关部门的规定,利用未开放的照片档案。外国人或外国组织经我国有关主管部门介绍以及档案馆的同意可以利用已开放的照片档案。以上主体利用照片档案不得侵犯档案的著作权、肖像权等权利。[2]

二、照片档案利用行为分析

1. 利用目的分析

机关、团体、企事业单位和其他组织以及个人利用照片档案,为经济建设、国防建设、教学科研和其他各项工作服务。其利用目的一般可以分为营利性利用和非营利性利用。

营利性利用,是指利用主体通过开发利用照片档案,从事生产经营活动,赚取金钱或其他物质利益,从而获得一定利润。我国相关法律明确规定,以营利为目的利用照片档案必须经过权利人许可,必须遵守许可的利用范围和许可的利用方式,并且支付一定报酬。若有侵权行为发生,侵权主体必须承担相应的法律责任,比如停止侵害,给予赔偿,甚至是相应的刑事责任等。

非营利性利用,是指利用主体通过开发利用照片档案,从事学习研究、公益性的展览、文化艺术传播、新闻报道等有助于促进国家经济和社会发展的利用行为。我国的法律法规都针对非营利性利用明确了"合理使用",也就是在利用中可以不经过权利人的许可,不需要支付报酬,但权利人有权禁止利用相关照片档案。此外,公益性使用不构成侵权行为免责的理由,利用人在利用中要保护权利人的署名权、隐私权等权利,以及商业秘密、国家安全等。

2. 照片档案利用方式

照片档案的利用基本都是通过阅览、借阅、复制等手段来实现的。利用者通过以上方法为个人学习、主题展览、新闻报道、科学研究、生产经营等经济和社会生活的方方面面提供真实生动的凭证和参考。此外,利用者对于照片档案,有的是全部利用,有的是利用照片的部分内容,也有的是对照片档案进行了一定的修改。

随着网络化、数字化技术的发展,电子照片数量与日俱增,照片档案的传播和利用也越来越方便。但是,无论我们采取何种利用方式都必须经过权利人的许可或是法律认可,不得侵犯照片档案权利人的任何法定权利。

三、照片档案权利内容分析

1. 照片档案所有权

照片档案所有权是照片档案权利关系中最基本的权利,是指照片档案的法定所有权主体对档案客体享有占有、使用、收益和处分的权利。占有权是指对照片档案实际上或法律意义上的控制权;使用权是指按照档案性能和作用进行利用,以满足工作等需要的权利;收益权是指通过利用获得经济或物质上的利益的权利;处分权即对档案进行处置的权利,分为事实处分和法律处分,处分权决定着档案的命运和归宿。照片档案所有权具有可分离性,所有权的四项内容可以单独或全部脱离所有人;所有权也不是绝对无限制的,行使所有权必须遵循法律和法规的约束。[3]131-133

根据我国的国情,目前我国照片档案所有权基本分为国家、集体和公民个人三种形式。中华人民共和国是国有照片档案所有权主体,国家对中央国家机关和中央档案馆的照片档案直接行使所有权,并将其他国有照片档案交给各级各类国家档案馆管理、占有和组织利用,行使权利。国家保护集体和个人照片档案所有权,同时,集体和个人所有的对国家和社会具有保存价值或者应当保密的档案,在一定条件下国家档案行政管理部门有权采取代为保管等确保档案完整和安全的措施;必要时,可以收购或者征购,使所有权发生改变。以上的照片档案所有者可以向国家档案馆寄存或者出卖;向国家档案馆以外的任何单位或者个人出卖的,应当按照有关规定由县级以上人民政府档案行政管理部门批准。严禁倒卖牟利,严禁卖给或者赠送给外国人。

2. 照片档案著作权

著作权是指权利人对文学、艺术和科学作品依法享有的财产权利和人身权利。《中华人民共和国著作权法》规定,著作人身权有发表权、署名权、修改权和保护作品完整权。[4]156 著作财产权包括复制权、发行权、出租权、展览权、表演权、放映权、广播权、信息网络传播权、复制权、改编权、翻译权和汇编权。[4]P169-170 著作权可以属于国家、公民个人、法人和非法人单位。我国著作权法规定,照片作为一种作品,不论发表与否,即享有著作权,这些照片及其文字说明按一定程序归档保存后就成为照片档案,相应的照片档案也具有著作权。

我国多数照片档案都属于职务作品,照片档案的著作权属于法人或非法人单位,作者享有著作权中的署名权,著作权中的其他权利由法人或非法人单位享有。照片档案所有权发生变化时,如果没有明确表示,权利人的著作权不会随之转让。照片档案只要没有被销毁,其著作权中的署名权、修改权、保护作品完整权就必须受到保护。对于照片档案著作权中的发表权,以及其他著作财产权,我国著作权法有明确的保护期限,到期后这些照片档案可以进入公共领域让公众免费使用。

此外,我国著作权法规定,著作权人在行使著作权时不得违反法律法规,不得损害公共利益。照片档案著作权可以"合理使用",即允许著作权以外的主体可以不经著作权人的许可使用照片档案,不向其支付报酬,主要是个人研究学习、公共传播等面向社会公众的利益,促进文化繁荣和社会发展等方面[5],但在利用时必须保护作者的署名权,明确出处,也不得侵犯著作权利人的其他权利。

3. 照片档案的肖像权

无论是记录性照片档案还是艺术性照片档案,反映人物活动的照片占有非常大的比例。人物类照片档案是指采用摄影、造型等艺术手段反映自然人包括五官在内的形象的作品,它记载的是人的肖像,在管理和利用中必然涉及肖像权的问题。肖像权属于人格权,是公民的基本权利。它是指自然人对自己的肖像享有的利益并排斥他人侵害的权利,包括制作专有权、使用专有权和利益维护三方面内容。

根据法律规定,公民享有肖像权,未经本人同意,任何人不得擅自使用、侮辱其肖像,不得以营利为目的使用公民的肖像。如果未经许可擅自使用,则构成侵权。如果在执行公务、科学研究、文化、教育等社会公益性目的时使用肖像是允许的,不构成侵权,但权利人可以禁止使用。在利用人物类照片档案时,利用者应当遵循法律规定,不得侵犯公民的肖像权。

4. 照片档案利用中的其他权利

围绕照片档案的所有权、著作权和肖像权发生的侵权事件比较多,也比较常见,这些权利的保护日渐受到国家和社会的重视。但是照片档案在利用中除了要重点注意保护以上权利,避免侵权行为发生外,还有其他的权利关系也必须引起我们的重视。照片档案由于其记录和反映的内容会涉及个人的隐私、商业秘密、国家秘密等,一旦泄漏传播必将给个人、组织和国家造成重大损失,因此要保护个人隐私权,维护商业秘密、技术保密,保守国家秘密。此外,利用照片档案时要尊重照片档案的原始记录性,不得擅自诋毁、侮辱照片档案相关权利人,不得侵犯他们的名誉权等权利。

四、目前存在的问题与对策

1. 照片档案利用中的侵权问题

纵观长期以来照片档案利用的实际情况,对于其权利保护势在必行。这些问题集中体现在以下几个方面:

一是利用者本身具有照片档案的所有权,以所有权超越其他权利。我国各级各类档案管理部门通过展览、编研、公开传播等开发利用馆藏照片档案,这是法定的权利和工作职责,但在开发利用过程中侵犯照片档案著作权(署名权)、肖像权是最为常见的,也是最容易被忽视的。[6]尤其是职务照片档案,权利人本身就是本单位的职工,受到各种利害关系的制约,面对侵权行为,更是难以实施维权。

二是利用者未经许可,以营利为目的进行利用,或超出许可的利用范围,擅自修改照片档案,甚至诋毁相关权利人。社会对这一问题的报道和关注较多,认知也比较清晰。尽管时有发生,但只要证据明确,权利人的利益可以得到法律的公正维护。此外,在利用者以公益性为理由进行利用时,也时常会忽视署名权、肖像权等权利,这一点应当受到重视,以减少侵权行为的发生。

三是照片档案不同于普通的文书档案,它的载体形式、记录方式、管理要求都具有特殊性。我国的《档案法》《著作权法》《民法通则》等法律法规对于照片档案的管理和利用只具备一般的指导意义,而针对照片档案、音像档案等特殊载体的档案,缺少专门的有针对性的法律法规,缺少具体细则和实施办法。此外,由于照片档案自身的权利关系相对复杂,随之的多头管理势必造成监管力度不够,执法困难。

四是微信、微博等数字新媒体的出现,使照片档案的利用和传播更为方便和快捷,也使侵权行为更容易发生,然而如何判定侵权发生以及如何实施具体法律制裁等就成了照片档案权利保护的新问题,给权利保护工作带来新的挑战。

2. 针对上述问题的几个对策

第一,加快档案法制建设,逐步完善针对照片档案等特殊档案的专门法律法规,做到有法可依;加强普法宣传工作,提高民众的档案法律意识,使照片档案的所有者、管理者和利用者懂法守法,有法必依;整合现有的部分档案管理机构和法律监督机构,成立专门机构监管档案开发和利用工作,做到执法必严,违法必究。

第二,提升照片档案权利保护的技术手段和设备。随着现代科学技术的发展,数字化档案馆开发与建设已是大势所趋,照片档案数字化的开发与利用已成为当前的主要形式。档案管理部门必须采取数据加密、数字签名、数字水印、身份认证等先进的技术与手段,维护照片档案的真实与安全,保证合理合法利用。

第三,针对网络媒体、手机媒体、数字电视等新媒体在档案传播和利用中的机遇和挑战,监管部门和新媒体自身必须做好实名认证、审核审查、责任追究、风险控制、危机干预等工作,既要保证档案开发利用工作有序推进,又要保护照片档案权利人的各项权利,杜绝侵权行为的发生。

五、结语

照片档案包含着多重法律关系,在其开发利用中只有理清各项法定权利之间的关系,才能维护权利人的正当权利,有助于档案开发利用工作的可持续发展。在档案利用中遵纪守法,有助于维护社会的和谐与稳定,促进社会公平与正义,是培育和践行社会主义核心价值观的重要体现。只有全社会都关注并参与到档案法制建设中来,形成依法管档、依法用档的良好局面,才能推动我国档案事业的繁荣发展,为全面推进法治中国、文化中国建设加油助力。

参考文献：

[1] 陈兆祺,沈正乐.档案现代工作实务[M].北京:中国档案出版社,2001.

[2] 燕开良.浅谈档案利用中的著作权保护[J].档案学研究,2006(4):41-43.

[3] 朱玉媛.档案法规学新论[M].武汉:武汉大学出版社,2004.

[4] 梅术文.著作权法:原理、规范和实例[M].北京:知识产权出版社,2014.

[5] 邢立新.照片档案利用中的著作权保护[J].兰台世界,2006(8A):13.

[6] 叶晓林.受著作权法保护的档案资源利用研究[J].北京档案,2005(2):16-18.

基于集体记忆视角下的高校档案管理工作研究

曹兴华 （南京审计学院）

摘要：集体记忆理论为重新审视档案工作提供了全新的视角，对档案理论和实践研究都具有重要的意义。集体记忆视角要求高校档案工作者重新进行角色定位，转变观念，在档案收集、鉴定、保管、开发和利用等业务环节做出优化和调整，从而在构建学校集体记忆、挖掘和传承校园文化方面发挥积极的作用。

关键词：集体记忆；高校档案；文化

集体（社会）记忆理论推动档案学研究在经历了史料整理论、档案文件管理理论、档案信息资源管理理论、档案知识管理理论后到档案（社会）记忆理论的范式转型，同时拓展了档案实践的范围和功能。[1]高校档案工作者需要思考该理论对自身工作的指导意义，并做出积极的应对和调整，从而适应时代的发展要求。

一、集体记忆内涵与档案记忆观

1. 集体记忆内涵

集体记忆又称群体记忆，由法国社会学家莫里斯·哈布瓦赫提出，指一个具有特定文化内聚性和同一性的群体对自己过去的共同记忆。它能够增强组织的凝聚力和组织成员的归属感，是实现集体认同的前提。哈布瓦赫在《论集体记忆》一书中指出，我们关于过去的概念，是受我们用来解决现在问题的心智意象影响的。因此，集体记忆在本质上是立足现在对过去的一种构建。也就是说，过去不是被简单地保留下来，也不是依据个体记忆简单地累加而构建的，回忆是在现实的基础上被重新构建的，它是一个不断选择和借用的过程。记忆的构建很大程度上取决于人们现实的需要、观念和利益，集体记忆的构建是为现实服务的。[2]

2. 档案记忆观

从集体（社会）记忆视角来审视档案管理工作是档案学者重要的研究思路和方

法,学界称之为"档案记忆观"。"档案记忆观"认为,档案具有记忆属性,是构成集体(社会)记忆的最重要的载体,档案馆是社会记忆最主要的"保存场所"或"记忆的宫殿",档案工作是一项集体(社会)记忆传承、构建、控制和保护性工作,档案工作者肩负着构建社会记忆主体框架的神圣使命。档案记忆观为档案学理论研究提供了全新的视角,也拓展了档案工作职能,指导档案实践进入一个全新的时期。特别是在"世界记忆工程"的影响下,英国、美国、澳大利亚、加拿大、荷兰等国家纷纷实施了各类记忆项目(工程)。2009年以来,中国人民大学冯惠玲教授及其课题组提出了建设"中国记忆"数字资源库的倡议,即构建一个基于互联网的,以档案数字资源为载体,以文本、图片、音频、视频等各种形式记录反映我国悠久灿烂的历史文化和当代多彩的社会生活,提供全民便捷利用的数字资源库。[3]此外,近十年来,全国很多城市相继开启了"城市记忆工程"项目,通过挖掘、收集和及时拍摄城市变迁和发展过程中形成的实物、照片、声像资料来构建和呈现城市的集体记忆,对于城市文化记忆的抢救和传承具有重要意义。档案部门积极参与城市记忆工程的项目建设,发挥了不可替代的作用。可以说档案记忆理论研究和各种记忆工程的实践相互促进,相互影响,取得了巨大成果。

二、集体记忆视角对高校档案工作的启示

1. 档案工作者角色重新定位

在集体记忆视角下,档案工作者要明确自己的责任和使命,充分认识档案和档案工作在构建集体记忆中的重要作用,秉承"对历史负责,为现实服务,替未来着想"的宗旨,积极参与集体记忆保存和构建,切实履行好档案工作职责。[4]高校档案是承载和构建学校集体记忆的载体和工具,高校档案馆(室)是保存学校集体记忆的场所,参与学校集体记忆构建是高校档案机构的职能之一。因此,高校档案工作者不仅仅是文件、信息的保存和利用者,更是参与保存和构建学校集体记忆的重要人员。高校档案工作者要站在保存和构建学校集体记忆的高度来重新认识和定义档案人员的职责和档案机构的职能。

2. 全面多样化地开展档案收集

首先,学校教师与学生活动是丰富多彩的,承载学校发展的记录载体和内容也是丰富多样的。其次,集体记忆是多维度、多层次、广泛的,由不同群体的集体记忆和无数个体的记忆整合而成。因此要构建全面、系统、多维度的集体记忆需要进行全面的档案收集,要注重来源多样化、形式载体多样化,又要突出特色。特别是随

着高校信息化的深入推进和数字化校园建设,电子文件成为承载教师、学生记忆的主要载体,需要加强电子文件的收集和保管。同时,在档案收集方面要突出以下特点:(1)学校重大活动受到教师和学生广泛参与,是构建学校集体记忆的关键素材,要加强重大活动档案材料的收集。(2)教师与学生是学校集体记忆的主体,档案收集要以人为本,注重有关师生档案材料的收集。(3)口述历史是历史的重要补充,也是构建集体记忆的重要元素,要积极推进学校口述历史的采集和研究。(4)档案工作者要改变被动收集的观念,具备较强的信息意识,主动为记录学校改革与发展过程的信息、数据、实物等积极建档,在普通教师或学生中收集具有典型意义的非校方形成或发布的档案材料,这样构建的集体记忆才全面、系统、接地气。

3. 科学严谨地开展档案鉴定

鉴定是档案工作者承担的一项重大的社会责任。一定意义上讲,档案人员记录历史的职责和使命就从档案鉴定开始,档案鉴定筛选什么样的档案材料保存下来,决定了记录什么样的历史,决定了哪些人物和故事传承下去,因此,档案管理习惯被称为记录历史的工作。[5]集体记忆视角下的档案鉴定工作显得更加重要和关键,对鉴定人员素质提出了更高的要求,档案鉴定人员要具备较强的职业精神和专业素养,能够站在构建学校集体记忆的高度,用严肃、谨慎、科学的态度对待档案鉴定。在鉴定中必须坚持全面的、历史的、发展的观点,既要考虑档案短期的查考利用价值,又要考虑其长远记录历史、构建记忆的文化价值;既要坚持服务于学校发展,考虑档案对学校的价值,又要坚持以人为本,认识到档案对于保存师生记忆的意义;既要考虑档案当前的作用,又要预测未来的需求,把档案放在其形成历史条件中去,从其来源、内容、形成时间、文本和载体,以及档案之间的相互关联、历史条件、特定作用等全面分析档案的特征和价值。[6]

4. 分等级地开展档案保管

维护档案的完整与安全是档案工作的基本原则之一。新时期,高校档案工作承担着构建学校集体记忆的重大责任和神圣使命,其安全管理更应该受到重视和加强。高校档案机构要建立档案安全保管制度、责任追究制度、突发事件应急预案和安全监管制度,加强档案人员管理,提高防范意识,同时要加强硬件设施建设和对档案实体的保护。实行分等级档案保管制度,对承载和构建学校集体记忆有重要价值的档案要重点进行安全管理;创造安全科学的保管环境,延长档案的使用寿命,发挥档案的功能与价值;做好珍贵和重要档案的备份工作。

5. 积极开发档案资源

档案保存和承载记忆,要发挥档案构建集体记忆的功能,还需要积极开发,经过集体认知、记忆重构的复杂过程。[7]高校档案馆要多渠道、深层次、全方位地加大资源开发力度,使档案在更广泛的社会层面上传播和利用,最大限度发掘档案的记忆和研究价值;要充分挖掘校史档案,组织运用档案资料,展现学校发展历程;调动各种视听手段,用看得见、摸得着、听得到的方式还原历史,挖掘学校改革与发展过程中的事件、人物、故事、实物;充分开发利用文字、图片、音频、视频等多种类型的档案,构建和展现集体记忆。例如,近期央视,北京、上海、重庆等电视台都开设了档案系列栏目,是资源开发和记忆构建的成功案例。高校档案馆要借鉴这些成功的经验和模式,广泛开展校史宣传。此外,高校校史馆、博物馆是构建、展现学校集体记忆的重要平台和窗口,档案馆要充分利用校史馆(博物馆)的功能,挖掘和传承学校历史文化,增强师生对学校的归属感和认同感,建设爱国爱校基地。

6. 科学合理开展利用

档案是承载和传播记忆的重要载体和工具,它能够唤起和发酵人们的记忆。因此,档案的利用对于构建集体记忆发挥着重要作用。高校档案机构要以学校发展和师生需求为导向,以馆藏资源为基础,拓展服务功能和业务范围,创造性地开展服务利用,充分利用微信、微博和校报等现代信息媒体平台,深入挖掘档案的服务、教育和文化功能。例如,利用校庆、新校区建设、校友返校日等重大节日、节点纪念或庆祝活动,举办以学校记忆为主题的档案展览,传播和弘扬校园文化。同时,在每一次庆祝纪念活动中,档案馆要加强纪念活动记忆的及时收集。例如,校庆或校友返校日期间,校友一般会以班级为单位,以档案中的历史照片、学籍等素材为载体来怀念和回忆校园生活,会再次形成承载记忆的档案材料,如照片合影、签名册、文化衫、纪念视频等,档案馆要加强档案利用过程中形成档案的二次收集,这对于保存和构建集体记忆有重大意义。

集体记忆理论赋予了档案和档案工作一种新的更重要的价值和职责,即构建集体记忆。该理论为档案理论研究和实践开启了一扇大门,并将其推向新的高度。高校档案工作者要积极学习和研究该理论,并及时总结对自身工作的启发和指导意义,能够站在构建学校集体记忆的角度和高度认识和开展档案工作,挖掘和传承校园文化,为学校改革与发展服务。

参考文献：

［1］丁华东.走进记忆的殿堂:论档案记忆研究的现实意义［J］.档案学研究，2015(4):70-73.

［2］潘连根.论档案的记忆属性——基于社会记忆理论的分析研究［J］.浙江档案,2011(8):32-35.

［3］赵生辉,朱学芳.数字社会记忆资源跨机构聚合机制研究［J］.档案学研究,2014(2):34-38.

［4］［6］邱娟.集体记忆视角下的档案管理［J］.中国档案,2013(2):42-43.

［5］薛真真.档案与社会记忆构建［J］.档案管理,2006(2):34-36.

［7］蒋冠.社会记忆理论视角下综合档案馆发展探析［J］.档案管理,2010(3):13-16.

高校档案馆与档案学专业实验室共建共享初探

郑　丽　（扬州大学）

摘要： 高校档案馆建设是高校档案工作者经常探讨和交流的问题，由于各高校的学科及办学条件不尽相同，各高校档案馆的建设状况亦存在着一定的不平衡性。本文从具有档案学专业的高校实际出发，提出了高校档案馆与档案学专业实验室共建共享的理念，探索一条一次投入两方受益之路，实现档案馆工作条件的改善与档案学专业实验条件的提升的双赢模式，对破解高校档案馆建设所存在的困难和问题，提供了一个新的思路和途径。

关键词： 档案馆；档案学专业实验室；共建共享

长期以来，高校档案馆建设是各高校档案工作者经常探讨和关注的工作，尤其在一些设有档案学专业的高校，档案馆的条件建设难度就更大。高校档案馆一般都列为学校的直属业务单位，而档案学是教学单位的一个专业，各自自成体系，各自运行管理。相比之下，各高校档案馆的硬件条件大多数都是低水平维持运行，很难达到理想的状态。依笔者之见，探索高校档案馆与档案学专业实验室的共建共享，有利于实现互利双赢，是破解高校档案馆硬件条件建设难得的一个有效途径。

一、与档案学专业实验室的共建共享，有助于促进高校档案馆建设和发展

高校档案馆是高校内设的专门保存本单位档案，为本单位各项工作服务的部门，大多数高校基本上都把他单列为直属业务单位，有的高校把他挂靠在其他的管理部门，但总体上看基本上都是相对独立的管理与运行。在高校内部，档案馆是一个不起眼的部门，在干部聘任中，往往是干部不愿来，能人不肯来，其实际地位是处于高校管理机构的边缘，一些高校档案库房和办公条件并没有随着学校硬件条件的改善而改善，有的甚至有所下降，编制也被压缩，库房环境硬件不达标。特别是办公自动化高度发达以后，人们对纸质档案资料的收集归档及利用意识逐步减弱，一些领导认为，学校办学经费紧，学校经费应最大限度用于教学科研条件的改善和

人才队伍的建设,而作为一般性业务单位的档案馆,在经费投入上也是得过且过。事实上形成了教学科研条件的改善无尽头,档案馆条件的改善也就无预期了。尽管从事档案工作的干部职工不断争取和努力,但始终效果不佳,一定程度上挫伤了档案工作者的积极性,也影响了高校档案馆的现代化建设进程。

高校档案学专业是高校根据社会事业对人才的需要所设置的办学专业,作为培养档案学专业人才的课程设置需要,必须建设一定规模的档案学专业实验室,用于学生的专业技能的训练和培养,是刚性的,是必需的,学校领导对这些专业实验室的建设是比较重视的,一般也容易得到资金的保证。然而档案学专业实验室的建设项目与档案馆的正常业务所要求的设施条件是基本相同的,基于这一实际,若把档案馆的条件建设与档案学专业实验室的建设结合起来,一次投资两方受益,实现共建共享是一个两全其美双赢的模式。

二、档案馆与档案学专业实验室共建共享的可行性

在现代社会中,高校已是一个小社会,尤其是一些综合性大学,规模都在几万人,教学管理、科研管理、学科建设和社会服务都形成了大量的档案资料,根据高校档案工作条例,高校档案馆的馆藏基本上涵盖了档案法的方方面面,是一个名副其实的综合性档案馆。

1. 共建共享能为学生提供丰富的实验馆藏资源

高校档案馆在学校办学历史过程中形成了具有见证历史、记录事业发展过程的各类档案资料,随着高校招生规模的扩大和参与社会合作与服务的项目越来越多,高校档案馆的馆藏内容越来越多,馆藏数量不断增加,需要归档的文件材料较以往相比明显增多。一所高校,办学历史越长,馆藏的档案数量就越多,内容就越丰富,这些馆藏资源,能够为档案学专业学生实习实验提供较好的资源条件,学生也可以从自己学校档案馆的建设情况来直观感受学习本专业的体会,甚至能对学生的专业思想产生影响,这是档案学专业办学所需要的。

2. 共建共享能为档案馆提供理论的支撑和指导

长期以来,高校档案馆与档案学专业彼此相互独立运行,作为高校的档案馆定位为服务学校的教学、科研、管理工作,以满足收得进来,借得出去为基本原则,得过且过,即便开展档案理论的学习和研究也仅仅是纸上谈兵,流于形式,并不能很好地付诸实践和运用。档案馆与档案学专业实验室的共建共享平台的构建,使档案学专业理论能够很好地指导和影响档案馆的实际业务工作,促进档案馆管理和

业务水平的提升。同样,档案馆与档案学专业实验室的共建共享平台的构建,也能为档案学专业的理论研究提供应用和实践的条件,这有利于档案馆与档案学专业的共同建设和发展。

3. 共建共享有助于档案学专业学生实验指导教师队伍的整合

在高校内部,各级领导都非常重视具有标志性的学科建设,人才的选留和引进一般都要求在博士以上,这样的做法给从事实验室管理和指导实验人员的选留带来了很大的困难,不少高校已经出现实验人员青黄不接的现象。同样,在档案学专业中,讲授档案理论的教师是比较多的,而真正具有档案实践操作的人员是比较少的,一定程度上也影响了学生的实验指导的质量。高校档案馆是一个业务单位,有着独立的职称评定的政策和体系,尽管高学历的人员比例不大,他们中间拥有高级职称的人员比例并不小,且大多数同志都是相对比较稳定的,有着丰富的实践经验,是档案学专业学生实习实验的最好指导老师,档案馆与档案学专业实验室的共建共享平台的构建,能够很好地补充和缓解档案学专业实验人员不足的现象。

4. 共建共享能够最大限度地降低设备的重复率

档案馆所需要的档案装备设施,也基本上是档案学专业教学里所要涉及的,若档案馆与档案学专业都自成体系,各自申请购置成系统的仪器设备,小而全、大而全,其需要的资金量是比较可观的,其中相当大的部分是重复的,而且都很难有比较高的利用率,甚至仪器设备的运行管理人员都很难配备到位。科学合理的共建共享模式,既可以满足档案馆的正常业务使用,又可以最大限度地减少和降低仪器设备的重复率,充分提高仪器设备的利用率,增加资金的使用效益,还可以实现在同样的资金投资强度下仪器设备先进性程度最大化。

三、档案馆与档案学专业实验室共建共享模式及推进措施

档案馆与档案学专业实验室的共建共享,可以较好地实现应用与演示,常态运行与实验教学的结合,能够实现一次性投入,服务双方的良好预期。要实现这样的预期目标,设计构建一个好的共建共享模式,并以有力的措施推进它非常重要。

1. 共建共享模式

档案馆与档案学专业实验室的共建共享模式,应根据各个高校的校区分布、业务规模、学科建设、学生数量及现有条件等因素确定,依笔者之见,可以分两种:

1) 单一主体型

在档案馆和档案学专业实验室共建共享建设中,确定以档案馆或档案学专业实验室一方为主体,按照实用和教学要求全面建设,以满足和承担档案馆正常业务需要和档案学专业实验教学的使用。这一种模式,比较适合于单一校区,而且档案馆与档案学系科区位距离较近,或一方的规模比较大,或一方的实力较强。其优点为投资比较节省,方便管理,责任主体明确;其缺点为不能很好体现各自的个性化需要,不太便利。

2) 分设互补型

在档案馆和档案学专业实验室共建共享建设中,实行整体统筹规划设计,小型常规设备各自配备,而利用率相对较低或资金量较大的设备(如大幅面扫描仪、高速彩色扫描仪等)可分设于不同的主体单位,这一种模式,适应范围比较广,尤其是档案馆与档案学系科规模相当的高校更为适用。其优点为能够满足档案馆和档案学专业实验室的使用,又降低了工作人员和学生的走动;其缺点为设备的管理与运行标准很难统一,实验指导老师的资源不能够充分发挥作用。

2. 共建共享推进措施

1) 提高认识,是共建共享的基础

档案馆与档案学专业实验室的共建共享是一个全新的理念,它打破了长期以来自有自方便,不求人的传统观念,这不单单是实验教学单位之间设备条件的共建共享,而且也是业务单位与实验教学单位的共建共享,必须以认识的统一、理念的更新才能内化为领导和职工的行为动力,才能促进档案馆与档案学专业实验室共建共享目标的实现,特别是档案馆一方,更要有主动意识,不能过多考虑面子。

2) 加强领导,是共建共享的前提

认识的统一、理念的更新,是促进档案馆与档案学专业实验室共建共享目标实现的基础,领导强有力的推进是非常重要的前提。鉴于档案馆与档案学专业实验室共建共享的操作和实施,有许多具体问题的出现,这就需要加强领导,从决策的确定、计划的实施、资金的保证到机制的运行都离不开领导的重视,否则再好的计划方案也仅仅是纸上谈兵。

3) 充分论证,是共建共享的关键

档案馆与档案学专业实验室共建共享具有创新性,要使其达到预期的愿望和目标,共建共享模式论证和确定就非常关键,要以严谨的作风,实事求是的态度,科学的精神来认真分析现状条件,并确定共建共享模式,无论是单一主体型、分设互补型,或是其他的形式,都要一切从实际出发,符合校情,符合档案工作要求和教学工作规律,切不可为了共建共享而共建共享,为了节约建设资金而忽视工作要求和教学规律。

4）建立机制,是共建共享的保证

档案馆与档案学专业实验室共建共享是建立一个有利于档案馆和档案学专业建设的新模式,这种共建共享不应是一时的冲动,更不是为了追赶创新这个时髦,而是要确保实实在在常态化运行的,这就需要构建可行的长效机制,来确保档案馆与档案学专业实验室共建共享实现预期目标,达到既能节约建设资金,提高资金使用效率,又能很好地满足使用,而且各项关系还很顺畅。档案馆与档案学专业实验室共建共享机制的构建,应包括建立由分管校领导牵头,档案馆与档案学专业人员共同参与的协调机构,并制定相关的工作规范和制度,定期召开会议,及时解决运行过程中出现的问题,并不断改进和完善,只有这样,档案馆与档案学专业实验室共建共享预期目标才能得以实现。

高校档案馆与档案学专业实验室共建共享是新形势下走集约化发展道路的具体探索与实践,其意义在于在共建共享中发挥高校资金的投入效率,实现档案馆工作条件的改善与档案学专业实验条件的提升的双赢模式,为学校管理和人才培养提供效率更高、质量更好的保障和服务条件。

参考文献：

[1] 徐亮.试论高校档案馆建设的游说机制[J].云南档案,2011(10):37-38.

[2] 崔立影,李群,曲同宝.高校档案馆建设的思考[J].黑龙江史志,2011(15):22-23.

数字人文的兴起及档案工作的参与机制研究

吴加琪 （南京信息工程大学）

摘要: 数字人文是近年来迅速发展的前沿交叉学科，历史文化遗产是其重要的研究对象，档案部门保存着丰富的档案文化资源，承担着保存和传播社会记忆的文化职能，这决定了档案部门是数字人文重要的合作伙伴，同时档案工作参与数字人文也可引入先进的管理思想和新兴的技术提升自身业务水平。本文介绍了数字人文的内涵，分析了档案工作参与数字人文的内在逻辑，提出了档案工作可以在档案原始资源提供、开展技术合作、推进档案数字人文项目、培养数字人文档案馆员、建立合理的知识产权保护机制等方面参与数字人文建设。

关键词: 数字人文；档案；参与机制

一、引言

数字人文是一个新兴的跨学科研究领域，随着数字人文技术的融合以及开放获取在实践中的应用，档案和特殊收藏如何数字化、管理和保存引起了数字人文研究者的重视[1]。在提供人文项目所需的数字化和原生数字档案的同时，档案部门还为人文项目的安全保管、内容管理、项目推广及长期提供访问提供支持[2]。随着数字人文领域理论研究及实践工作的开展，人文学者围绕数字人文资源建设、技术应用、代码规范、创造新的数字文物等进行了讨论，这些都涉及档案工作的相关理论和具体实践。近年来，学者们也开始关注档案工作如何参与并支持数字人文，截至2016年12月3日，在台北先后召开了7届数字典藏与数字人文国际研讨会，对包括档案领域在内的众多数字人文相关议题在理论、技术与实践层面进行探讨[3]。笔者以标题"digital humanities"与"archive * "（其中 * 为通配符）为条件在百链数据外文期刊论文数据库进行检索，经过筛选后有效论文为19篇，上述研究主要分布在社会科学、艺术与娱乐、技术、历史与地理、文学等学科领域，在时间分布上主要集中在2010年以后。同时为了解国内档案界数字人文研究现状，在中国知网中以篇名中含有"档案"并含"数字人文"为条件进行检索,结果为 1 篇。检索时间为 2017 年 5 月 31 日。由此可知,国外在档案数字人文领域研究与实践起步较早,成果也相对多于国内,本文研究之目的在于分析国外档案领域对数字人文的研究与实践,以期为我国档案工作参与数字人文提供参考。本文介绍了数字人文的内涵,分析了档案工作参与数字人文的内在逻辑,同时提出了数字人文环境下档案工作的参与机制。

二、数字人文的内涵

数字人文起源于 20 世纪 40 年代兴起的人文计算,人文计算最鲜明的标志是意大利 Roberto Busa 在 IBM 公司的帮助下,利用计算机辅助编辑的《托马斯著作索引》。人文计算经历了起步、巩固、新发展以及互联网 4 个发展阶段,每个时期不同特征主要表现在支持人文研究的研究工具和技术方面[4]。20 世纪 90 年代以后,随着信息网络技术的快速发展,人文计算的研究领域已扩展到历史、音乐、语言学、艺术等多个领域,此时人文计算已经不能全面地反映其特征。2001 年,布莱克维尔出版社编辑出版《数字人文指南》,随之,数字人文也迅速取代人文计算成为新兴跨学科领域的代名词。

Cohen 将数字人文定义为"使用数字媒体和技术推动人文学科全面的思想和实践",并提出了档案馆、图书馆、特殊数字收藏机构的作用,这也奠定了人文学者、档案工作者和图书馆馆员之间合作关系的基础[5]。Burdick 则认为,保存、分析、编辑和建模是数字人文核心的基础性活动,涉及档案、藏品、资料库和其他材料的聚集[6]。

数字人文是一个不断发展的学科领域,随着信息技术的发展,数字人文的方法论基础及研究方法也在不断拓展,数字人文开放性、协作性、多样性的特征以及创新性技术为档案学理论研究及实践工作提供了新的研究视角。近年来,随着信息网络的快速发展,人们对数字文化遗产的获取以及对文化收藏机构链接数据的使用提出了更高的要求,因此,传统的文化资源保存部门面临着工作方式的变革,文化资源数字人文开发也将迎来更为广阔的发展前景。

三、档案工作参与数字人文的逻辑分析

1. 档案工作与数字人文的内在联系

Furner 将文化信息学(Cultural Informatics)一词与文化遗产机构(包括图书馆、博物馆和档案馆)从事信息遗产的创建、管理和组织的具体方式相关联[7],数字

人文与档案工作的关系可以在文化信息学的框架结构中进行分析,计算机和人文构成了两者关系的主线,同时在馆藏建设、技术体系、数字化活动及项目开展等领域展示出较强的互动性,在特殊环境中可以实现相互支持和协同发展[8]。档案工作与数字人文具有密切的内在关联性,主要表现在以下几个方面:

(1)价值体系的一致性。Lisa Spiro认为,数字人文提供了获取文化信息的广泛渠道,提升了学者管理和挖掘数据的能力,改变了人们教学和学习的方式,最终提升文化信息资源的公众影响力。档案事业是科学文化事业的重要组成部分,档案馆是永久保管档案的基地,是科学研究和各方面工作利用档案史料的中心,承担着社会教育和传承社会记忆的功能,因此,数字人文和档案工作的核心价值是一致的,这也从根本上决定了两者的合作伙伴关系。

(2)学科知识结构交叉。数字人文是一门交叉学科,涵盖了社会学、历史学、文学、艺术学等众多学科领域,信息技术是数字人文的核心要素。档案学科也具有较强的交叉性,经历了从历史学门类调整到管理学门类的过程,而在理论研究及实践业务工作中涉及了社会学、历史学、管理学等人文社科领域的广泛知识结构,信息网络技术是提升档案业务水平的重要途径。由此可见,数字人文和档案的学科知识结构存在相似性,同时在数据管理、格式文本分析工具、数字化保存以及历史文化遗产发现和传播等方面有着共同兴趣。因此,在国外数字人文课程教学中,教学人员发现数字人文与档案教育课程有必要进行结合,因为两者有共同研究兴趣,许多对数字人文研究人员有用的技能对档案工作人员也很有价值[9]。

(3)协同性。从信息链的角度看,在事实(Facts)→数据(Data)→信息(Information)→知识(Knowledge)→情报智能(Intelligence)五个链环中,数字人文工作主要从事信息的创造和利用,处于信息链的两端,档案工作则处在信息链的中间,更多地关注档案信息收集、整理、保管和利用服务工作,因此两者工作领域并不存在明确的区分界限,并存有一定的协同和互补性。综上,档案工作和数字人文具有互动和共生的关系,档案工作参与和支持数字人文在理论逻辑中具有统一性和合理性,也契合了人文社科研究领域的现实需求。

2. 档案工作参与数字人文是两者共同的需求

档案的原始记录性使自身成为了文化传承的重要载体,承载着构建社会记忆的社会功能,无论社会环境如何变迁,档案在记录历史、资政育人、传承文化、鉴古育人等方面发挥着重要作用,在数字人文的新环境下,档案工作如何继续保持这种优势抑或发挥更重要作用引起了人们的关注。

档案教育研究会(AERI)2009年举办由数字人文和档案研究人员参加的"数字人文与档案课程开发"研讨会,认为跨界合作仍然是数字人文计划的关键组成部分,原因如下:(1)原始来源文件必须继续保持与数字代理人的距离;(2)提供利用的馆藏数字档案应为源机构提供增加值;(3)从数字化到服务器维护,资金和基础设施合作伙伴提供了必要的可持续性[10]。数字人文是一门新兴学科,这也意味着档案工作与数字人文具有广泛的合作空间,一方面,档案工作的参与可促进数字人文研究的有效开展。如果没有档案领域专业的保管、评估、标注和安全技术知识,数字人文就会面临无法在数字世界中维持生存及发展的风险,而经过培训的档案馆员为管理文化收藏提供了一套固有的专业技能,这将为数字人文科学领域的长期发展提供重要的支持[11],同时数字人文研究者也需要学习档案标准、数字资源管理、博客人文、数据库及版权法等传统的人文学科知识以优化自身的知识结构[12]。另一方面,档案工作参与数字人文也可促进自身的管理和服务水平的提升。档案工作的重点是长期保存和向公众提供其持有的馆藏档案,在数字时代档案工作角色发生了重大变化,在数字人文环境下档案不应被限制在信息中心的角色中,档案工作不仅是为学者研究提供服务,而更应是一个积极参与的合作伙伴[13]。同时,档案馆员通过参与数字人文实践,他们还可引入数字人文学科领域的经验,将馆藏档案整合到数字人文的概念框架,这将完善存档和数字信息的综合处理的理论与实践,从而在快速发展的数字社会向社会提供全面、深度、有效的档案服务[14]。

四、档案工作在数字人文中的参与机制

1. 提供原始真实的档案资源

施密特在论述档案对数字人文工作重要性时认为,"过去的未经修改的文本使我们以旧的方式思考,档案馆、图书馆、地图集等所有这些都使我们的阅读与历史思维方式更加一致,而不是依据数字文本可能发生改变"[15],因此,具有原始性、真实性、可靠性的档案参与数字人文具有其他资源所无法比拟的优势,这保证了数字人文研究者从历史背景出发进行研究,并提高了项目研究的权威性。档案馆收集和保存了机构文件、特殊手稿收藏以及珍贵的文化历史档案,这构成了人文学者和档案工作之间天然伙伴关系的基础。随着数字人文对原始数据需求的不断增长,档案在数字人文研究领域中也发挥了更为重要的作用。

档案馆保管着内容丰富的各类原始档案信息资源,可将馆藏各类档案资源嵌入到更为广泛的数字馆藏体系,为数字人文工作提供丰富的资源。数字人文研究资料包括数字资源和非原生数字资源,档案部门应加强馆藏纸质档案资料的数字化和智能化,建立相关人文主题网站和各类专题档案数据库向社会公众开放。同

时,近年来,作为应对数字化时代挑战的基本策略,大量的原生数字档案也被纳入档案部门的馆藏,档案部门可分析各类专题档案馆藏资源分布,在热点研究项目与发展趋势基础上,利用可扩展样式表转换语言 XSLT 对 XML 文档进行转化,基于语义网核心概念、关联数据的使用和发布、Drupal 以及其他内容管理系统等关键技术对档案资源进行处理,以指南、导航等知识服务手段帮助用户精准定位所需的原始档案资源。

基于档案的原始性,档案工作还可扩展服务边界,在验证转录数据的准确性和可靠性方面发挥重要作用。文本编码倡议项目(TEI,Text Encoding Initiative)是涉及档案领域共享和管理元数据的最早的数字人文项目之一,文本编码的逻辑是通过计算机技术和机器可读形式使用从早期的 SGML 模式演化而来的 XML 模式来呈现文本[16]。这种方法不仅提供(数字转录或原生数字)文本,而且还以一种支持分析(需要文本分析)、解释和组织的方式提供材料的局部结构。由于 TEI 文本是数字的,因此其真实性受到了质疑,在项目管理中,通过档案管理员和历史学家验证和标记这些文本进行分析,该 PDF / A 格式使档案员能够添加数字签名,证明原始文本的 TEI 表示的真实性和可靠性,保存操作将阻止其他人更改文档,还可以让数字人文主义研究者查看原始页面图像。

2. 加强数字人文领域技术合作

档案部门一直重视现代信息技术在档案管理和服务中的作用,由于种种原因,我国档案管理的信息技术整体水平不高。Sternfeld 认为,档案部门往往将自身档案"大量数字化"并传输大量材料到网络上,并没有实现工作的创新[17],在"单纯的数字化、文本化已然是一个过时的思路"的背景下[18],档案部门应引入新兴技术提升自身工作水平,同时,档案部门在工作过程中形成了具有档案特色的相关技术也是数字人文领域不可替代的,因此,两者在技术上存在较强互补性,可以实现技术合作共享。

数字人文实践及技术应用前沿集中在以下六个方面:基于 GIS 的历史地理可视化;考古学方面的图像分析、色彩还原和数字重建;文本挖掘与 TEI 标准;基于大型语料库的语料库语言学;视频捕捉(Video Capture)、运动分析与虚拟现实再现;数字文化馆藏机构和网络数据库。上述技术在档案领域有着广泛的应用空间,档案工作可积极引入数字人文技术加强馆藏档案的管理和开发。事实上,上述技术已在一些档案工作中得到应用,如通过虚拟现实技术,荷兰国家档案馆将馆藏视为一个世界地图,并利用虚拟现实技术进行 3D 转化,通过虚拟城市项目,使公众了解照片档案的馆藏数量、范围与多样化;通过图像分析和色彩还原技术,人们将原始黑白历史影像档案进行色彩还原整理成《彩色二战》纪录片;Longo Vincent 通过传统的档案研究与数字人文技术相结合,基于数据可视化技术重建由Orson Welles制作的几个丢失的电影序列,以创建动画作为研究的有效可视化,并将其档案材料本身"活化"[19]。Les Roberts在数字空间人文技术基础上建立了区域性的城市文化记忆相关的跨学科、互动开放的"档案城(Archive City)"项目[20]。此外,档案部门往往把他们的数字历史地图按主题、时间和历史顺序对数字历史地图分类,而不是相关性。利用基于GIS的历史地理技术,人们通过社会标签、图书和特殊项目中的元数据,可以显示地图和文本之间的关系[21],等等。

同时,回顾历史并思考档案部门支持数字人文的实践,数字人文研究开发者缺乏有效的工具或专业知识来解决他们所遇到的问题,档案部门作为内容提供者、培训专家以及研究与教学的倡导者的内在优势契合了他们的需求。档案领域的相关技术,包括信息导航、数据挖掘、知识发现与传播、数据长期安全保存、维护档案资源的长期可获取性等可嵌入到数字人文的生命周期,通过相关标准应用、元数据管理以及其他方式以确保数字人文工作得以顺利开展。如1998年开始的美国记忆数字人文项目在启动之初缺乏数字化的标准来确保馆藏数据长期的保存和访问,档案馆在数字保存、发展数字化策略标准方面发挥了明显的作用,档案部门参与了档案描述和编码标准的开发,如DACS(Describing Archives:Content Standard)和EAD(Encrypted Archival Description),保证数字化馆藏的保存和获取[22]。

3. 推进档案部门数字人文项目

数字人文项目直接推动了数字人文学科的发展,其中有相当数量的数字人文项目与档案领域相关,它们主要以特定主题为中心对相关档案资源进行收集和整合。影谷项目(The Valley of the Shadow)是档案数字人文项目成功的典型,该项目于1993年启动,专注于美国内战时代的记录,项目包括数字档案和互动专辑,数字档案整合了弗吉尼亚大学、美国陆军军事历史研究所、卡莱尔兵营、宾夕法尼亚国家档案馆、弗吉尼亚军事学院档案馆、弗吉尼亚州图书馆以及其他几个区域和国家的档案馆藏。同时,项目还通过开放存取方式获取和利用相关档案图片或文字,学者可通过技术工具创建标签、笔记进行研究,基于这种在线"互动性",所有公众成为项目潜在的合作者[23]。

档案馆是我国集中管理档案的文化事业机构,根据档案馆设置原则和归档范围的规定,档案馆馆藏档案体现出明显的时间性、行业性、地域性特征。近年来,国内档案领域也开展了档案文化项目开发,但主要是本馆馆藏纸质档案简单的数字化展示,跨单位合作及与社会的互动性相对缺乏。在信息技术快速发展的新时期,档案部门可以由档案行政管理部门主导,加强与本地区文化主管部门、高等院校、科研院所等及各方力量合作,基于区域档案资源特征对本地档案资源进行整体规划,启动区域档案、专题档案、行业档案、名人档案等档案数字人文项目。着手将档案馆、图书馆、博物馆及专业资源收藏机构等各相关馆藏档案文献集成开发,对档案内容中的信息进行标引转化为结构化的数据,并大规模著录,形成了超大规模的档案数据集,基于此,利用数字人文中地理空间分析、社会网络分析、群体分析和统计分析等技术,对档案资源进行深度挖掘和展示。同时,可设立与社会互动的平台,利用社交媒体、开放存取等技术吸引社会公众的参与,提升项目的参与度。为保证档案数字人文项目的顺利开展和规范运行,档案部门应加强对档案数字人文项目配套的财政资助体系,同时建立项目的评估认证体系,从而引导项目规范有序地开展。

五、档案工作参与数字人文的保障措施

1. 培养数字人文档案馆员

档案数字人文工作可以推动新的人文和历史问题分析,为学术研究提供全新的知识框架,因此,在数字人文学科与档案数字策略的关系方面,要考虑到档案馆员的学术和理论知识的能力[24]。跨学科研究是数字人文的重要特点,这决定了参与数字人文的档案人员应是具有交叉学科背景的复合型知识馆员,他们需要具备网状的知识结构,掌握数字人文相关学科领域的知识,这样才能与数字人文学者合作,在专业问题上开展学术探讨;同时,他们也应掌握数字人文领域的相关技术及工具的应用,如信息网络技术、数据挖掘与分析、数据库建设等,为专业的数字人文研究者提供支持;数字人文是一门新兴的学科领域,新的研究理论、方法及技术工具等不断涌现,档案馆员还应了解数字人文的发展形势,不断更新自己的知识结构。此外,档案馆员是数字人文开展过程中的伙伴与合作者,这种新型关系的重心不是技术性的,而是社会性的,成功的数字人文项目需要团队与馆员的紧密合作,这要求档案馆员不断学习和参加培训。鼓励档案馆员积极参与国内外各类数字人文项目、联盟和会议,档案馆还可与高校人文院系和信息技术相关院系加强合作,跨越融合到对方的领域,条件成熟时可合作设立数字人文硕士点或博士点,将数字人文理论、工具及研究整合到核心课程体系中,培养数字人文理论、技术和实践的实用型人才,使未来的档案馆员能够更快、更好地融入到数字人文服务工作中去。

2. 建立合理的知识产权保护机制

知识产权是限制数字馆藏传播的一个重要因素[25],在国外大多数数字人文工作中,档案部门将识别著作权的责任转让给研究人员,这些研究人员必须尽力得到

版权持有人、继承人或代理人的使用许可[26]。戴维斯将经典、中世纪和西藏数字人文项目的成功部分归结于档案版权明确,否则,为获得原始资料的版权,研究者不得不面临亲自获得大量原始资料的困难[27]。部分档案收藏机构在收集档案资料时就明确了档案知识产权的归属。缅因州民俗中心(MFC)在收集档案资料时同时附有一份基本版权转让给 MFC 的表格,在选择展览材料时,MFC 工作人员尽可能地联系当事人以获得许可,同时遵循"合理使用权利法"的精神使用相关档案资料,展览的目的是教育,与展览互动不涉及费用,同时避免使用商业艺术家的作品[28]。

为保证档案数字人文工作在确立、管理和传播过程中的可持续性,档案部门必须对档案的知识产权问题引起足够的重视,档案数字人文知识产权的核心问题包括两个方面:一是法定利用,我国档案法规定,国家档案馆保管的档案,一般应当自形成之日起满三十年向社会开放利用,档案在限制期满后,人们使用虽不需要再取得所有者的许可,但也应在法律规定的框架内使用,可在作品中注明所有者的相关信息,同时也不得侵犯形成者其他按法律规定的权利,如果所有者已经提出不允许使用或排他性使用,如不得用于商业广告和经营性活动等时,则不得使用。二是合理使用,档案具有明显的文化属性,对于一些公益性、具有公众服务功能的档案,以及人们用于研究或学习目的展开的利用可视为合理使用。需要注意的是,合理使用和侵权之间的区别并不是很清晰的,承认档案材料的来源并不能代替获得许可,合理使用中仍然需要保护所有者的隐私和相关利益。

参考文献:

[1]Michael J Parry. Digital Curation in the Digital Humanities: Preserving and Promoting Archival and Special Collections[J]. Electronic Library, 2016(6): 1054-1055.

[2][5][16][22][24][26] Arjun Sabharwal. Archives and special collections in the digital humanities [Z]. Digital Curation in the Digital Humanities, 2015: 27-47.

[3] 台湾大学数位人文研究中心. 第七届数位典藏与数位人文国际研讨会[EB/OL]. [2017-05-17]. http://www.dadh.digital.ntu.edu.tw/ch/.

[4] Hockey S. The history of humanities computing[M]//Schreibmans, Siemens R, Unsworth J. A companion to digital humanities. Oxford: Blackwell Publishing, 2004: 3—19.

[6] Burdick, Anne, Johanna Drucker, etc. Digital Humanities[EB/OL]. [2017-06-19]. https://mitpress.mit.edu/sites/default/files/titles/content/9780262018470_

Open_Access_Edition. pdf.

[7] Furner J. Cultural informatics[EB/OL]. [2017-04-09]. http://furner. info/? page_id=121.

[8] Chris Alen Sula. Digital Humanities and Libraries:A Conceptual Model[J]. Journal of Library Administration,2013(1):10-26.

[9][10][11][17][27]Sarah Buchanan. Accessioning the Digital Humanities: Report from the 1st Archival Education and Research Institute[EB/OL]. [2017-04-09]. http://www. digital humanities. org/dhq/vol/4/1/000084/000084. html.

[12][28] MacDougall,Pauleena,Katrina Wynn. The Digital Humanities Imperative:An Archival Response[J]. Maine Policy Review,2015(1):132-137.

[13] Schnapp Jeffrey,Presner,Todd. Digital Humanities Manifesto 2. 0[EB/OL]. [2017-06-19]. http://humanitiesblast. com/manifesto/Manifesto_V2. pdf.

[14] Adelheid Heftberger. Film archives and digital humanities[J]. Journal of media and communication research,2014(57):135-153.

[15] Benjamin M,Schmidt. Theory First[EB/OL]. [2017-07-26]. http://journalofdigitalhumanities. org/1—1/theory-first-by-ben-schmidt/.

[18]朱本军,聂华. 跨界与融合:全球视野下的数字人文[J]. 大学图书馆学报,2016(5):16-21.

[19] V Longo. Around the World:Digital Humanities and the Archive[EB/OL]. [2017-07-21]. http://deepblue. lib. umich. edu/handle/2027. 42/122871.

[20] Les Roberts. Navigating the 'archive city':Digital spatial humanities and archival film practice[J]. Convergence:The International Journal of Research into New Media Technologies,2015(1):100-115.

[21] Thomas,Leahl. Cartographic and Literary Intersections:Digital Literary Cartographies,Digital Humanities,and Libraries and Archives[J]. Journal of Map and Geography Libraries,2013(3):335-349.

[23][25]K Risseeauw,W Sampson,L Ellison. Digital Humanities in Early Online Archives[J]. The Library Quarterly,2013(83):112-130.

中国档案学会同美国档案工作者协会的比较研究

张婧文 （江苏护理职业学院）

摘要：中国档案学会和美国档案工作者协会同为其各国的档案学术性团体，在繁荣档案学理论与实践、推动档案事业发展等方面发挥了重要作用，但这两个学术性团体由于文化背景、档案事业管理体制的原因又呈现出了许多不同之处。本文简要论述了中国档案学会和美国档案工作者协会的发展情况，运用比较研究法阐述了两者之间的异同点，以期能够为我国档案学会的长远发展注入新的活力。

关键词：中国档案学会；美国档案工作者协会；比较；启示

档案学术团体作为档案学家、档案工作者和档案工作机构自愿参加组成的专业性团体，是国家档案事业发展的重要推动力量之一，在繁荣档案学理论与实践、促进档案教育和国际档案学术交流方面发挥着重要作用。中国和美国作为当今世界舞台上的重要角色，无论是在政治往来还是经济贸易，文化交流还是教育合作，关系日益密切。中美两国都成立了与本国档案事业发展相适应的学术团体，通过中国档案学会和美国档案工作者协会的比较，我们可以看到两者之间的共性，但是也不难看出两者之间存在的差异性。

一、中国档案学会和美国档案工作者协会简介

1. 中国档案学会

中国档案学会（The Society of Chinese Archives，SCA）成立于1981年，是中国档案工作者的学术性群众团体，中国科学技术协会的组成部分。该学会以团结广大档案工作者，积极开展档案学术研究、学术交流和社会服务活动，普及档案知识为宗旨，认真贯彻党的基本路线，遵守宪法、法律、法规和国家政策，遵守社会道德风尚，坚持民主办会的原则，倡导科学、创新、求实、协作、自由、平等的精神，坚持理论联系实际的学风和"百花齐放，百家争鸣"的方针，充分发挥学会的桥梁和纽

带作用,为党和政府联系档案工作者服务,为推动档案事业发展、建设中国特色社会主义服务。该学会以办公室、组织工作委员会、《档案学研究》编辑部为办事机构,下设档案学基础理论学术委员会、档案整理鉴定学术委员会、档案文献编纂学术委员会、档案保护技术委员会、影像技术委员会、档案自动化技术委员会、企业档案学术委员会等7个专业委员会。

2. 美国档案工作者协会

美国档案工作者协会(The Society of American Archivists,SAA)成立于1936年,是一个由个人和公共机构参加的专业性团体。这些个人和公共机构均对档案、手稿、现代文件以及机读文件、录音记录、照片、电影胶卷、地图的安全保护和提供利用有兴趣。该协会以致力于让档案工作者在职业发展上的成功和对有价值档案的识别、保存和有效使用为核心使命;以制定先进的档案工作者的职业公共标准,在协会内培养勇于创新和实践的工作文化氛围,提供一个开放的、兼容并蓄的、协同合作的环境,提供卓越的会员服务,致力于培养社会责任感和参与公共事业,坚持组织协会活动的透明性、责任性、完整性和专业性等原则为核心价值。该协会设置了执行委员会负责为各个组织机构的活动和感兴趣的领域提供资助和帮助;设置了圆桌会议主要讨论大家关心的各个不同领域的问题并且以非正式的形式为会员提供服务;另外还设置了采购和鉴定部、商业档案馆部、学院和大学档案馆部、著录部、电子记录部、政府记录部、手稿库房部、附属博物馆的档案馆部、口述历史部、保护部、参考咨询部、检索和对外服务部、视听资料部等,这些部门出版各自的工作简报,召开会议,举办研讨班,交流和共享相关信息和思想。

二、中国档案学会和美国档案工作者协会的比较

1. 相同点

1) 宗旨相同

虽然两个学术团体宗旨在具体表述上略有差异,但是总体来看都是为档案事业发展服务的。无论是中国档案学会还是美国档案工作者协会都旨在通过进行档案学术研究与交流,编辑出版档案学专著和期刊以及对会员开展继续教育,促进档案专业人才的成长与提高;通过向社会宣传档案和档案工作价值,向公众普及档案知识,扩大档案和档案工作的影响范围;通过国际间的学术交流以及与其他专业团体的合作,不断充实和改善自身发展,增强团体凝聚力。总之,中美两国的档案学

术团体都在为促进本国档案事业发展而不懈努力。

2）机构性质相同

无论是中国档案学会还是美国档案工作者协会，它们都是档案工作者们自愿参加的档案界的群众组织。它们不是档案事业行政管理机构，不行使政府职能，同样也不对各机关团体或是企事业单位的档案工作进行指导与监督。它们都保持自身发展的相对独立性，自主地开展档案学术交流活动和学术研讨活动。虽然按照团体章程规定要对会员收取会费，但是它们却不是营利性组织。会费的收取并不是以营利为目的，而是为了维护本团体的日常活动，为会员提供更多更好的服务，以利于团体今后的持续健康发展。

3）组织机构和业务活动相同

首先，无论是中国档案学会还是美国档案工作者协会都以全国性的代表大会作为本团体的最高权力机构，并且设立了理事会，负责本团体行政事务和日常事务的处理。中国档案学会根据《中国档案学会章程》的规定，五年召开一次全国会员代表大会，每次会员代表大会期间都会选举产生由在档案工作和档案学术领域享有较高声望的领导和学者组成的理事会和常务理事会。[1]美国档案工作者协会每年召开一次全体代表大会，由全体会员选举出12人组成理事会，理事会雇佣一名执行主任管理协会的日常事务。[2]其次，两个团体都创办了自己的会刊。中国档案学会的会刊于1987创办了《档案学研究》，美国档案工作者协会于1938年出版发行《美国档案工作者》。最后，两个学术团体都致力于积极开展档案学术研究，举办档案教育和培训讲座以及参加国际学术交流等活动。中国档案学会举办了各种形式的学术研讨活动，比如综合学术讨论会、专题学术讨论会、专业委员学术会议及国际和海峡两岸档案学术会议，2008年起每两年举办一次全国档案工作者年会。积极开展国际交流与合作，中国档案学会与欧美发达国家以及新加坡、日本等国家进行多次互访和学术交流，在1994年成为国际档案理事会的乙类会员。中国档案学会在全国范围内建立了有效的继续培训网络，举办了现代化管理科学、档案计算机管理、档案缩微技术、档案专业英语等各种培训班，受训人数达万人。美国档案工作者协会每年都会举行年会和各种专业会议，并且多次举办国际专题讨论，比如1992年举办题为"变动时期的欧洲档案工作"和1994年举办题为"2010年远景展望"的讨论会。协会为了拓展会刊的国际视角使之面向北美和全球，会刊聘任了加拿大著名档案学者特里·库克作为外籍编委。在教育和培训方面，美国档案工作者协会仅年度会议一项工作就包括了超过85次的教育分会、研讨会和专题研讨班，在全国举办各种从初级到高级的研讨班，例如"声音和光线：档案中录音资料和移动影像资料的管理""数字化影像技术"和最新成立的著录标准机构。[3]

2. 不同点

1) 成立背景不同

在经历了十年浩劫之后,国家各项事业百废待兴。党的十一届三中全会的召开标志着我国进入社会主义建设的新时期,国家档案事业开始恢复和整顿,"档案工作中反党反社会主义黑线"等冤假错案得到彻底平反,中央档案馆和国家档案局逐步恢复工作,在"文革"中已经停顿、半停顿的各级档案局馆重新开始工作。[4] 进入新时期的档案工作迫切需要一个能够在理论上给予档案工作实践指导的学术性团体,同时也是为了便于今后档案学术的交流与共享,正是在这种背景下中国档案学会应运而生。美国档案工作者协会的成立则是为了要划清那些使用档案资料的历史学者和那些负责资料保护、组织、管理的档案工作者的界限,方便档案人员和档案机构之间的工作。美国档案工作者认为档案工作是一个独立的学科领域,档案活动的开展已经获得了政府和社会大众的认可,有必要成立一个专业性组织继续推动档案专业人才的成长和专业领域的向前发展。

2) 组织建设不同

首先,两个学术团体机构设置的依据不同。中国档案学会下设的7个专业委员会是根据档案工作的内容并结合分支学科建设而设置的,而美国档案工作者协会则是根据档案工作机构的性质和职能而设置的。其次,管理体制不同。美国档案工作协会相对于中国档案学会具有较高的独立性。中国档案学会实行挂靠制,根据《中国档案学会章程》的规定,中国档案学会要接受登记管理机关中华人民共和国民政部和业务主管单位中国科学技术协会的业务指导和监督管理,同时还要接受国家档案局的指导;美国档案工作者协会不受国家档案与文件署的领导,是一个独立的群众组织,可以自主决定发展政策和工作方针。最后,会员管理不同。美国档案工作者协会的会员比中国档案学会会员种类多,中国档案学会会员包括个人会员和单位会员,个人会员又分为普通会员、学生会员和境外会员;美国档案工作者协会会员包括正式会员、非正式会员、大学生会员、公共机构会员和荣誉会员。两个团体的会员结构也不同,美国档案工作者协会在保持专业性的基础上,重视会员从业的广泛性,积极主动地吸引一批相关领域的人士加入到会员队伍中来,甚至让他们进入领导层,比如1940年担任协会主席的列兰德就是一位历史学家,近年来协会更是接纳了相当数量的信息技术人员。[5] 而中国档案学会会员会员主要是从事档案工作或与档案专业有关的档案工作者或科技工作者,会员的专业性较强。

3) 业务侧重不同

中国档案学会比较注重档案学理论建设和学术交流,组织召开全国性的档案学术讨论会,组织编写、编译、出版档案学术论文集和有关学术研究论著,组织全国性档案学优秀科研成果评奖,紧跟学术前沿,不断开创档案学术交流的新局面。美国档案工作者协会则十分重视发展规划的制定和实施,在战略规划中多次提及会员服务和提高档案工作者地位。美国档案工作者协会从2003年起开始制定战略发展规划,在首个发展战略规划中提到了包括了解现在和潜在会员需求、为会员提供远程教育服务及力所能及的培训服务、追求会员多样性等10大战略目标,在最新制定的2013—2018年战略规划中也提到了拥护档案工作者和满足会员需求的战略目标,并且进一步细化了协会为完成上述目标所采取的具体措施。美国档案工作者协会除了档案理论建设之外还关注应用与实践。美国档案工作者协会十分关心技术的发展,认为技术的快速发展正在对档案原则和档案工作实践构成挑战,需要档案工作协会的高效领导来确保各种载体信息的使用、保存和捕获。早在20世纪50年代协会就致力于发展通用档案技能、档案组织和索引编制方法;20世纪70年代出版了《档案专业术语汇编》《机读文件术语汇编》以及一套12册的档案工作者基本手册丛书,这些标准和系列丛书对于指导档案工作实践具有重要意义。在档案教育方面,虽然两个学术团体都积极举办教育培训班,提高档案工作者专业素质,但是在档案专业教育方面美国档案工作者协会的作用更明显、更直接。1977年美国档案工作者协会制定了《档案人员大学培训的研究生教育准则》,1994年首次制定了《档案学硕士研究生课程设置准则》,有力地推动了美国档案学教育的发展。就国际影响力来看,虽然两个学术团体都热衷于国际事务,但是美国档案工作者协会的影响力比中国档案学会更为广泛和深远。国际档案理事会是在美国档案工作者协会倡导下成立的,而且美国档案工作者协会在世界上六十多个国家都有自己的成员,可以说虽然这个协会的根基是在美国,但却是一个颇具影响力的国际性档案组织。

三、对中国档案学会的启示

1. 注重发展战略规划的制定

古语有云:"凡事预则立,不预则废",发展战略规划是一个组织对未来发展的构想,对于组织今后发展起导向作用,因此要充分重视发展战略规划的制定。美国档案工作者协会制定发展战略规划始于2003年,经过了十多年的发展,由简单的战略目标到战略侧重点再到完整的战略发展框架,始终处于一个不断摸索和完善的过程中,引领着美国档案工作者协会不断地向前发展。中国档案学会应该学习美国档案工作者协会,重视发展战略规划,着手战略发展规划的制定,并且有效地实施战略发展规划。

2. 以档案工作者为中心,不断提高档案工作者地位

美国档案工作者协会始终是以档案工作者为中心的,协会的核心价值之一就是提升档案工作者的社会地位、改变公众对档案工作的印象,重点在于提升档案工作者的专业素质和社会地位,改善档案工作者的生活。迄今为止的三个战略发展规划都是在围绕如何为档案工作者服务,如何满足档案工作者的需求,拥护档案工作者、支持档案工作者的职业发展等展开的;而且协会还通过多种渠道为会员提供服务,比如通过提供聘用机会、拓展就业数量、调节工资和福利待遇来改善档案工作人员的工作环境和工作条件,通过网络为会员编制网上通讯目录、出版物和培训手册为会员提供继续教育的机会等。相比之下,中国档案学会更加侧重的是档案学术的繁荣与发展,在提高档案工作者地位,维护档案工作者权益方面的作用还不够,中国档案学会应该成为中国全体档案工作者利益的代表,在开展学术活动的同时,也应该为维护和提高档案工作者的社会地位做出应有的努力,这对于调动档案工作者的工作积极性,推动学术研究可持续发展具有深远意义。

3. 广泛吸收,兼容并蓄

美国档案工作者协会不区分国籍吸收会员的制度,不仅能够为该协会带来先进的档案学术思想,还能够扩大学术交流范围,提高协会的国际知名度。协会的会员由于各自的国籍、背景和文化等差异,在学术观点上也会有所不同,能够为本国档案学理论的发展引入不同的声音,更容易形成"百家争鸣"的局面。中国档案学会在不断进行自身建设的同时,也应该适当吸收外籍会员,吸收国内文博、图书、情报等相关专业人员,学会倾听来自各方面的不同声音,汲取先进的档案学思想,引入有利于档案学发展的新理念、新知识,在自我创新的基础上不断提出富有中国特色的档案学理论,提高我国档案学理论的国际水平,强化国际交流与合作。

参考文献:

[1] 付华.学术路上30年——中国档案学会30年历程回顾[J].档案学研究,2012(1):4.

[2] 威廉·莫斯,美国档案工作者协会[J].沈丽华,译.档案学研究,1998(3):75.

[3] 刘静一.美国档案工作者协会的历史、现状与未来[J].四川档案,2002(3):38.

[4] 付华.学术路上30年——中国档案学会30年历程回顾[J].档案学研究,2012(1):4.

[5] 黄霄羽.外国档案事业史[M].北京:中国人民大学出版社,2011:274.

智慧档案馆与数字档案馆的关系探索

李月娥　严　悦　（中国矿业大学）
牟　虹　（徐州医科大学附属医院）

摘要：本文在研究国内数字档案馆和智慧档案馆发展情况的基础上，提出对智慧档案馆的理解，并对智慧档案馆和数字档案馆进行了比较研究，以厘清二者之间的区别与联系。

关键词：数字档案馆；智慧档案馆；联系；区别

自2008年IBM首次提出"智慧地球"的概念以来，有关"智慧"的理论研究与实践探索如雨后春笋般接踵而至。近几年来，档案学领域也掀起了研究智慧档案馆的概念、特征、顶层设计等内容的热潮。从数字档案馆向智慧档案馆的转变是一种新的发展趋势，但是这种转变不是一蹴而就的激变，而是渐进式的转变，需要一个较长时期的探索实践。目前，智慧档案馆与数字档案馆的关系是档案学界研究智慧档案馆过程中的讨论焦点之一，厘清二者之间的区别与联系，对于智慧档案馆的构建有着重要的理论指导意义。

一、数字档案馆

20世纪90年代以来，随着信息技术的发展，档案信息化建设进入自动化管理阶段，数字档案的收集、管理、利用等一系列问题引发学者们对未来档案馆发展形式的探讨。1998年，冯惠玲[1]率先将电子档案馆等同于数字档案馆，将其界定为"一个有序的信息空间""一个信息系统"，并探讨了其至少应该具备的多种特征。1999年，王宇晖等人[2]明确提出数字档案馆是档案馆未来发展的一种形式，此后相关理论研究发展迅猛，内容涵盖系统功能、用户服务、元数据、体系结构等多个方面。2010年国家档案局发布的《数字档案馆指南》指出："数字档案馆是指各级各类档案馆为适应信息社会日益增长的对档案信息资源管理、利用需求，运用现代信息技术对数字档案信息进行采集、加工、存储、管理，并通过各种网络平台提供公共档案信息服务和共享利用的档案信息集成管理系统。"该指南明确了我国数字档案馆建设的总体要求、管理系统功能要求等问题,从而为数字档案馆的建设提供了相对统一的标准,有利于数字档案馆建设的有序开展。

二、智慧档案馆

我国对智慧档案馆的研究尚处于起步阶段,目前档案学界对"智慧档案馆"还没有一个统一、明确的正式定义,不同研究视角的学者对智慧档案馆进行了不同的描述。杨来青等人[3]从智慧技术应用于档案信息管理领域的角度,认为智慧档案馆是采用物联网、云计算等新技术管理多元化档案资源、具有感知与处置档案信息能力并提供档案信息泛在服务的档案馆模式。毕娟[4]认为智慧型档案馆是以一种更智慧的方法,通过利用新的信息技术来改变用户和档案馆系统信息资源交互的方法,提高档案馆服务的灵活性、准确性、便捷性,进而实现智慧化服务和管理的档案馆模式。她为智慧档案馆下了一个公式化的定义,即智慧档案馆＝档案馆＋物联网＋云计算＋智慧化设备＋智能馆舍＋信息资源＋人力资源。王小健等人[5]则认为智慧档案馆＝数字档案馆＋新技术应用＋以人为本理念贯彻＋档案信息集成,智慧档案馆在数字档案馆基础上继续优化,利用物联网实现全面感知,跨系统应用实现馆藏资源的智能处理,以人为本理念的贯彻实现服务创新。

虽然不同学者对智慧档案馆的定义有不同的见解,但是仍然存在一些共性认识,不论是重点关注档案信息资源的智慧管理,还是关注提供全面的泛在服务,智慧档案馆都离不开新的信息技术,是一种全面感知、互联互通、提供智慧服务的新型档案管理模式。因此,笔者认为智慧档案馆是在传统的实体档案馆和数字档案馆的基础上,利用新兴的智慧技术,实现档案馆内多种资源的智慧管理,从而提供更加主动、立体互联的深层智慧化服务。

三、智慧档案馆与数字档案馆的关系

1. 智慧档案馆与数字档案馆的联系

第一,根据《档案法》和有关文件的规定,档案馆是党和国家的科学文化事业机构,是永久保管档案的基地,是科学研究和各方面利用档案史料的中心[6]。从性质上来看,无论是智慧档案馆还是数字档案馆,其范围都从属于"档案馆"的定义范畴,是档案馆不同发展阶段的不同形态。

第二,智慧档案馆和数字档案馆虽然是档案馆不同发展阶段的不同形态,但在"档案馆"的社会意义层面上仍有着相同的价值,即二者都是有效保存人类社会活动记忆的仓库,统一保管的都是人类社会活动中形成的各种档案,并都是为社会各方面提供档案信息利用服务。

第三,二者的性质和社会价值方面的共通性决定了它们都应具有"收、管、用"的基本功能,都离不开收集、整理、鉴定、保管、检索、编研、利用和统计等档案管理活动。

第四,数字档案馆为智慧档案馆提供了基础数据支持,智慧档案馆则通过提供智慧感知的新技术、新思路解决数字档案馆遇到的难题,是数字档案馆在新时代、新需求、新技术下的继承和发展。

2. 智慧档案馆与数字档案馆的区别

智慧档案馆与数字档案馆相比,在技术方面有所提升,管理理念方面有所改变,从某种程度上说,它是数字档案馆的延续和升华。根据数字档案馆和智慧档案馆的特点及内涵,笔者从核心技术、管理对象、主要功能、关注重点、服务模式五个方面对它们进行了对比分析。

1) 核心技术

随着科学技术的飞速发展,在任何行业、任何领域中,"技术"都成为了一种必要的支撑,信息技术就是数字档案馆和智慧档案馆建设的前提条件。数字档案馆的核心技术是数字技术,主要运用数字技术来管理档案数字化信息[7]。

智慧档案馆以数字档案馆的数字技术为技术基础与前提,以感知技术为核心,运用物联网、云计算等新一代的信息技术来实现智慧化的管理和服务。物联网是实现智慧档案馆感知化的重要保障,云计算则是智慧档案馆海量数据存储和深入挖掘的重要支撑。

2) 管理对象

数字档案馆的管理对象主要是数字化的档案信息资源,也就是档案数字化成果和电子档案,将档案页面及少量的档案内容信息作为信息管理的基本单位[8],解决了传统档案存储方式和利用范围受限等问题,但是管理对象来源有限,并对档案实体的管理先天不足。

智慧档案馆则可以应用感知技术采集档案实体、人员、建筑与设备等多种管理对象的信息资源,从而对它们进行智慧化的管理。可见智慧档案馆不仅以电子文件和数字化档案为主体管理对象,档案馆运行过程中所形成的多种数据资源,如档案实体的位置信息、借阅状态等,档案用户的个人信息、查档信息等,档案馆建筑内的温度、湿度、亮度等,设备的运行状态信息等也成为其重要的管理对象。

3) 主要功能

数字档案馆依托数字技术管理档案信息,在档案实体管理方面没有实质性的突破,其比较侧重于馆藏纸质档案数字化和原生电子档案管理,主要功能为数字档案信息的收集、管理、存储和利用。

智慧档案馆则运用物联网、云计算、自动控制等智慧技术,将档案信息与档案实体的管理进行有机结合,有效获取和处理档案实体信息、档案内容信息、设备运行状态、用户需求等多种信息,构建一个可感知和自动处置多种管理对象的信息资源,从而提供档案信息泛在服务的档案综合管理体系。其主要功能在于能够对档案实体信息、档案内容信息、档案管理活动中产生的其他信息等海量信息资源进行感知、处置,实现档案、人员、馆舍等的互联互通,从而提供无所不在的智慧化服务。

4) 关注重点

数字档案馆是以信息网络基础设施为前提,以数字档案长期保存、资源共享与远程利用为目的的[9],其重点关注的是档案信息资源整合共享的建设模式,档案数字化之后所形成的数字化档案成果为这种资源共享提供了数据基础和实现的可能性。

智慧档案馆是建立在数字档案馆基础上具有感知功能的档案馆模式[10],因而它更关注从档案馆的基础设施、资源建设、业务流程、系统运作和管理质量等多角度出发,利用物联网、云计算、大数据等多种新兴智慧技术实现档案建筑设施智慧化、资源管理智慧化、服务利用智慧化等,从而全面提升档案馆的整体运行效率和决策水平。数字档案馆的理念重心为档案信息资源的整合集成,智慧档案馆则更关注档案管理品质与智慧服务质量的有机融合,其档案信息化工作更为深入,更为体现"以人为本"的理念,对馆藏资源的管理更为精细,对各项档案业务更具感知性、智慧性。

5) 服务模式

从概念上来看,数字档案馆实质上是一种档案信息集成管理系统,主要管理档案的虚拟信息,无法与档案实体实现有机结合。在提供服务的过程中,档案信息管理系统成为信息交换的核心,用户与档案实体无法直接进行信息传递,而且档案信息管理系统与档案实体之间的联系也呈现出明显的服务单向性,即档案实体本身缺乏信息接收和传递的载体,因而无法向档案信息系统传递任何信息。档案信息管理系统和用户之间虽然可以进行相互联系,但主要偏重用户与档案信息管理系统的联系(比如用户可以通过系统查询档案、订阅电子档案、申请借阅、网上延期等),档案信息管理系统只能向用户提供比较有限的信息反馈服务(比如档案催还提醒、档案借阅审批通知等),如图1所示。同时,档案信息管理系统无法对档案实体进行实时有效的管理,能够为用户提供的多是相对孤立的档案资料,因此档案服务往往局限于浅层的信息服务层面。

图 1　数字档案馆中的用户、档案实体和档案信息管理系统的关系

在智慧档案馆中,植入了传感器节点的档案实体可以主动地向档案信息管理系统发送信息,实时更新系统中的数据信息;同时也可以随时随地接受档案信息管理系统的管理,获取应用对象的信息,从而给档案信息管理系统提供更为全面翔实的档案状态数据。由于档案信息管理系统与档案实体都是具有计算能力的智慧节点,相互之间可以进行更为广泛的信息交互。通过这种信息交换,档案信息管理系统中存储的档案虚拟信息与档案实体一一对应,从而加强了档案信息管理系统与档案实体之间的联系。用户可以通过智能设备加入到该智慧控制体系中,不仅可以和档案管理信息系统进行顺畅的信息交换,还可以通过智能设备和档案上的传感节点建立联系、直接通信,如图2所示。这种全面透彻的感知与信息存储、传递能力,使得智慧档案馆中的底层信息十分丰富,同时档案信息管理系统与用户、档案实体之间的信息交互也更加充分,从而能够为读者提供更为深入的信息服务。

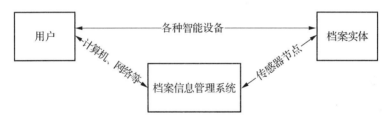

图 2　智慧档案馆中的用户、档案实体和档案信息管理系统的关系

相较于数字档案馆的静态被动、水平单向的浅层档案信息服务模式,智慧档案馆则可以为用户提供更加智慧主动、立体互联的深层信息服务。

参考文献:

[1] 冯惠玲. 无纸收藏《拥有新记忆——电子文件管理研究》摘要之二[J]. 档案学通讯,1998(2):47-50.

[2] 王宇晖,张晓霞,王萍. 对传统档案馆未来发展形式的认识[J]. 档案,1999(6):20-21.

[3] 杨来青,徐明君,邹杰. 档案馆未来发展的新前景:智慧档案馆[J]. 中国档案,2013(2):68-70.

[4] 毕娟. 智慧城市环境下智慧型档案馆建设初探[J]. 北京档案, 2013(2): 13-16.

[5] 王小健, 刘延平. 面向智慧城市的智慧档案馆建设[J]. 档案与建设, 2015(05): 16-20.

[6] 陈兆祦, 和宝荣, 王英玮. 档案管理学基础[M]. 北京: 中国人民大学出版社, 2005: 61.

[7] 许德斌. 智慧城市新环境下的智慧档案[J]. 山西档案, 2014(5): 72-74.

[8] 杨来青. 智慧档案馆是信息化发展的必然产物[J]. 中国档案, 2014(2): 68-70.

[9] 谢波, 齐丽华. 江苏省数字档案馆建设理论与实践[M]. 南京: 河海大学出版社, 2014: 5.

[10] 彭平平. 基于物联网的智慧档案馆初探[J]. 湖北档案, 2015(7): 20-22.

大数据背景下高校档案编研生存策略研究

程 熙 （苏州科技大学）

摘要： 档案编研是将馆藏档案信息资源进行选择、汇总、整合、研究、创作的总称，是档案信息资源开发利用与信息共享的重要形式。大数据背景下海量、多样的数据以及挖掘其价值的数据思维冲击了传统的档案编研模式。本文在调研省级综合档案信息网的基础上，剖析我国档案编研实践现状，并探析大数据背景下档案编研生存策略，以期重塑档案编研工作的地位与文化权力。

关键词： 大数据；档案编研；生存；策略

"大数据"一词来源于英文Big data，2012年前，中国一直称之为海量数据。2012年初，全球知名的咨询公司麦肯锡（McKinsey）最早使用今天为大家理解的"大数据"概念。数据量巨大、数据类型多样、数据中富含价值、必须在尽可能短的时间内发掘出价值是大数据的四个典型特征。大数据不仅仅是指海量的数据，它更是一种思维方式，是"在多样的或者大量的数据中快速获取信息的能力"，开放、共享是大数据的核心精神。大数据的应用与实践正以前所未有的速度与力度改变着档案编研工作的全貌，已经成为不争的事实摆在每一个档案工作者面前，考验着编研工作者的智慧，我们唯有以积极的姿态与心态，运用大数据思维审视编研成果与信息受众的关系，重塑档案编研工作的战略地位与文化权力。

一、我国高校档案编研实践的现状分析

笔者调研了38个"985工程"高校档案馆信息网站（不包含台湾、香港、澳门地区）。截至2016年12月，38所"985工程"高校（不含军事系统）中全部建立了档案信息网站，这38所高校档案网站中有26个开设了档案编研栏目，占68.4%。

首先，从档案编研的名称来看，各高校档案信息网站中与档案编研有关的选项卡名称大同小异，如"编研成果""编研出版""科研成果""档案文献汇编""史料研究"等，其中"编研成果"使用最广泛。其次，从编研质量来看，编研成果质量与水平

参差不齐,呈现地区差异性特征,经济发达的东部地区高校档案编研在数量与质量方面整体优于中东部地区,其中个别档案馆编研成果水平与质量较突出,荟萃了馆藏珍品,图文并茂,融史料性、可读性、知识性于一体,具有较高的史料和鉴赏价值。但也有一些档案网站出现链接无法打开、链接无内容、访问受限等问题。再次,从编研内容类型来看,仍以"全宗介绍""历史沿革""大事记""文件汇编"等居多,政策性、政治性史料汇编仍是编研内容的主力军。而有创意的、与公众切身利益相关的文化类、生活类编研成果相对较少。

综合分析我国高校档案信息网陈列出的编研成果,笔者发现目前我国高校档案编研依然存在以下问题:

第一,编研选题仍是编研主体与馆藏资源驱动型,选题比较单一重复,不能满足不同用户的多层次需求;第二,选材范围狭窄,精品编研比例小,编研内容缺乏现实针对性,与社会大课题结合度不高;第三,仍以单向传播为主,编研主体与信息用户互动性不高;第四,编研模式仍以传统编研方式为主,未能充分利用数据技术开展数字化编研,选材、出版问世周期过长;第五,没有发挥网络终端在成果宣传上的作用,网络编研成果的价值在于其承载的数据的流量与活性,但是当前省级档案信息网上陈列出的编研成果一是数量较少,二是大多数只是成果的封面及内容简介,可以利用移动软件或终端进行在线阅读的作品微乎其微。

二、大数据背景下高校档案编研生存策略探析

大数据时代,信息的开放性、平等性、交互性、多元性、跨时空性等特征为高校档案编研带来挑战与机遇,占有信息的规模、活性及对信息的分析和运用能力决定着档案编研工作的成败。高校档案编研工作者应树立敏锐的信息意识,以社会需求为导向,积极利用数据技术与网络技术探索编研新模式。

1. 构建需求导向的高校档案编研体系

以社会需求为导向即满足主体多元化与需求内容丰富化两方面的要求,档案需求主体的范围在大数据时代扩展到全体民众,他们希望从档案编研产品中获取有用的知识和经验,更希望看到图文并茂的富有趣味性的作品。编研者应从社会公众需求出发,做好前期需求分析,积极编研出满足不同层次用户的作品。

1)拓展选题视野

一方面,编研课题与社会研究课题相联系,联系当前社会热点,以重大纪念活动为契机编研出版相关的史料。另一方面,挖掘本馆特色,开发精品成果。馆藏特

色是一个馆区别于其他馆的标志,档案部门应深度挖掘本馆馆藏,将反映本馆老字号、著名人物、标志性事件、独特风土人情的档案信息进行深层次开发,为文化建设与科学研究提供参考。如中国矿业大学档案馆依托校庆的有利契机挖掘校史资源,于2009年百年校庆之际编纂《中国矿业大学志(1909—2009)》。

2) 拓宽选材空间

丰富的馆藏资料是做好档案编研工作的物质保障,档案编研选材应坚持合作编研的路径,走"大编研"道路,改变过去资料只选自本馆的局面,应加强与社会各界的联系,加强与其他档案部门、文博系统的合作,渐进式开展开放式、社会化"大编研"。如,南京大学档案馆加强与国家级馆际之间的交流与合作,多渠道获得历史档案资源,接收保存于中国第二历史档案馆的"中央大学档案"(缩微胶片)、金陵大学档案(数字化),增补了南大历史档案空白;苏州大学档案馆、苏州大学校史研究室联合编辑的《东吴大学史料选辑(历程)》,选取东吴大学半个多世纪的办学历程中的丰富资料,这些文献主要来源于苏州大学档案馆、苏州市档案馆、上海市档案馆、华东神学图书馆,《东吴大学史料选辑(历程)》充分彰显了合作编研对丰富选材的重要作用。

3) 实现编研过程数字化、互动化

其一,编研手段的数字化。传统出版方式需要经过信息筛选、汇编、排版、校对、出版的过程,信息传播速度慢、周期长。这与大数据时代对信息传播所要求的"短、平、快"相冲突。为保证档案成果不至于出版之初就失去意义,编研工作者应运用数字化编辑技术与网络出版技术,提高成果发布速度,缩短信息的更新周期,实现编研成果编辑与网络发布同步。而且利用者可以借助网络与阅读设备,随时随地访问编研成果数据库,获取文献信息(权限范围内)。其二,编者和利用者之间的互动化。大数据时代档案编研的传播由原来的单向性向双向性、多向性转变,编研者应转变以往以自我为主体地位的观念,主动将利用者纳入到编研工作的全过程,及时听取利用者的信息意愿与需求。

2. 开发多元化的档案编研成果形式

大数据时代的档案编研成果应在做好传统纸质出版、光盘、缩微胶片等形式成果的基础上,依托计算机技术与网络平台开发新型出版形式。数字型档案文献编研出版物、档案展览是档案编研成果发展的新方向与新领域。

1) 数字型档案文献编研出版物

数字型档案文献编研出版物是一个集合名词,是指利用计算机技术、数字化技术对文本、图片、声音、影像等内容进行加工编辑,通过互联网技术进行大众化传播的新型出版形式,其成果形态是集文、图、声、像于一体的组合,获取信息的方式也多种多样,如触摸屏、微博、微信等都可以作为远程客户端随时随地获取所需信息。

2) 档案展览

档案展览是档案馆凭借自身特有的资源优势所开发的一种文化产品,是档案编研立体化展示形式,是档案编研的拓展与深化。档案展览的内容类型主要有三类:第一类是基于本馆馆藏,开设"馆藏珍品"档案展览,基于这类展览主要是本馆珍藏的实物档案的照片、影像资料等;第二类是编研历史资料,开设"专题展览",这类展览主要是主题展览、杰出名人展、地区变迁展等;第三类是开设"网上展厅",这类展览主要是利用现代展示技术开设虚拟展厅。如,东南大学档案馆中吴健雄纪念馆即是应用三维全景技术的典型代表,在首页点击"实景"即可进入虚拟现实纪念展厅。网络纪念馆设有导航,整个纪念馆包括一楼(声望篇)、二楼(成就篇)、三楼(历程篇)3项大分类,25个具体场景,对画面可进行上、下、左、右调整,通过鼠标可选择自己的视角,任意对画面进行前后、左右移动或拖拽,通过滑动鼠标滑轮可实现对画面的放大、缩小,如同进入真实的场馆,整个三维全景画面呈暖黄色调,给用户极佳的浏览感受,图像素雅清晰,将纪念馆的庄重大气与浓厚的学术氛围表现得淋漓尽致。另外,实体展览应与网上展览应结合使用,突破时间与空间的限制,最大限度地实现档案信息资源共享。

3. 运用数据挖掘技术,探索高校档案网络编研

数据技术是为满足数据处理需求而发展起来的数据采集、过滤、存储、变换、分析和挖掘等一系列相关工具、技术的总称。所谓工欲善其事,必先利其器。对先进数据技术的掌握和运用能力是档案编研在大数据时代保持领先水平的技术基础。大数据时代为高校档案网络编研创造了技术条件与社会基础,依托网络平台可实现档案资料的社会化存取与集约化处理。

1) 分析信息需求

对档案用户信息需求的数据采集、存储、分析及应用方面,可关注谷歌的大数据处理能力及在其基础上发展起来的 Hadoop 相关技术。如同 PC 时代的 Windows 操作系统,这些技术为构建大数据处理平台提供了基础的系统架构及相关的数据库、数据流等数据管理工具,如何从海量的数据中发现有用的知识、实现不为人知的有效信息是数据挖掘技术的目标。将其应用到档案用户需求分析中,有利于编研者做好前期档案需求分析,并根据当前需求,预测其潜在需求。编研者可运用关联规则分析、分类和预测、聚类分析、推荐技术等数据挖掘技术,用于发现用户之间的关系,找出对象的共同特点,并将其划分到相应的类别中,分析用户的喜好

和满意度,根据用户的兴趣特点和历史行为,向其推荐其感兴趣的信息。常用的挖掘工具有 Excel、SPSS、Weka、Mahout 等,编研者可根据需要及自身能力选择合适的工具。

2) 建立在线编研系统

利用计算机技术与数字化技术,可提高信息的检索、存储能力,缩短信息加工、出版周期,通过网络实时传播编研成果。如上海交通大学档案馆开发《上海交通大学数字档案馆》项目,建立档案信息在线编研系统,具有搜索引擎、全文检索、网络在线编辑保存文档、基于模板的信息发布等功能模块,实现了信息搜集、提炼、编辑、研究、排版、校对、发布一站式信息服务,创新了档案在线编研和传播的方式。

4. 建设高校档案编研成果评估体系,完善信息反馈机制

"所谓档案编研成果评估,就是对档案编研过程和成果质量进行估量,向社会做出检验认证,向组织单位进行反馈并以此作为兑现合同规定的依据。"成果评估必须坚持客观、公正、实用的原则。档案编研成果评估应实现前段控制与全程介入,首先对编研选题进行评估,在最初阶段避免资金、时间、精力的浪费;其次,对编研材料质量进行评估,以保证编研成果的系统性、完整性与准确性;第三,实行阶段性考核,在编研过程中及时发现问题并解决问题;最后,编研成果编纂出版后,对出版物进行跟踪调研,汲取受众的意见与建议,完善信息反馈机制,为其他档案编研成果提供借鉴。

另外,高校档案编研工作要在大数据时代生存与发展,应认识到编研人才是关键,大数据技术的战略意义不在于掌握或拥有庞大的数据信息,而在于对这些数据的深度分析挖掘和专业处理能力,而这种能力的发育离不开数据人才的培养。因此,应积极建设一支熟悉馆藏资料、具备合理的知识结构和深厚知识底蕴、具备良好沟通能力、有扎实统计学基础、能熟练使用统计工具的专业人才队伍,为档案编研工作提供智力支持。

参考文献:

[1] 陈惟.高校档案编研之探析[D].济南:山东大学,2009.

[2] 李晓,倪丽娟.基于网络环境的档案编研工作[J].档案管理,2014(3):33-35.

[3] 何丽萍.数字时代环境下的档案编研工作[J].档案天地,2014(4):45-47.

探索高校档案工作发展的新思路

刘一颖 （南京师范大学）

摘要：高校档案工作长期以来一直以学校的发展为中心，工作范围、内容、形式较为固定，似乎进入了一个画地为牢的困局。在十八大要求建设文化强国的背景下，高校档案应发挥自身优势，走出高校寻求更宽更远的发展道路。本文就这一主题从校园文化建设和影视剧创作两个方面展开阐述。

关键词：高校档案；走出去；校园文化；影视剧

张辑哲在《维系之道——档案与档案管理》中所述："正是由于有了档案与档案管理，人类才能够不断地在继承中存在发展，在存在、发展中延续，不断使自己真正成为一个连续的时空整体。"高校档案工作是一所高校成长、发展的原始记录，为高校改革发展提供重要的历史依据，促进和推动高校更快更好的发展。其主要围绕高校各个部门、各个领域的运行产生的各种档案进行收集、归档和利用。长久以来，作为一项保存历史、记载历史的工作，高校档案工作未能很好地发挥自己的资源优势而进入了一个困局。所以，如何让高校档案工作活起来，走出去是值得我们档案工作者深思的问题。

高校档案工作想要走出传统的功能圈，首先要了解自身的资源优势，其次利用优势有的放矢地为社会各个层面提供档案服务，最后在服务的过程中不断总结经验教训为高校档案工作更好的发展提供依据。除了扩大社会服务外，还可以从两个方面开拓高校档案工作：一是促进校园文化建设，构建和谐校园；二是为影视剧制作提供素材，搞活档案资源。

一、高校档案促进校园文化建设

在当今十八大要求建设社会主义文化强国，增强文化整体实力和竞争力的背景下，高校作为文化的传播者和教育者，建设校园文化显得尤为重要。校园文化是一种群体文化，是师生在长期的共同教学实践中形成的共同的价值观和行为准则，以学生为主体，以校园为主要空间，以校园精神为主要特征。高校档案的文化功能和教育功能在校园建设方面起到了不可替代的作用。

1. 高校档案在校园文化建设中发挥的作用

高校档案积累了高校发展的全历程,是教学、科研、基建等各个部门在长期工作中总结出的思想精髓,是师生多年来共同成长发展所形成的共有理念。校园文化建设离不开高校档案的支持,同时校园文化建设也在不断形成新的高校档案,高校档案反过来为校园文化的建设提供历史依据和政策导向。所以,高校档案工作与校园文化建设的工作密不可分。

高校档案在校园文化建设中发挥的作用主要有三点:一是高校档案对校园文化建设有导向功能。高校长久以来的发展已经形成了自有的校园精神和校园风气。如我校"正德厚生,笃学敏行"的校训正体现了端正德行,以人为本,认真做学问,善于抓机遇的精神面貌,并形成了"严谨、朴实、奋发、奉献"的优良校风。二是高校档案对校园文化建设有启示作用。高校在多年发展的过程中形成了一套自身的发展路线和方向,这些都会在档案中形成文字记载,为将来的校园建设提供借鉴依据。三是高校档案对校园文化建设的激发功效。高校档案形成后通过汇总、归纳,利用宣传栏、展板、讲座等各种校园媒体展示校园文化建设的成果,激励师生为校园文化建设贡献更大的力量。

2. 高校档案推动校园文化建设的方式

1) 抢救校园历史文化,弘扬学术精神

学术氛围是高校最重要的校园文化,是提高高校学术水平和学生学习能力的重要氛围。高校档案馆在校园文化建设中应该起到推波助澜的作用,应不竭余力地为校园文化建设作出努力。我校档案馆今年启动了"抢救校园文化工程",即走访学校知名的老领导和老教授,通过视频、音频的方式记录下他们的影像,从他们娓娓道来的学校历史和教学历史中采集出精彩片段和扣人心弦的故事,撰写成稿件发表在学校校报上,供师生阅读学习,以期使师生们从老一辈教育家的身上学习他们刻苦钻研、不畏辛劳、老老实实做人、扎扎实实做学问的人文精神。同时,档案馆利用现有保存的珍贵档案,将学校的百年历史制作成图文并茂的展板在各个校区进行展览,吸引了广大师生驻足观看。这项工程取得了不小的成果,为弘扬校园学术精神发挥了功不可没的作用。

2) 重视编研工作,提升校园文化内涵

编研工作一直是高校档案馆平时工作的重要组成部分,是档案部门根据馆藏档案和学校需求,在研究档案内容的基础上,编写参考资料、汇编档案文件、编史修

志等。高校档案蕴含一个高校的人文精神和学术精神,重视编研工作可以很好地发扬高校悠久的历史、优良的学风、深厚的文化底蕴、丰硕的科研成果。

高校档案在编研过程中应该秉承创新的精神,不是简单地将文件数据罗列,而是根据师生利用需求编制出有利用价值的编研成果。在编的同时还要重视研究的过程,在编制的基础上对档案内在的资源信息进行开发,根据学校发展和师生工作学习的需求,有针对性、计划性地进行编研,编写校史、大事记、科研成果、教学成果、毕业生名册等。最后,编研工作不应仅停留在书面纸质上,应通过校园多媒体,多角度、全方位地宣传校史文化、知名学者、科研成果和各种表彰,激励师生们更好地工作和学习。总之通过不断深入的编研工作,结合学校各个方面的需求,挖掘档案信息资源,提升校园文化内涵。

二、高校档案为影视剧提供丰富素材

英国著名哲学家培根曾指出:"知识的力量不仅取决于自身价值的大小,更取决它是否被传播以及被传播的深度和广度。"档案是人类文化知识的积淀,需要一代代地传承下去。它不仅仅是印刷在书本纸张上的文字,也以声音、图像、实物等形式存在着。在当今文化大发展的背景下,档案应通过广泛的交流和共享为社会创造经济效益,同时也将档案工作本身搞活,充分发挥档案的魅力。

1. 高校档案"走出去"的新契机

高校档案的魅力在于一个高校几十年甚至百年的发展历程,这其中走过的路、背后的故事、走出的名家本身就是吸引人的素材。近几年影视业的飞快发展使得社会受众越来越广泛,公众追求更新颖更有味道的影视剧作品。所以,影视业需要挖掘更多的故事素材,开发档案影视文化产品,北京卫视的《档案》就是最好的例子。档案的真实性和怀旧风带给档案型的影视剧新的生命,这也给高校档案的走出去带来了绝佳的契机。

2. 高校档案可提供的素材

高校档案蕴含着特有的不同于社会层面的档案资源。以学校发展历程为基础,高校档案可以为影视剧提供以学校历史为背景的故事片、以校园名家为蓝本的人物传记片和以某个时代为基础的纪录片。

1) 故事片

故事片是运用影像和声像手段叙述文学作品。故事片的取材范围广泛,可以来源于神话、历史、小说等,以现实生活为主。故事片的受众范围很广,新颖的题材,巧妙的拍摄手法受到越来越多的观众的追捧和喜爱。高校档案想让档案"活起来",就不能仅仅是一张张泛黄的纸,可以将档案中记载的故事搬上荧屏,让观众们了解高校的历史甚至是社会的历史,感受档案深邃沉稳的魅力。

2)人物传记片

人物传记片是以真实人物的生平事迹为依据的故事片类型,内容不能凭空虚构,应具有史学和文学价值。高校在发展历程中孕育了丰硕的科研成果,也诞生了一批名家大师,如我校的陶行知、吴贻芳、徐悲鸿、张大千、傅抱石等,如果能一一拍摄成人物传记片,不仅弘扬了老一辈教育学者严谨朴实的学术品格,也再现了我校深厚的人文历史。

3)纪录片

纪录片是以真实生活为创作素材,它的核心就是真实。而档案最重要的特性就是真实性。高校档案可以为历史纪录片提供历史照片、文物、文字材料或美术作品,能够丰富纪录片的内容。高校百年的发展本身就是一部纪录片,通过影视作品这个媒体最终形成一部可看、可听的视频作品,使高校的历史生动再现。

3. 高校档案为影视剧提供素材应注意的问题

1)确保作品真实

档案的特性在于真实性。为影视剧创作提供真实的档案材料是基本的,也是必要的。同样的,影视剧在创作剧本的时候应该以档案原始材料为基础,加以润色,使得故事更饱满,人物更鲜活,但是绝不能凭空虚构、对历史加以无端的揣测,这既违背了档案的真实性,也违背了档案为影视剧提供素材的初衷。

2)注意保密

在为影视剧创作提供档案的时候,高校档案馆应严把审控关,哪些档案可以开放,哪些档案不可以开放要有明确的划分。机密档案应加以保密,非机密档案可以适度的公开。该保密的不保密或该开放的不开放都是对档案资源的巨大浪费。高校档案人员应把握好这个度,让高校档案资源充分发挥自己的优势,可以提高影视的历史感和感染力。

3)维护知识产权

当今是知识经济时代,知识产权越发受到人们的关注。国家档案局、国家知识产权局发布了《关于加强知识产权档案管理的意见》。知识产权档案是组织或个人对智力成果依法享有的专有权利。高校档案在与影视业合作的同时要注意两个方面,一方面是著作权的归属,另一方面是在提供档案时要保护当事人的隐私和当事人的权利,尤其在提供专利、书稿、美术作品等个人档案时应格外注意。

十八大要求扎实推进社会主义文化强国建设,提高国家文化软实力,发挥文化引领风尚、教育人民、服务社会、推动发展的作用。档案是文化精髓的载体,是文化精神的传承,合理利用档案资源可以为个人、社会提供很好的服务。高校档案应优化馆藏,提高馆藏质量,加强档案人员队伍建设,开展好档案利用服务工作,深入挖掘档案工作中的精华以及背后的故事,让高校档案工作得以发光发彩。让高校档案走出高校,走向全社会,让社会了解高校档案、发现高校档案,为高校档案工作的发展带来新的生机和活力。

参考文献:

[1] 丁洁静.创新型高校校园文化建设途径研究[J].学理论,2010(10):298-300.

[2] 陈秀兰.档案的社会功能简论[J].湖北大学学报,2004(3):367-368.

[3] 姜渊舒.档案在促进社会主义先进文化建设中的作用[J].辽宁行政学院学报,2001(6):24-26.

[4] 刘书旺.探究影视[J].档案时空,2005(12):20-22.

[5] 南宫山.浅谈加强高校档案管理建设工作[J].档案时空,2010(10):42.